김대중·노무현 정부의 복지정책에서 나타난 이론적 함의

이 저서는 2008년 정부(교육과학기술부)의 재원으로 한국학술진흥재단의
지원을 받아 수행된 연구임(KRF-2008-812-B00093).

김대중·노무현 정부의

복지정책에서 나타난

이론적 함의

박용수 지음

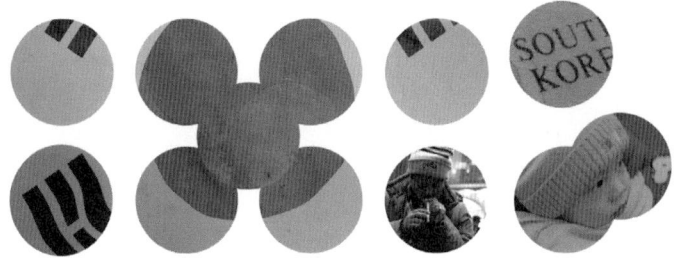

ksi 한국학술정보㈜

감사의 말

　이 연구를 완성하는 과정에서 많은 분들의 도움을 받았다. 이 자리를 빌려서 그분들에게 깊은 감사를 표하고 싶다. 우선 이 연구를 책으로 출판하도록 허락해주신 한국학술정보(주) 대표이사님께 진심 어린 감사를 드린다. 그리고 이 연구가 애초에 가능하도록 재정적으로 도움을 주신 한국연구재단(이전 한국학술진흥재단)에도 감사를 드린다. 그리고 이 미천한 사람에게 항상 따스한 격려와 사랑을 아끼지 않은 나의 사랑하는 아내 헬렌과 두 아이들(주헌, 세라)에게도 감사의 마음을 전한다. 그리고 언제나 사랑을 아끼지 않으신 나의 존경하고 사랑하는 부모님과 나의 형제들에게도 감사의 마음을 보낸다. 마지막으로 학자로서의 삶을 가능하게 해 준 나의 한국해양대학교와 학생들, 특히 지금쯤 어디에선가 사회생활을 열심히 하고 있을 졸업생들 모두에게 깊은 감사의 마음을 전한다. 지난 2003년 한국해양대학교 국제대학에 임용된 이후 지금까지 제자들이 보여준 학문적 열정과 인간적인 순수함은 말로 다 표현할 수가 없다.

이 연구는 외환위기 이후 두 차례에 걸친 진보정부(김대중·노무현 정부)의 통치 기간 동안 국내 사회복지 전반에 대한 획기적인 개혁이 시도되었음에도 불구하고, 여전히 국내 사회복지체제가 서구 선진복지국가들은 물론이고 비슷한 경제력을 가진 다른 국가들에 비해 거의 모든 면에서 크게 뒤떨어진 후진적인 체제로 남아 있는 원인을 경로 의존 이론의 설명적 틀을 통해 규명하고자 하였다. 경로 의존 이론에 의하면, 한 행위자의 선택이 타 행위자들의 선택에 장기간의 변화 경로를 형성하는 방식으로 영향을 미침으로써 변화의 특정 경로를 설정한다. 즉, 이전에 또는 지금 형성된 제도적·정책적 틀이 후에 오는 정책결정자들의 선택에 지대한 영향을 미친다는 것이다. 이러한 경로 의존 이론은 지난 10년간에 걸친 두 진보정부의 통치와 이들의 복지개혁 노력에도 불구하고 한국의 사회복지가 다른 OECD 국가들에 비해 여전히 후진적인 체제로 남아 있는 이유를 설명하는 데에 매우 적절한 분석 틀을 제공한다. 후술하는 바와 같이, 한국의 개발연대 발전국가 시기는 이후 국내 사회·정치적 발달에 지대한 영향을 미친 가장 결정적인 시기로서, 이 시기에 군·정치·경제 엘리트들에 의해 선택되고 후원 된 성장우선주의 이데올로기와 이에 기초하여 구축된 정책적 틀은 장기간에 걸쳐서 후대 정권들의 국가정책 결정과정에 지대한 영향을 미쳐왔다. 정권을 막론하고, 대부분의 정책결정자들의 우선 사안은 우선적으로 빠른 경제성장을 통해 파이를 키우는 것에 모았고 분배나 복지문제는 파이가 커지면 자연적으로 해결되는 부차적인 사안으로 간주되어 왔다. 김대중·노무현 정부 집권 중에도 성장과 복지를 상호배타적 관계로 간주하는 이러한 성장우선주의 이데올로기는 예외 없이 국내 정치·경제 엘리트들 사이에 지배적인 담론으로 남아 정책결정 과정에 지대한 영향력을 발휘하면서 국내 사회복지체제의 질적인 성장과 확대를 가로막는 최대의 장벽이 되었다.

차 례

1장

서 론

1. 연구목표

이 연구는 한국의 김대중 정부(1998~2002)와 노무현 정부(2003~2007) 시기에 이루어진 사회복지개혁의 주요 내용과 특징을 살펴보고, 그 이론적 함의를 논의하는 것이다. 서구사회와 달리 한국에서는 좌우의 구분이 확연하게 구분되어 있지 않다. 그럼에도 불구하고, 1998년 초와 2003년 초에 각각 출범했던 김대중 정부와 노무현 정부는 자본주의 경쟁에서 밀려난 사회 약자계층들을 보호하기 위한 사회안전망 확충과 재벌 독점세력에 대한 시장규제를 이전 권위주의 보수정권들에 비해 특히 강조했다는 점에서 좌파적 성향이 비교적 강했던 정부로 평가할 수 있다. 이렇듯 한국 현대 정치사에서 좌파적 성향이 유독 강한 정부로 인식되어온 김대중·노무현 정부가 각각 취임했을 때 국내의 많은 진보적인 논객들은 그간 과거 권위주의적 보수정권의 오랜 지배하에서 소홀히 다루어졌던 국내 사회복지제도가 획기적으로 개혁·확대될 것으로 기대했다.

출범 초기의 이러한 기대에 걸맞게 두 정부는 많은 지표들에서 드러나듯이 사회복지 분야에 대한 예산투입을 이전 정부들에 비해 크게 확충하였고 사회복지제도도 대폭 정비하였다. 1997년 외환위기 직후 취임한 김대중 정부는 '근로 가능한 자에게 일자리를, 근로가 불가능한 자에게는 사회보조'라는 기치 아래 복지예산의 대폭적인 증액과 4대 사회보험(고용보험, 국민연금, 산재보험, 의료보험)의 확대·적용 및 공공부조제도 개혁을 통한 보편적 사회보장체제의 구축은 물론, 노사정위원회의 법제화를 통한 노·사·정 협력의 제도화를 꾀하는 등 국내 사회복지 확충을 위한 대대적인 개혁을 단행하였다. 노무현 정부도 이전 김대중 정부하에서 구축된 제도적 기반 위에서 복지와 공공서비스의 대폭적인 확대를 시도함으로써 "작은 정부"에서 "책임 있는 정부"로의 역할 전환을 시도하였는바,[1] 출범하자마자 '참여복지와 삶의 질 향상'이라는 목표를 12대 국정과제 중 하나로 포함시키고, 국민기초생활보장 및 노인·장애인 등 취약계층지원과 의료보험·국민연금 지원 등을 위한 사회복지 관련 예산을 이전 정부에 비해 크게 증가시켰다.

그러나 후술하는 바와 같이 이러한 개혁노력에도 불구하고, 국내 사회복지체제는 여전히 후진적이고 낙후된 상태로 남아 있으며 국내 사회의 빈부격차 또한 이전에 비해 오히려 더 증가한 것으로 드러났다. 김대중·노무현 두 진보정권의 사회복지 개혁 노력에도 불구하고, 오늘날 국내 사회복지체제는 서구 선진복지국가들은 물론이

---

[1] 청와대 경제정책비서관실, "지출예산으로 본 역대정부 성격비교"(서울: 청와대, 2007.01.29), p.1.

고 비슷한 경제력을 가진 타 OECD 국가들에 비해 거의 모든 면에서 조악한 수준에 머물러 있다. 여전히 사회복지서비스 공급자로서의 한국 정부의 개입과 역할은 최소 수준으로 제한되어 있고, 사회복지체제는 여전히 가족이나 시장과 같은 사회의 정상적인 기제들에 부수적이다. 특히 사회복지제도들 중 공공부조에 대한 의존성이 지나치게 높고, 공공부조를 비롯한 대부분의 사회복지 프로그램은 대단히 까다로운 자산조사와 같은 치욕적인 과정을 거쳐 제공되고 있다. 한마디로 시장에서 노동력을 팔아 돈을 벌지 못하면 그대로 절망의 나락으로 빠지게 되는 사회구조 속에서 대한민국 국민들은 살아가고 있는 것이다.

이러한 가운데, 김대중 정권 취임 이후 사회 양극화 현상은 더욱 심화되었다. 국민경제자문회의의 한 보고서에 의하면, 1990년대 이후 국내 도시근로자의 상위 10% 및 20%의 소득 증가율이 하위 10% 및 20%의 소득증가율을 크게 상회하여 경제성장의 이득이 상위계층에 의해 독점되고 있는 것으로 나타났다.[2] 또 다른 통계에 의하면, 최하위 10%의 소득 수준이 1998년 187만 2,000원에서 2005년 83만 6,000원으로 그 절대액이 절반 이하로 떨어진 반면, 최상위 10%의 소득수준은 1998년 7,969만 8,000원에서 2005년 1억 3,115만 3,000원으로 두 배가량 증가하였다.[3] 이러한 추세를 반영하듯, 국내 지니계수(도시 근로자 가구 기준)는 1988∼1997년 중 평균 0.290에서 외환위기 이후인 1998∼2007년 중에는 평균 0.313으로 대폭 증가했다.[4] 김대중 정부 이후 한국 사회는 오히려 임금소득 불

---

2) 국민경제자문회의, "한국형 경제발전 모델의 변천과 새로운 모색"(2005), p.5.

3) 조선일보, "'진보' 주문 외우며 빈부차만 더 키웠다"(2007년 10월 22일).

평등이 심화되면서 저임금 계층의 증가와 이로 인한 심각한 사회 양극화 문제에 직면한 것이다. 이러한 통계적 결과들을 두고 볼 때, 조선일보 사설에서 주장하듯이 김대중·노무현 두 진보정부가 우리 사회를 10% 잘사는 사람들과 90% 상실감으로 얼룩진 사람들이 사는 사회로 만들어 놓았다고 단언해도 그리 틀린 주장은 아니라고 할 수 있다.

그렇다면 대한민국 건국 이후 사상 처음으로 좌파 성향이 강한 두 정부가 10년이라는 장기간에 걸쳐 통치했고 이 기간 동안 국내 사회복지에 대한 대대적인 개혁이 나름대로 추진되었음에도 불구하고, 왜 국내 사회복지는 여전히 낙후된 체제로 남아 있는 것일까? 다시 말해서 현재 한국 사회복지의 수준이 서구 선진복지국가들은 물론이고 비슷한 경제력을 가진 다른 국가들에 비해 거의 모든 면에서 크게 뒤떨어져 있는 원인은 무엇일까? 이러한 원인을 파악하기 위해서 과연 어떤 이론적 설명 틀을 이용할 수 있을까? 이 연구는 바로 이러한 문제의식 하에서 출발하였다.

이러한 문제들을 설명하기 위해 이 연구는 '경로 의존 개념'을 이용하였다. 후술하는 바와 같이, 경로 의존 개념은 정치·경제적 환경이 변했음에도 불구하고 어느 한 국가의 개혁이 쉽게 이루어지지 않거나 기존의 제도나 정책이 변화하지 않는 원인을 설명하는 데에 매우 유용한 설명적 틀을 제공한다. 그간 국내 사회복지제도나 정책을 이러한 경로 의존 개념의 시각에서 분석한 연구는 거의 전무하다는 점에서 이 연구는 기존 연구에 많은 새로운 시사점과 아이디어를 제공하리라 판단된다.[5]

---

4) Bank of Korea, *Economic Statistics System*, http://ecos.bok.or.kr (검색일 2009. 01. 09).

5) 국내 사회복지제도의 경직성의 원인을 설명하기 위해 경로 의존 이론의 설명적 틀을 적용한 국내 연구는

2. 연구 요약

경로 의존 이론에서 '경로 의존'은 일반적으로 '나중 사건에 대한 이전 사건의 관련성'으로 정의할 수 있으며, 좀 더 구체적으로는 '어느 특별한 경로를 따라 진행함에 따라 이익이 증가하거나 그 경로로부터 빠져나오는 대가가 더욱 커지면서, 그 경로로 일을 계속 진행시킬 확률이 시간이 지나면서 더욱 증가하는 것'을 의미한다.[6] 경로 의존 이론을 대표하는 폴 피어슨(P. Pierson)에 의하면, 정치는 세 가지 특성들(제도의 밀집도, 공동행동의 문제, 정치적 과정의 복잡성 및 불투명성)로 인해 증가하는 보상과정에 특히 취약하다.[7] 경쟁과 정치학습의 부재 또는 약화와 정치행위자들의 비교적 짧은 재직기간, 제도의 완고함(stickiness), 그리고 변경불능 효과(lock-in effects) 등이 정책변경의 비용을 증가시키고, 그럼으로써 경로변경의 어려움을 더욱 증가시킨다.[8] 변경불능 요인들이 많으면 많을수록 정책이

김태일·김선희와 이용표의 연구 외에는 거의 전무하다시피하다. 김태일·김선희, "의료보험 급여제도의 경로 의존에 관한 연구," 「한국정책과학회보」 제10권 제4호(2006), pp.41~64. 이용표, "정신장애인 직업 재활정책의 경로 의존에 관한 연구: 역사적 제도주의 관점을 중심으로," 「직업재활연구」 제15집 제2호 (2005), pp.25~44. 사회복지 분야 이외의 분야에서 경로 의존 이론을 적용한 국내 연구는 다음을 참조. 손열, "기술, 제도, 경로 의존성: 정보화시대 벤처지원정책의 한·일비교연구," 「한국정치학회보」 제40집 제3호(2006), pp.237~261. 박영수, "경로 의존성과 체제전환," 「산업경제연구」 제19권 제1호(2006), pp.27~48. 정준호, "경로 의존성과 지역발전경로: 안산을 사례로," 「한국경제지리학회지」 제9권 제3호 (2006), pp.410~430. 심상용, "과거 성장전략의 경로 의존성과 혁신주도 동반성장의 과제에 대한 연구," 「한국정책학회보」 제14권 제4호(2005), pp.223~248. 김선명, "한국 금융제도의 경로 의존에 관한 연구: 역사적 제도주의 접근법을 중심으로," 「한국정책학회보」 제9권 제3호 (2000), pp.187~215.

6) Pierson, Paul, "Increasing Returns, Path Dependence and the Study of Politics," *American Political Science Review*, Vol. 94, No. 2 (2000), p.252. North, Douglass C., *Institutions, Institutional Change and Economic Performance* (Cambridge: Cambridge University Press, 1990).

7) Pierson(2000). Idem, "Path Dependence, Increasing Returns, and the Study of Politics," *Working Paper No. 7*, Center for European Studies, Harvard University(1997).

8) Pierson(2000). Idem, *Dismantling the Welfare State? Reagan, Thatcher, and the Politics of Retrenchment* (Cambridge: Cambridge University Press, 1994), p.181.

나 제도는 더욱더 변경되기 힘들다. 결론적으로, 정책과 정치적 제도들은 보통 변화에 매우 강하고, 이전의 정책과 정책결정의 역사는 그 이후에 일어나는 사건에 강력한 영향력을 가진다. 예를 들어, 이전의 연금체제 정책은 정치·경제적으로 실행 가능한 연금개혁의 범위를 제한함으로써 복지체제의 구조변경을 방해한다.

어쨌든, 여기서 중요한 점은 상기한 경로 의존 이론에 의해 김대중·노무현 두 진보정부가 10년 동안 통치하면서 나름대로 대대적인 사회복지 개혁을 시도했음에도 불구하고 국내 복지정책의 발달이 여전히 부진했던 이유를 설명할 수 있다는 사실이다. 개발연대의 경제성장우선 독트린 내지 성장우선주의 이데올로기는 다분히 시장, 은행 및 재벌에 대한 강력한 국가개입과 규제를 바탕으로 하고 있었지만, 사회정책과 관련한 한국 정부의 기조는 오히려 경제적 효율성과 생산 및 성과를 우선시하는 신고전적 경제이론에 더욱 가까웠다고 할 수 있다. 즉 가장 합리적인 분배와 사회적 이득, 고용 확대, 노동여건 및 노동자 생활 수준의 향상 등과 같은 다양한 사회경제적 목표들은 빠른 경제성장을 통해서 창출되는 이른바 '낙수효과'(Trickle-down effect)[9])에 의해 자동적으로 달성될 것이라는 것이다. 따라서 소득재분배를 포함한 강력한 사회정책과 사회관련법 규정의 도입을 통한 인위적인 국가개입이나 정부보조는 오히려 사회적 목표를 달성하는 데에 바람직하지 않은 것은 물론 경제성장을 방해하는 것으로 간주되었다.

당시의 이러한 국내 정치적 분위기 속에서 사회정책이 경제정책

---

9) 부시행정부의 경제정책으로 정부가 투자증대로 대기업의 성장을 촉진하면 중소기업과 소비자에게 혜택이 돌아가 총체적으로 경기를 자극하게 된다는 이론. '

에 부차적이고 보완적인 문제로만 인식된 것은 어쩌면 당연한 결과였다. 이러한 개발연대의 '선성장후분배' 정책 이데올로기의 영향으로 1960~70년대 산업화 과정에서 경제정책을 추진하는 '경제기획원'(지금의 기획재정부)과 같은 경제부처는 국가의 모든 정책을 총괄하는 핵심기구로 승격된 반면, 사회복지를 담당하는 정부기관은 경제성장을 위한 주변기구로 전락하였다. 그리고 분배의 평등보다는 경제적 효율성과 빠른 경제성장이 거국적으로 강조됨으로써 국내 대부분의 자원이 경제부문에 투입되었다. 이러한 개발연대의 성장우선주의 정책은 이후 한국 정부의 핵심적 경제정책 틀로 유지되어, 결과적으로 모든 후속 정권들의 복지개선 의지를 체계적으로 약화시켰다. 요컨대, 한국의 사회복지정책은 애초부터 경제정책에 항상 부차적이고 시장경쟁에서 낙오된 실패자들을 사후적으로 보상하는 시장 보완적 역할에 한정되었고, 따라서 태생적 한계를 지니고 있었던 것이다.

사회복지에 대한 국가의 책임과 역할이 극도로 제한된 이러한 여건 속에서, 개발연대의 산업화 과정에서 제기되는 복지요구를 일부는 기업에, 또 다른 일부는 가족이나 자원봉사부문을 비롯한 공동체에 전가하는 전형적인 잔여적 유형의 복지체제가 발달한 것은 당연한 결과였다.

분배가 성장을 저해하고 사회정책은 경제정책에 부수되는 주변적 사안일 뿐이라는 개발연대의 성장우선주의적 이데올로기는 1990년대 말 김대중 정부가 들어선 이후에도 거의 변하지 않고 지배적인 담론으로 이어져 내려왔다. 김대중 정부하에서 '생산적 복지'라는 정책이념 아래 이루어진 획기적인 복지개혁은 분배나 사회형평보다는 경제 효율성을 전제로 하고 경제성장에 기여하는 사회복지만을 강조하기 위한 것이었다. 이러한 '생산적 복지' 이념은 '참여복지와 삶의 질 향상'을 12대 국정과제의 하나로 내걸고 2003년 2월 출범한 노무현 정부하에서도 가족 중심의 자립과 자활 및 근면과 함께 강조되었다. 특히 김대중·노무현 정부 당시 국내 경제정책을 주도하던 재정경제부(지금의 기획재정부)는 '경제가 성장하지 않으면 분배 개선은 어렵다'라는 개발연대의 성장우선주의적 담론을 지속적으로 주도하였다. 이는 사회정책이 경제성장을 저해하고 경제위기를 가속화시킬 것이라는 인식(즉, 개발연대의 성장우선주의 이데올로기)이 여전히 정부 내 특히 경제부처 관료들 사이에 뿌리 깊게 남아 있음을 단적으로 보여준다. 이는 궁극적으로 경로 의존 이론의 적합성 내지 유효성을 입증하는 것이다.

3. 기대효과

그간 국내에서 이루어진 한국의 복지정책에 대한 연구(특히 복지정책의 성격 및 유형을 분석한 연구)는 적지 않다. 예를 들어, 2002년 발간된 김연명 편저의 『한국 복지국가 성격논쟁 I』은 다양한 관점에서 김대중 정부 사회복지 개혁의 성격을 분석한 주요 국내 논문들을 수록하고 있다. 그런데 이러한 대부분의 국내 연구들은 에스핑-안데르센(Gøsta Esping-Andersen)의 복지국가유형론에 입각해서 한국 복지국가의 성격을 분석하고 있다.

에스핑-안데르센은 서구 선진자본주의 국가들에서 존재하는 복지체제를 시민생활에서의 국가개입의 정도와 노동의 탈 상품화 정도에 따라 자유주의적(Liberal) 유형, 조합주의(Corporatist) 혹은 보수주의적(Conservative) 유형, 사민주의적(Social Democratic) 유형 등 크게 세 가지로 분류하였다.[10] 이러한 에스핑-안데르센의 복지국가 유형론을 기본 바탕으로 분석된 국내 연구들은 연구자 개인의 입장과 시각에 따라 김대중 정부의 사회복지 개혁 및 정책을 각각 다양하게 평가하고 있다.

이처럼 한국 사회복지 체제의 성격에 관한 논쟁은 여전히 연구자 간 합의점을 전혀 찾지 못한 채 지금도 뜨겁게 진행되고 있는데, 이의 가장 큰 이유는 복지국가의 역사와 복지제도의 정비, 사회급여의 수준, 사회복지서비스의 범위 및 질적 수준, 사회복지지출 수준 등 거의 모든 면에서 한국보다 월등히 앞선 서구 선진복지국가들을 대상으로 이론화된 에스핑-안데르센의 복지국가유형론의 개념 틀을 한국의 문맥에 무리하게 적용하려 한 데에 있다고 할 수 있다.

에스핑-안데르센이 대상으로 삼은 서구(특히 서유럽) 선진복지국가들은 그야말로 상당히 길고 구체적인 역사와 제각기 독특한 발전경로를 지니고 있다. 이러한 서유럽 복지국가들의 오랜 역사와 발전경로를 고려해 볼 때, 그간 대부분의 국내 연구자들이 이러한 선진

---

10) 자유주의적 유형은 국가개입의 정도와 노동의 탈 상품화 효과가 모두 작고, 사회보장지출 수준이 낮으며, 사회 불평등에 허용적이고, 주로 자산조사를 동반하는 공공부조에 의존한다. 조합주의적 유형 혹은 보수주의적 유형은 국가개입의 정도가 크고 시장의 역할이 최소화되기는 하지만, 기여에 기초하여 사회급여를 지급하는 사회보험이 발달되어 있어 노동의 탈 상품화 효과가 제한적이다. 사민주의적 유형은 국가개입의 정도와 노동의 탈 상품화 효과가 모두 큰 반면, 시장의 역할이 작고 잘 발달된 사회복지서비스의 제공이 보편성을 띤다. Esping-Andersen, Gøsta, *The Three Worlds of Welfare Capitalism* (Princeton: Princeton University Press, 1990). 이에 대한 좀 더 자세한 사항은 본 연구의 〈제7장: 한국 사회복지체제의 유형〉을 참조.

복지국가들을 대상으로 이론화된 에스핑-안데르센의 분석 틀을 가지고 이들 국가들에 비해 모든 면에서 한참 뒤떨어진 국내 사회복지 체제의 성격을 파악하려 함으로써 제각기 다른 평가를 내놓은 것은 지극히 당연한 결과라고 할 수 있다.

특히 이러한 국내 연구들 대부분이 에스핑-안데르센의 제도적 기준을 근거로 한국 복지제도의 형식적 유사성을 파악하는 데에만 주력함에 따라 국내 사회복지 체제가 과연 왜 현재의 유형으로 발달하게 되었는가에 대한 문제는 상당히 소홀히 취급되었다. 결과적으로 한국 복지제도 시행의 결과로 인해 궁극적으로 개인이 '국가'와 '시장' 간의 관계에서 과연 어떤 기능을 하게 되었는가에 대한 논의는 물론, 한국 복지국가의 성격 형성에 지대한 영향을 미친 한국 고유의 정치·경제적 요인들에 대한 논의가 완전히 외면되었다. 이러한 한계들로 인하여 한국 사회복지정책의 중요성은 갈수록 커짐에도 불구하고, 한국 사회복지에 대한 대부분의 기존 연구들은 한국 복지국가의 발달과 한계 및 이론적 함의에 대한 종합적이고 최신의 진단을 제대로 제공하지 못하고 있다.

이 연구는 기존의 연구들이 지니고 있는 바로 이러한 한계점들을 보완하기 위한 것이다. 이 목적을 위해 본 연구는 '경로 의존 이론'을 바탕으로 진보 내지 좌파적 성향이 강했던 정부가 두 번씩이나 들어섰음에도 불구하고 한국의 사회복지체제가 여전히 후진적이고 낙후된 상태로 남아 있게 된 원인을 설명하고자 하였다.

4. 구성

본 연구는 총 11장으로 구성되어 있다. 다음에 오는 제2장에서는 김대중·노무현 두 진보정부의 10년간의 걸친 통치기간에 이루어진 복지개혁 시도에도 불구하고 한국 사회복지의 발달이 애초의 기대와 달리 부진을 면치 못한 이유를 설명할 수 있는 이론적 틀이 제시된다. 이러한 이유를 가장 잘 설명할 수 있는 이론으로서 경로 의존 이론이 제시된다. 이어 제3장에서는 한국의 성장우선주의 이데올로기의 기원과 특징을 알아보고, 제4장에서는 김대중 정부 이전 시기까지의 국내 사회복지제도의 형성과정을 역사적 관점에서 살펴보도록 한다. 그리고 제5장과 제6장에서는 김대중 정부와 노무현 정부하에서 각각 이루어진 사회복지 개혁의 주요 내용과 개혁을 가로막는 주요 장벽들에 대해 논의한다. 제7장에서는 한국 사회복지체제의 유형을 분석한 후, 제8장에서는 한국 사회복지정책의 경로 의존성에 대해 논의한다. 제9장에서는 세계화와 복지국가 간의 관계에 대해 논의하고, 제10장에서는 신자유주의 세계화 시대에 국가가 맡아야할 바람직한 역할 상에 대해 논의해본다. 마지막 제11장에서는 이 연구의 결론과 한국 사회복지의 미래 전망을 간략하게 논의한 후 연구를 마치도록 한다.

2장

경로 의존 이론

경로 의존 이론은 원래 신고전주의 경제학을 비판하는 일련의 학자들에 의해 만들어졌는데, 특히 1980년대 폴 데이비드(Paul David)와 브라이언 아서(Brian Arthur)와 같은 경제학자들의 연구는 경로 의존 이론을 진전시키는 데 매우 큰 역할을 했다.[11] 이런 점에서 많은 경로 의존 관련 문헌의 기원은 데이비드와 아서의 초기 연구 논문으로 거슬러 올라간다고 할 수 있다.

그럼 여기서 데이비드의 초기 연구를 잠시 살펴보자. 데이비드는 1980년대 중반 QWERTY 키보드 체계가 상당히 비효율적임에도 불구하고 지속적으로 시장을 독점하고 있는 현상을 경로 의존 개념에 의해 설명하였다. 데이비드에 의하면, 오거스트 드보락(August Dvorak)이라는 발명가가 표준 키보드 체계인 QWERTY 키보드 체계보다 훨씬 효율적이고 더 나은 타자기 키보드를 이미 고안해내었지만 여

---

11) David, Paul, "Understanding the Economics of QWERTY: The Necessity of History," in Parker, W. N. (eds.), *Economic History and the Modern Economist* (Oxford: Blackwell, 1986), pp.30~49. Idem, "Clio and the Economics of QWERTY," *American Economic Review*, Vol. 75, No. 2 (1985), pp.332~337. Arthur, Brian, "Positive Feedbacks in the Economy," *Scientific American*, Vol. 262 (1990), pp.92~99. Idem, "Competing Technologies, Increasing Returns, and Lock-in by Historical Events," *Economic Journal*, Vol. 99 (1989), pp.116~131.

전히 비효율적인 기존의 QWERTY 키보드 체계가 시장을 독점하고 있는 이유는 경로 의존 현상 때문이라는 것이다.

QWERTY 키보드 체계는 원래 1873년 당시 타자기의 오동작 키의 문제를 해결하기 위해 처음으로 도입되었는데, 1980년대 당시 출시된 전자키보드는 그러한 오동작의 문제를 전혀 일으키지 않으므로 QWERTY 키보드 체계를 더 이상 지속적으로 사용할 아무런 이유가 없었다. 그러나 기존 모델의 이러한 기술적 문제와 조악함에도 불구하고, QWERTY 키보드 체계는 지속적으로 전 세계에 널리 확산·보급되어 왔고 또한 더 효율적인 다른 대안적 모델에 의해 거의 한 번도 도전받지 않았는데, 이는 경로 의존 현상 때문이라는 것이다. 즉 QWERTY 키보드 체계가 지속적으로 사용되고 있는 이유는 그것이 객관적으로 최고이기 때문이 아니라 그저 맨 처음으로 시장에 나온 것이기 때문이라는 것이다.

경로 의존 개념에 기초한 데이비드의 이러한 주장과 비슷한 주장을 내놓은 학자가 바로 아서였다. 아서에 의하면, VHS 방식의 비디오 녹음기가 Betamax 방식을 이기고 시장을 독점한 이유는 기능적으로 더 효율적이고 우월했기 때문이 아니라 제조업체들이 VHS 방식의 비디오테이프를 급속하게 허가함으로써 VHS 방식 비디오테이프의 시장점유율이 Betamax 방식의 비디오테이프보다 훨씬 높았기 때문이었다.

이들의 이러한 설명은 당시 미시경제학계의 전통적인 두 가지 핵심 가설을 근본적으로 부정하는 것이었다. 그 두 가지 중심가설은 첫째, 가장 효율적인 해결책 내지 해법은 시장의 압력으로 인해 궁극적으로 승리하여 널리 보급된다는 점과 둘째, 그러한 해결책 또는 해법은 만약 더 효율적이고 우월한 해법이 등장할 경우 그 더 나은 해법에 의해 곧바로 교체될 것이라는 점이다. 그러나 이러한 두 가지 가설과는 정반대로 경로 의존 이론은 이전의 결정과 해법이 현재와 미래의 현실에 미치는 영향 내지 효과를 강조한다. 심지어 이러한 역학이 임의적인 방식으로 이루어진 사건일 경우에도 마찬가지이다.

이후 이러한 경로 의존 이론은 기술의 선택12)에서부터 제도의 선택,13) 정부정책의 형성,14) 정치행위,15) 정치기구의 타성,16) 도시지역의 형성,17) 산업지역의 형성,18) 해충 통제 전략,19) 언어와 법의

---

12) Arthur, Brian (ed.), *Increasing Returns and Path Dependency in the Economy* (Ann Arbor: University of Michigan Press, 1994), David(1985).

13) North, Douglass C., *Institutions, Institutional Change and Economic Performance* (Cambridge: Cambridge University Press, 1990).

14) Greener, I., "Understanding NHS Reform: The Policy-Transfer, Social Learning, and Path-Dependency Perspectives," *Governance*, Vol. 15 (2002), pp.614~9. Hacker, Jacob, *The Divided Welfare State: The Battle over Public and Private Social Benefits in the United States* (Cambridge: Cambridge University Press, 2002). Torfing, J., "Path-dependent Danish Welfare Reforms: The Contribution of the New Institutionalisms to Understanding Evolutionary Change," *Scandinavian Political Studies*, Vol. 24 (2001), pp.277~310. Idem, "Towards a Schumpeterian Workfare Postnational Regime: Path-shaping and Path-dependency in Danish Welfare State Reform," *Economy and Society*, Vol. 28 (1999), pp.369~402. Klein, J., "Bringing Politics Back In: Health Security and Social Politics in America Review of: Theda Skocpol, Boomerang: Clinton's Health Security Effort and the Turn Against Government in U.S. Politics," *Radical History Review* (1997), pp.261~73. Wilsford, D., "Path Dependency, or Why History Makes It Difficult, but Not Impossible, to Reform Health Care Services in a Big Way," *Journal of Public Policy*, Vol. 14 (1994), pp.251~83.

15) Hansen, R, "Globalization, Embedded Realism, and Path Dependence," *Comparative Political Studies*, Vol. 35 (2002), pp.259~83. Berman, S, "Path Dependency and Political Action: Re-examining Responses to the Depression," *Comparative Politics*, Vol. 30 (1998), pp.379~400. Pierson, Paul, "Increasing Returns, Path Dependence and the Study of Politics," *American Political Science Review*, Vol. 94, No. 2 (2000), pp.251~67.

16) March, J. and J. Olsen, *Rediscovering Institutions: The Organizational Basis of Politics* (New York: Free Press, 1989).

17) Page, Scott, "On the Emergence of Cities," *Journal of Urban Economics*, Vol. 45 (1998), pp.184~208. Arthur(1994).

18) Krugman, Paul, "History and Industry Location: The Case of the Manufacturing Belt," *American Economic Review*, Vol. 81 (May 1991), pp.80~3.

형성20)에 이르기까지 거의 모든 학문 분야에 걸친 주제를 분석하는 데에 광범위하게 이용되어 왔다. 이러한 경로 의존 이론이 복지국가의 발달과 변화에 관한 연구에 적용되기 시작한 것은 최근에 와서이다. 이러한 사실을 뒷받침하듯, 경로 의존 이론을 사회복지 제도 및 정책의 변화 분석에 이용한 연구는 국내외적으로 그리 많지가 않다.

이러한 경로 의존 개념은 그간 저자의 시각에 따라 다양하게 해석되어 왔다. 예를 들어, 골드소프(Goldthorpe)는 다원주의적(Pluralist) 정치·경제 제도와 조합주의적(Corporatist) 정치·경제 제도의 역사를 각기 별개의 것으로 간주하고 이 둘이 서로 수렴될 가능성이 전혀 없다고 단언하는 등 매우 강한 경로 의존 개념을 제시하였다.21) 반면, 키첼트 외(Kitschelt et al.)는 골드소프와는 정반대의 약한 경로 의존 개념을 제시하고 있는바, 상기한 두 제도의 역사는 별개의 것이 아니며 따라서 서로 수렴될 수 있고 이러한 수렴의 방식은 역사적 유산에 따라 달라진다고 주장한다.22) 즉 "역사가 중요하다"(history matters)라는 것이다. 궁극적으로, 경로 의존에 대한 해석의 차이는 정책결정자들의 선택이 구속·제약되어지는 정도에 있다고 볼 수 있다. 경로 의존은 또한 제도적,23) 문화적,24) 그리고 사

---

19) Cowan, Robin, and Philip Gunby, "Sprayed to Death: Path Dependence, Lock-in and Pest Control Strategies," *Economic Journal*, Vol. 106 (1996), pp.521~42.

20) Hathaway, Oona A., "Path Dependence in the Law: The Course and Pattern of Legal Change in a Common Law System," *The Iowa Law Review*, Vol. 86, No. 2 (Jan. 2001).

21) Goldthorpe, John (ed.), *Order and Conflict in Contemporary Capitalism* (Oxford: Clarendon Press, 1984).

22) Kitschelt et al. (eds), *Continuity and Change in Contemporary Capitalism* (Cambridge: Cambridge University Press, 1999).

23) Hall, Peter, *Governing the Economy: The Politics of State Intervention in Britain and France* (New York: Oxford University Press, 1986).

24) Almond, Gabriel A. and Verba, Sidney, *The Civic Culture: Political Attitudes and Democracy in Five*

회·경제적25) 등 크게 세 가지 수준에서도 분석될 수 있다.

그러나 어쨌든 가장 일반적으로 이해되고 있는 경로 의존 개념은 역시 상기한 "역사가 중요하다"라는 인식에 기반하고 있는 광범위한 개념일 것이다. 즉 기본적으로 사회적 과정은 무조건적인 방식으로 전개되지 않고, 순환·반복적이라는 견해(즉 이전의 결정이 후에 오는 결정과정에 지대한 영향을 미친다는 견해)에 근거하고 있다. 이런 시각에서 볼 때, "과거사는 결코 완전히 지나간 과거사가 아니다."26) 왜냐하면, 현재와 미래의 행동, 행위, 상황, 혹은 결정은 이전의 행동, 행위, 상황 그리고 결정에 따라 좌우되기 때문이다. 따라서 경로 의존 이론에서 과거의 역사는 매우 중요한 요인이다. 이러한 시간적 경과의 관점에서 이해된 경로 의존 이론에 의하면, 최초로 내려진 결정을 곧바로 바꾸는 것은 비교적 용이하지만 이후 상당한 시간이 흐른 특정 시점에서 그러한 결정을 뒤바꿀 수 있는 선택의 폭은 점점 줄어들게 된다. 결과적으로, 과거에 취해진 결정은 시간이 지날수록 점점 하나의 절대적이고 불가피한 규범이 되어 가는 것이다.

이는 마치 한 마리 작은 영양을 잡기 위해 그 영양의 뒤를 전속력으로 쫓는 아프리카 치타의 상황과 같다고 할 수 있다. 즉 작은 영양을 향해서 이미 전속력으로 내달리고 있는 치타의 시야에 더 크고 맛있어 보이는 새로운 영양이 들어왔지만, 이미 작은 영양을 전속력

Nations (Princeton, NJ: Princeton University Press, 1963).

25) Soskice, David, "Divergent Production Regimes: Coordinate and Uncoordinated Market Economies in the 1980s and 1990s," in Kitschelt, Herbert, Lange, Peter, Marks, Gary and Stephens, John D. (eds), *Continuity and Change in Contemporary Capitalism* (Cambridge: Cambridge University Press, 1999).

26) Teece, D. J., Pisano, G., Shuen, A., "Dynamic Capabilities and Strategic Management," *Strategic Management Journal*, Vol. 18 (1997), p.522.

으로 뒤쫓아 온 치타가 갑자기 방향을 바꾸는 것은 엄청난 에너지와 기술이 요구되기 때문에 그냥 작은 영양을 향해 지속해서 나아가는 것이 더 용이한 것이다.

하지만 이러한 경로 의존 이론을 오로지 이러한 역사적 경로 의존에 의존해서만 완전히 이해하는 것은 불가능하다.[27] 즉 '증가하는 보상'(increasing returns)과 '변경불능 상황'(lock-ins)이라는 추가적인 두 가지 개념에 대한 이해 없이 경로 의존 이론을 완전히 이해하는 것은 어렵다는 것인데, 여기서 증가하는 보상의 개념은 일반적으로 긍정적인 반응, 즉 어떤 특정 독립변수의 증가가 바로 그 독립변수의 추가적인 증가로 이어지는 것을 의미한다.[28] 좀 더 구체적으로는 개인 행위자의 통제력을 넘어서고 궁극적으로 변경불능 상황 또는 불변상황으로 이르게 하는 연속적으로 변하는 형태의 동학을 지닌 자기강화적인 과정을 의미한다.

이러한 두 가지 개념을 효과적이고 쉽게 설명한 학자가 바로 현 복지정치의 연구 분야에 있어서 가장 설득력 있는 주장을 제시해온 폴 피어슨(Paul Pierson)이다. 피어슨이 주장하는 경로 의존 개념은 상기한 골드소프의 강한 경로 의존 개념과 키첼트 외의 약한 경로 의존 개념의 중간쯤에 위치하고 있으며, 제도적이고 사회·경제적 수준에 주 초점을 맞추고 있다. 피어슨에 의하면, 정치는 다음과 같은 네 가지 특성들로 인해 증가하는 보상과정에 지극히 민감하다.[29]

---

27) Antonelli, C., "The Economics of Path-Dependence In Industrial Organization," *International Journal of Industrial Organization*, Vol. 15 (1999), pp.643~675.

28) Arthur(1994). Idem, "Competing Technologies, Increasing Returns, and Lock-in by Historical Events," *Economic Journal*, Vol. 99 (1989), pp.116~131.

29) Pierson(2000). Idem, "Path Dependence, Increasing Returns, and the Study of Politics," *Working Paper No. 7*, Center for European Studies, Harvard University (1997).

1) 정치의 집단적 특질

2) 정치의 제도적 밀집도

3) 정치적 권위와 권력의 비대칭성

4) 정치적 과정의 복잡성 및 불투명성

그리고 정치에 있어서 경쟁과 학습의 부족 내지 부재와 정치적 행위자들의 짧은 재직기간, 그리고 제도의 경직성 내지 완고함 등으로 인해 경로변동의 어려움은 더욱 증가한다. 여기에 변경불능(lock-in) 효과가 더해지면, 개혁 또는 정책변경의 비용은 더더욱 증가한다.30) 이러한 변경불능 효과 내지 요인들이 많이 자리 잡으면 자리 잡을수록 정책이나 제도의 변화 가능성은 더더욱 희박해진다. 이러한 경로 의존 현상은 제도와 정책뿐 아니라, 이데올로기에서부터 정당 및 정부구조에 대한 선호 및 이해와 같은 인식(cognitive)적인 면과 정치문화에도 똑같이 적용될 수 있다.31)

요약하면, 공공정책 및 공적제도를 포함한 정치적인 활동과 관련한 모든 주요 특질들은 본질적으로 변화에 강하게 저항하며, 이전의 정책과 정책결정의 역사는 그러한 특정 정책과 제도들의 필요성을 낳았던 원 상황이 완전히 변했음에도 불구하고 차후의 정책과 정책결정에 지대한 영향을 미치는 경향이 강하다. 이처럼 정책결정자들은 제도와 정책의 본능적인 지속성향으로 인해 기존의 제도적·정책적 틀 내지 유산으로부터 자유롭지 못하므로 이들의 자율성은 결

---

30) Pierson(2000), Idem, *Dismantling the Welfare State? Reagan, Thatcher, and the Politics of Retrenchment* (Cambridge: Cambridge University Press, 1994), p.181.

31) Pierson(2000), p.260.

국 크게 제약된다. 다시 말해서, 정책결정자들의 우선 사항과 이해
관계는 정책결정과정의 제도화된 규범에 의해 크게 제약·구속된다.
요컨대, 과거에 구축된 제도적 내지 정책적 틀은 現 정책결정자들의
제도적·정책적 선택에 지대한 영향을 준다는 것이다. 이러한 점에
서 과거에 만들어진 정책은 現 정책결정자들의 선택범위를 제한하는
하나의 족쇄로 간주될 수 있다.

바로 이러한 이유 때문에 경로 의존 이론은 새로운 개혁정책이 바
라던 성과를 제대로 거두지 못하는 원인을 분석하는 데에 매우 효과
적인 분석 틀을 제공할 수 있다. 예를 들어, 국내 의료보험제도가 처
음 도입된 지 어언 40년이 지났고 최근 들어 의료보험 체계도 획기
적으로 바뀌었음에도 불구하고, 의료보험 도입 당시부터 가장 큰 문
제점으로 지적되었던 낮은 보험급여율(높은 본인부담률) 정책이 여
전히 지속되고 있는 가장 큰 원인은 국내 의료보험정책의 원래 프로
그램이 가지고 있는 구속력 때문이다.[32]

또한 경로 의존 개념은 다원주의나 합리선택론적 제도주의에서
주장해온 제도정책의 효율성에 관한 시각을 전면 부정한다. 이는 이
전 제도의 권력관계나 제도적 관행이 이후의 정치적으로나 경제적
으로 더 효율적인 제도 개혁의 범위를 제약함으로써 비효율적이고
예기치 못했던 결과를 가져올 수 있음을 의미한다. 어쨌든 여기서
중요한 점은 어느 한 국가나 사회의 사회복지체제의 현 상황을 제대
로 이해하기 위해서는 이전 시기의 분기점이 되는 시기와 그 사회복
지제도 내지 정책의 독특한 발전경로를 형성·강화시켜온 요인들에

---

32) 김태일·김선희, "의료보험 급여제도의 경로 의존에 관한 연구,"「한국정책과학회보」제10권 제4호
    (2006), pp.41~64.

초점을 맞출 필요가 있다는 점이다.

물론 이러한 경로 의존 이론이 문제가 전혀 없는 것은 아니다. 가장 중요한 단점으로 제도와 정책의 변화 가능성을 너무 경시함으로써 궁극적으로 변화가 일어나는, 즉 경로 의존성이 부분적으로나 완전히 파기되는 지점에 대해 충분히 설명할 수 없다는 점을 들 수 있다. 예를 들어, 텔렌(Thelen)은 경로 의존 개념이 제도적 지형의 지속적인 재교섭 과정을 무시하는데, 주요 행위자들이 제도의 지형과 목적을 재조정함으로써 제도적 진화는 언제든 시작될 수 있다고 주장한다.[33] 또한 어떤 특정 제도나 정책을 오래 지속되도록 만드는 변경불능 요인들이 세부적으로 어떤 것들인지, 그리고 제도나 정책의 영속성이 시간과 사례에 따라 달라지는 원인이 무엇인지를 제대로 설명하지 못하는 단점이 있다.

이러한 결점들을 보완하기 위해 우드(Wood)는 제도·정책의 영속성 내지 현상유지의 다른 원인들을 파악하는 동시에 경로 의존 개념을 좀 더 구체적으로 정의하였다.[34] 우드에 의하면, 경로 의존 외의 다른 요인들이 현상유지의 주원인이 될 수도 있다. 영국, 독일, 스웨덴 등 3개국의 노동시장 정책에 관한 연구에서 우드는 정책지속의 원인으로 경로 의존이 아닌 고용주와 헌법 및 선거와 관련된 요인들을 제시하였다. 또한 경로 의존은 스스로 강화하는 독특한 특성을 지니고 있는데, 바로 이 점이 다른 요인들과 차별되는 점이다.

---

33) Thelen, Kathleen, "The Explanatory Power of Historical Institutionalism," in Mayntz, Renate (ed.), *Akteure–Mechanismen–Modelle: Zur Theoriefähigkeit makro–sozialer Analysen* (Frankfurt/Main: Campus, 2002), pp.91~107.

34) Wood, Stewart, "Labour Market Regimes under Threat? Sources of Continuity in Germany, Britain and Sweden," in Pierson, Paul (ed.), *The New Politics of the Welfare State* (Oxford: Oxford University Press, 2001), pp.368~409.

즉 현상유지의 원인이 제도나 정책의 내부적 요인 그 자체에서 기인할 때에만 경로 의존적이라고 판단할 수 있는 것이다. 다시 말해서, 제도와 정책이 관련 행위자들의 우선 사항과 이해관계에 직간접적으로 영향을 미치고, 그 행위자들이 이러한 우선 사항과 이해관계에 따라 행동할 때에만 경로 의존이 성립된다는 것이다.

이와는 다르게, 노동조합과 같은 이익단체의 이해관계와 연관된 이론도 제도 및 정책의 지속과 현상유지를 설명하는 데에 이용될 수 있다. 예를 들어, 노동조합은 일반적으로 노동시장유연화 정책에 반대하고 고용을 보호하는 법안을 지지하는 경향이 강하지만, 이러한 고용보호 법안에 대한 노동조합의 지지는 이전의 고용정책에서 비롯된 것이 결코 아니다. 왜냐하면 노동조합은 본질적으로 고용을 보호하는 법안을 지지하게끔 되어 있기 때문이다. 요컨대, 경로 의존 이론은 정책지속의 원인을 이전 정책의 내부적 원인에서 찾는 반면, 이해관계에 기초한 이론은 정책지속의 원인을 이익단체의 본질적인 이해관계에서 찾는다는 것이다.[35]

중요한 사실은 경로 의존 개념이 변화 내지 개혁을 구속·제약하는 원인들이 무엇인지를 설명하는 데에 매우 적절한 설명적 틀을 제공한다는 점이다. 마찬가지로 본 연구에서 분석하고자 하는 문제인 두 차례에 걸친 국내 진보정부의 통치와 이들의 통치기간 중에 이루어진 국내 사회복지체제 전반에 걸친 획기적인 개혁 노력에도 불구하고 국내 사회복지체제의 수준이 서구 선진복지국가들은 물론 비슷한 경제력을 가진 타 국가들에 비해 거의 모든 면에서 여전히 크

---

35) Wood(2001).

게 뒤떨어져 있는 이유를 설명하는 데에 경로 의존 개념이 매우 유용할 수 있다는 것이다.

본 연구에서 후술하는 바와 같이, 박정희 정권하의 개발연대 발전국가 시기는 이후 국내 사회·정치적 발달에 지대한 영향을 미친 가장 결정적인 시기였다. 이 시기에 국내 정치·경제 엘리트들에 의해 선택되고 후원된 성장우선주의 이데올로기와 이에 기초하여 구축된 독특한 정책적 틀은 장기간에 걸쳐서 후대 정권들의 정책결정 과정에 지대한 영향을 미쳐왔다. 성장우선주의 이데올로기는 본질적으로 성장과 복지를 상호배타적 관계로 간주하고 분배가 성장을 저해하고 사회정책은 경제정책에 부수되는 주변적 사안일 뿐이라는 시각에 기초하고 있는데, 이러한 성장우선주의 이데올로기는 1998년과 2003년 초 진보적인 김대중·노무현 정부가 들어선 이후에도 거의 변하지 않고 국내 정치·경제 엘리트들 사이에 지배적인 담론으로 이어져 내려왔고, 결과적으로 두 진보정권의 정책결정 과정에서도 이전과 같이 절대적인 영향력을 발휘하면서 국내 사회복지체제의 질적인 성장과 확대를 가로막는 최대의 걸림돌로 작용했다.

예를 들어, 김대중 정부하에서 제시된 '생산적 복지'(productive welfare)라는 정책이념 아래 이루어진 복지개혁은 결국 분배나 사회 형평보다는 경제 효율성을 전제로 하고 경제성장에 기여하는 사회복지만을 강조하기 위한 것으로 변질되었다. 김대중 정부가 추진한 생산적 복지란 말 그대로 '생산에 도움을 주는 또는 생산에 기여하는 복지', 즉 '생산에의 참여를 통한 복지'로 해석할 수 있는데, 이는 곧 복지정책은 국가의 경제와 시장 활성화에 기여하도록 결정하고 추진해야 한다는 원칙을 내포하였다.[36] 결과적으로 이러한 시장 친화적 복지체제에서 개인과 가족의 복지는 국가가 아닌 개인의 책임 하에 놓이게 되었다.

김대중 정부하에서 이러한 생산적 복지가 핵심 정책결정자들에게 선호되었던 가장 큰 이유는 과거 서구 선진 복지국가들이 이미 경험 했던 복지 병이 과도한 복지혜택의 제공으로 인한 대규모 복지의존 층의 양산과 이로 인한 국가재정의 위기상황으로 인해 초래되었다 는 이들의 판단과 인식 때문이었다.[37] 여기에 1990년대 초 이후 급 속히 진전된 신자유주의 세계화로 인해 경제 효율성 극대화가 국가 경영의 가장 핵심적인 과제로 떠오르면서, 과거와 같이 소모적이고 시혜적인 국가 복지를 대규모적으로 제공하는 것이 더 이상 가능하 지 않게 되었다는 현실 인식도 한몫을 하였다.[38]

그러나 이러한 생산적 복지정책에서 강조하는 근로연계복지는 국 가가 시민권의 일환으로서 모든 시민들의 최저생활을 보장하고 노 동의 상품화를 일정 정도 제약한다는 복지국가의 기본이념과 정면 배치되는 것으로서, 국내 정책을 결정하고 시행해 온 핵심 정부 관 료들의 보수적인 인식을 반영한다. 다시 말해서, "국가재정운영을 경제투자 중심으로 운영하고, 복지 분야의 투자를 최소화하는 발전 주의적 유산"이 김대중 정부에서도 국가 정책결정 과정에서 강력한 영향력을 발휘했다는 것이다.[39]

2003년 2월 출범한 노무현 정부하에서 '참여복지와 삶의 질 향상'

---

36) 조영훈. "'생산적 복지론'과 한국 복지국가의 미래." 김연명 편, 『한국 복지국가 성격논쟁 I』(서울: 인간과 복지, 2002a), p.83.

37) Ibid.

38) Ibid.

39) 정무권. "김대중 정부의 복지개혁과 한국 복지제도의 성격 논쟁에 대하여: 발전주의 유산과 복지개혁의 한계." 김연명 편, 『한국 복지국가 성격논쟁 I』(서울: 인간과복지, 2002b), p.416.

이라는 정책 아래 이루어진 사회복지 개혁노력도 그저 이전 김대중 정부하에서 강조된 '생산적 복지'의 연장으로 볼 수 있다. 왜냐하면 노무현 정부의 복지정책도 사회복지서비스 제공자로서의 국가 책임 과 역할의 획기적인 확대이기보다는 가족 중심의 자립과 자활 및 근면을 강조하는 전형적인 잔여주의적 형태의 정책으로 나타났기 때문이다.

결론적으로, 김대중·노무현 두 진보정부하에서 시행된 사회복지 정책은 결국 분배나 사회형평보다는 경제적 효율성을 전제로 하고 경제성장에 기여하는 사회복지만을 강조하기 위한 것으로서, 개발연대의 성장우선주의 이데올로기에 기초한 정책과 거의 다르지 않다. 이러한 가운데, 김대중·노무현 정부 시절 국내 경제정책을 주도하던 재정경제부(지금의 기획재정부)는 "경제가 성장하지 않으면 분배개선은 어렵다"라는 개발연대의 성장우선주의적 담론을 지속적으로 주도하였는데,[40] 이는 사회복지 정책이 경제성장을 저해하고 경제위기를 가속화시킬 것이라는 인식(즉, 권위주의 개발연대의 성장우선주의 이데올로기)이 여전히 정부 내 특히 경제부처 관료들 사이에 뿌리깊이 자리 잡고 있음을 보여주는 것으로서, 경로 의존성이 국내 사회복지정책에서도 강하게 나타나고 있음을 단적으로 보여주는 것이다.

---

40) 김순영, "한국 민주주의와 빈곤의 문제," 최장집 편, 『위기의 노동』(서울: 후마니타스, 2005), p.261.

3장

한국의 발전국가체제의 형성과
성장 우선주의 이데올로기

한국의 성장 우선주의 이데올로기는 다분히 한국의 발전국가(de-
velopmental state)체제의 발달과 긴밀하게 연관되어 있다.[41] 성장우

---

41) 발전국가의 정치학적 용어는 '강한 국가'(strong state)이다. 영국 Sussex 대학의 개발학연구소(Institute of Development Studies)에 의해 처음 명명된 용어인 발전국가는 빠른 경제성장을 성취하기 위해 국가가 주도하는 산업화전략에 의해 시장의 합리성이 계획적으로 구속·제약되는 국가를 의미한다. 발전국가에 대한 자세한 사항은 다음을 참조. Chu, Yin-wah, "Eclipse or Reconfigured? South Korea's Developmental State and Challenges of the Global Knowledge Economy," *Economy and Society*, Vol. 38, No. 2 (2009), pp.278~303. Lim, Haeran, "Democratization and the Transformation Process in East Asian Developmental States: Financial Reform in Korea and Taiwan," *Asian Perspective*, Vol. 33, No. 1 (2009), pp.75~110. Stubbs, Richard, "What Ever Happened to the East Asian Developmental State? The Unfolding Debate," *Pacific Review*, Vol. 22 No. 1 (2009), pp.1~22. Pirie, Iain, *The Korean Developmental State: From Dirigisme to Neo-liberalism* (London: Routledge, 2008). Pirie, Iain, "The New Korean State," *New Political Economy*, Vol. 10, No. 1 (2005), pp.25~42. Kalinowski, Thomas, "Korea's Recovery since the 1997/98 Financial Crisis: The Last Stage of the Developmental State," *New Political Economy*, Vol. 13, No. 4 (2008), pp.447~62. Chu, Yun-han, "Re-engineering the Developmental State in An Age of Globalization," The Sixth International Conference on Korean Politics: Refining Korean Politics (Seoul: Korea, August 2001). Lee, Yeonho, *The State, Society and Big Business in South Korea* (London: Routledge, 1997). Evans, Peter B., *Embedded Autonomy: States & Industrial Transformation* (Princeton, NJ: Princeton University Press, 1995). Kim, Eun Mee, "Contradiction and Limits of a Developmental State: With Illustrations from the South Korean Case," *Social Problem*, Vol. 40, No. 2 (1993), pp.228~249. Woo, Jung-En, *Race to the Swift: State and Finance in Korean Industrialization* (NY: Columbia University Press, 1991). Wade, Robert, *Governing the Market: Economic Theory and the Role of Government in East Asian Industrialization* (Princeton, NJ: Princeton University Press, 1990). Haggard, Stephen, *Pathways from the Periphery: The Politics of Growth in the Newly Industrializing Countries* (Ithaca: Cornell University Press, 1990). Amsden, Alice, *Asia's Next Giant* (Oxford: Oxford University Press, 1989). Johnson, Chalmers, "Political Institutions and Economic Performance: The Government-Business Relations in Japan, South Korea, and Taiwan," in Deyo, Frederic C. (ed.), *The Political Economy of the New East Asian Industrialism* (Ithaca: Cornell University Press, 1987), pp.136~164. Johnson, Chalmers, *MITI and the Japanese Miracle: The Growth of Industrial Policy, 1925-1975* (Stanford: Stanford University Press, 1982). 김인

선주의는 발전국가체제가 개발연대에 형성·구축되면서 생겨났기 때문이다. 따라서 국내 발전국가체제의 속성과 발달과정에 대한 고찰 없이 성장우선주의 이데올로기가 어떻게 생겨났으며 왜 지금까지 한국 정책결정자들 사이에서 여전히 핵심적인 이데올로기로 남아 있는지를 이해하기는 어렵다. 이러한 발전국가체제는 적극적인 국가개입을 통해 전략산업의 육성과 수출주도 산업화를 효과적으로 추진했던 박정희 군사정권(1961~79) 하에서 최초로 형성되었다.

  그럼 이번 장에서는 이러한 발전국가체제의 속성과 발달과정을 역사적 관점에서 살펴봄으로써, 한국의 성장우선주의 이데올로기가 어떠한 과정을 통해 생겨났고 현재까지 어떠한 역사적 경로를 통해 국내 정치·경제 엘리트들의 핵심 독트린으로 자리 잡아왔는지 알아보도록 한다.

박정희 정권과 발전국가체제

  소위 "간섭주의 국가", "지도국가", "선임국가", "큰형님" 내지 "보호자" 등으로 언급되어온 박정희 정권은 발전국가의 가장 좋은 표본으로 간주되어왔다.[42] 1961년 5월 16일 군사쿠데타를 통해 정치권력을 잡은 박정희 군사정권은 당시 한국이 겪고 있던 극심한 가

  영, "한국의 발전국가론 재고: 1997년 외환위기 이후 발전국가의 변화와 특질." 「한국동북아논총」 제47집 (2008), pp.183~204.

42) Lee(1997). Jones, L. P. and SaKong, I., *Government, Business, and Entrepreneurship in Economic Development: The Korean Case* (Cambridge, MA: Harvard University Press, 1980). Mason, E. S., Kim, M., Perkins, D. H., Kim, K. S. and Cole, D. C., *The Economic and Social Modernization of the Republic of Korea* (Cambridge, MA and London: Harvard University Press, 1980).

난과 빈곤으로부터의 탈출을 국가정책 제1목표로 세우고 무엇보다
도 경제개발정책과 수출주도 산업화정책을 우선시했다. 발전국가체
제에서 핵심적 위치를 차지하고 사회적 간섭과 압력으로부터 상대
적으로 자유로웠던 국가 관료들은 전략산업을 지정·보호·육성함
으로써 가능한 빠른 기간 내에 산업선진국들을 따라잡고자 했다.

당시 박정희 정권은 이전 정권들과 달리 수출을 통한 경제성장을
국가의 핵심 발전전략으로 정했는데, 이는 무엇보다도 국내의 제한
된 자연자원과 협소한 국내시장 때문이었다. 이전의 수입대체경제정
책에서 수출중심의 경제정책으로 전환하는 과정에서 박정희 정권은
합리화된 외환체제, 직접신용대출, 강력한 수출 인센티브, 선택적 수
입자유화와 같은 수출주도 산업화정책의 효과를 극대화하기 위한
다양한 산업정책 수단들을 적극적으로 활용했다. 심지어 박정희 대
통령 자신이 직접 나서서 국내 기업들의 수출목표치를 정하고 이들
의 수출성과를 매달 정기적으로 면밀히 점검하기도 했다.[43]

박정희 정권은 또한 국내 경제의 국제경쟁 압력에 대한 노출을 주
도면밀하게 통제·조절하였으며, 국내 산업이 외국인의 영향력에 지
배되지 않도록 하기 위해 국내에서 외국 기업들의 활동을 엄격하게
제한했다.[44] 박정희 정권은 선진기술을 도입하는 주요 수단으로서
외국인직접투자 대신 외국인 소유가 없는 OEM 방식의 라이센스 협
정을 선호했다.[45] 이에 따라 당시 한국의 외국에 대한 의존이 매우

---

43) Lee, C. H., "The Visible Hand and Economic Development," in Roumasset, J. A. and Barr, S. (eds.),
 The Economics of Cooperation: East Asian Development and the Case for Pro-market Intervention
 (Boulder, Oxford: Westview Press, 1992), pp.163~4.

44) Wade(1990), p.307.

45) SaKong, I., *Korea in the World Economy* (Washington: Institute for International Economics, 1993),
 p.124.

높고 해외 자본시장에서 유입된 외국자본의 규모가 상당히 컸음에
도 불구하고, 외국인직접투자는 최소 수준으로 제한되었다. 예를 들
어, 1967년 한국으로 유입된 외국인직접투자액은 7백8십만 (미)달러
정도에 불과했는데, 이는 브라질로 유입된 외국인직접투자총액의
2% 정도에 해당하는 수준이었다.[46)]

박정희 정권의 시장개입의 효과는 이른바 재벌[47)]이라고 하는 소
수의 대기업집단들을 집중적으로 육성함으로써 더욱 증대되었다.[48)]
박정희 정권은 수많은 중소기업들과 가난한 노동자들에게는 자유방
임주의적 정책을 철저하게 적용한 반면, 소수의 대재벌들에게는 다
양한 혜택과 보조금들을 제공했다. 중소기업들과 가난한 노동자들에
게는 스스로 알아서 자신들의 앞길을 헤쳐 나갈 것을 주문한 반면,

---

46) Evans, Peter, "Class, State, and Dependence in East Asia: Lessons for Latin America," in Deyo,
   Frederic C. (ed.), *The Political Economy of the New East Asian Industrialism* (Ithaca: Cornell University
   Press, 1987), p.207. 1990년대까지도 한국으로 유입된 외국인직접투자액은 매우 낮았다. 예를 들어,
   1992년 한국의 GDP대비 외국인직접투자액 비율은 0.3%로, 이는 중국의 13.3%, 말레이시아의 13.3%,
   홍콩의 3.9% 및 싱가포르의 4.3%에 비해 지나치게 낮은 수준이었다. Lee, Hong Koo, *Waekookin
   jikjeoptooja-wa tooja jeongcheck* [Foreign Direct Investment and Investment Policy] (Seoul: KDI,
   1994), p.194.

47) 국내 "재벌"(財閥)은 한자로 제2차 세계대전 이전 일본의 빠른 경제발전에 지대한 역할을 했던 자이바츄
   (*zaibatzu*)와 동일하다. 여하튼, 재벌은 창업자와 그의 가족들에 의해 소유·통제되고 온정적으로 관리되
   는 매우 거대하고 다각화되어 있는 한국의 기업단체로 정의할 수 있다. Jones, L. P. and SaKong, I.,
   Government, Business, and Entrepreneurship in Economic Development: The Korean Case (Cambridge,
   MA: Harvard University Press, 1980). 일반적으로 한 재벌그룹은 상당히 많은 수의 자회사를 거느리고
   있는데, 예를 들어 2007년 중반 62개 재벌그룹들은 총 1,196개의 자회사를 거느리고 있는 것으로 나타
   났다. WTO Secretariat, *Trade Policy Review of the Republic of Korea: Report by the WTO Secretariat*
   (Geneva: WTO, September 2008), p.81. 또한 재벌들은 자동차, 반도체, 가전, 통신, 선박, 철강 및 석유
   화학 등과 같은 국내 주요 수출산업을 지속적으로 지배해왔다. WTO Secretariat(2008), p.108. 이러한 점
   에 비추어 볼 때, 한국 경제에서 가장 강력한 행위자는 재벌이라고 해도 과언이 아니다. Biggart, Nicole
   W. and Hamilton, Gary G., "On the Limits of a Firm-based Theory to Explain Business Networks: The
   Western Bias of Neoclassical Economics," in Orru, Marco, Biggart, Nicole W., and Hamilton, Gary G.
   (eds.), *The Economic Organization of East Asian Capitalism* (London: Sage Publications, Inc., 1997),
   p.38.

48) Amsden(1989), Johnson(1987), pp.136~164. Koo, Hagen, "The Interplay of State, Social Class, and
   World System in East Asian Development: The Cases of South Korea and Taiwan," in Deyo, Frederic
   C. (ed.), *The Political Economy of the New East Asian Industrialism* (Ithaca: Cornell University Press,
   1987), pp.165~181.

재벌들에게는 온갖 종류의 국가보조를 아끼지 않았다. 이러한 정부의 재벌우선정책하에서 재벌들은 세금을 면제받은 것은 물론, 부도 직전에는 국가에 의해 구제되기까지도 했다. 예를 들어, 1990년대 말까지 국내 최고 재벌그룹들 중 하나였던 대우그룹이 1970년대 기간 동안 무모한 사업다각화로 인해 1970년대 말 자산대비 부채비율이 거의 900%에 이르자 정부가 직접 나서서 대우그룹을 구제해주었다. 물론 이러한 과정에서 한국 국민들은 납세자로서 뿐만 아니라 소비자로서 희생을 강요받았던 것은 두말할 나위가 없다.

박정희 정권이 다수의 중소기업들보다 소수의 대기업들을 선호했던 가장 큰 이유는 소수의 대기업들을 집중적으로 육성함으로써 박정희 정권이 당시 국가목표로 정한 수출주도 산업화전략을 추진하는 데에 필요한 규모의 경제를 보다 쉽게 활용할 수 있다고 판단했기 때문이었다.[49] 박정희 정권의 재벌에 대한 이러한 선택적인 후원정책은 재벌의 급성장을 유도한 반면, 국내 경제에서 수천 개에 달하는 중소기업의 주변화를 초래했다.

개발연대 기간 동안에 재벌의 급성장을 가능케 했던 요인은 다양하지만, 크게 해외차관 및 국내 대출의 차별적인 배분과 중화학공업 개발정책의 추진 등 두 가지를 꼽을 수 있다. 개발연대 기간 동안 한국경제는 자본이 심각하게 부족했던 관계로 국내 자금과 해외 자금에 대한 국내 수요가 엄청나게 높았다. 간단히 말해서, 거의 모든 국내 기업들이 부도상태에 있었다고 해도 과언이 아니었다.[50] 그런데

---

49) 한국경제연구원, 「한국의 기업집단」 (서울: KERI, 1995), p.212.

50) Cumings, Bruce, "The Origins and Development of the Northeast Asian Political Economy: Industrial Sectors, Product Cycles, and Political Consequences," in Deyo, Frederic C. (ed.), *The Political Economy of the New East Asian Industrialism* (Ithaca: Cornell University Press, 1987), p.74.

당시 해외 및 국내의 모든 종류의 신용대출에 대해 최종적인 권한을 가지고 있었던 것은 국내 정부 관료들이었는데, 대부분의 경우 박정희 정권과 가까웠던 대기업들에만 이러한 국내외 신용대출이 대거 제공되었다. 특히 해외차관은 <표 1>에서 나타난 바와 같이 국내 신용대출에 비해 이자율이 훨씬 낮았는데, 이러한 해외차관은 주로 경제기획원이 주관한 라이센스 프로그램을 통해 국내 대기업들에 배분되었다.51)

〈표 1〉 국내대출과 해외차관의 이자율(%) 비교

구분	1960년대	1973년	1981년	1987년
국내대출	17.5~26.0	15.5	17.0	11.5
해외차관	5.6~7.1	6.89	9.35	7.94

출처: 경제기획원, 「주요 경제지표」, 각 연도.

재벌들의 급성장을 가능케 했던 또 다른 요인은 1973년 1월 12일 도입된 중화학공업개발정책이었다. 중화학공업개발정책이 공식적으로 추진되면서, 철강, 기계, 조선, 자동차, 전자, 석유화학 등 총 6개 산업부문이 주요 전략산업으로 지정되었다. 이 과정에서 석유화학과 철강 산업은 포항제철과 같은 국영기업들에 의해 독점되었던 반면, 그 외 다른 전략산업의 사업들은 소수의 재벌기업들에 배당되었다. 이러한 중화학공업개발정책 사업은 국유화된 은행시스템을 통해 정부가 직접 관리했는데, 정부는 중화학공업 및 수출 관련 산업 부문에 정책융자의 형식으로 일반 은행대출보다 훨씬 낮은 이자율의 융

---

51) Ibid.

자를 제공했다. <표 2>에서 나타나듯이 1970년대 일반 은행대출의 이자율은 15~19%에 달한 반면, 정책융자의 이자율은 이보다 훨씬 낮은 7~15%에 머물렀다. 1980년에 이러한 낮은 이자율의 국가투자 기금의 약 60%와 산업은행 융자의 42%가 중화학공업개발정책 사업에 투입되었다.[52]

〈표 2〉 산업별 이자율(%) 비교, 1975~79년

구분	1975년	1976년	1977년	1978년	1979년
일반 은행 대출	15.5	17.0	15.0	18.5	18.5
조선업	9.0	10.5	10.5	11.0	11.0
일반 기계	12.0	13.0	13.0	15.0	15.0
수출산업 설비	12.0	13.0	13.0	15.0	15.0
무역 대출	7.0	8.0	8.0	9.0	9.0

출처: 유인학, 『한국 재벌의 해부』 (서울: 풀빛, 1991), p.79.

국가에 의한 이러한 집중적인 재정적 보조와 더불어, 중화학공업 개발정책 사업에 참여한 재벌기업들은 세금면제와 감면을 받은 것을 물론, 국가의 관세보호를 통해 외국기업으로부터의 경쟁에서 보호받았다.[53] 이러한 다양한 국가보조와 보호조치로 인해 재벌그룹들은 1974년에서 1978년 사이 중화학공업 분야에서 활동하는 자회사의 수를 거의 세배 늘렸으며, 국내 GNP보다 더 빠르게 성장했다 (표 3).[54]

---

52) 한국경제연구원(1995), p.242.

53) Haggard, Stephen, "From the Heavy Industry Plan to Stabilization: Macroeconomic Policy 1976-1980," in Haggard, S., Cooper, R. N., Collins, S., Kim, C., and Ro, S. T. (eds.), *Macroeconomic Policy and Adjustment in Korea: 1970-1990* (Harvard University Press, 1994), p.51.

54) Woo(1991), p.167.

〈표 3〉 중화학공업개발정책에의 재벌의 참여, 1974~78년

재벌	자회사의 수		중화학공업에서의 인수
	1974	1978	
현대	9	31	자동차, 기계, 철강, 조선, 알루미늄, 원유정제, 전자, 중기계
삼성	24	33	조선, 일반 기계, 전자, 석유화학
대우	10	35	기계, 자동차, 조선
럭키	17	43	석유화학, 원유정제, 전자
효성	8	24	중전자, 기계, 자동차부품, 석유화학
국제	7	22	철강, 기계
선경	8	23	화학, 기계
삼화	10	30	전자, 기계
쌍용	17	20	시멘트, 중기계, 조선, 중전자
금호	15	22	철강, 석유화학
코오롱	6	22	중전자, 석유화학

출처: Woo(1991), p.167.

그리고 박정희 정권은 대량생산에 필수적인 낮은 임금과 잘 숙련된 노동력과 같은 한국의 비교우위를 지속적으로 유지하기 위해 노동세력을 잔혹하게 억압했다.[55] 당시 세계 시장에서 한국이 가지고 있던 유일한 비교우위는 풍부한 저임금 노동력이었는데, 박정희 정권은 이러한 상태를 지속적으로 유지시키기 위해 가혹한 탄압을 사용하면서 노동조직과 이들의 정치적 행동을 억제했고 노동집단을 정치와 정책결정 과정에서 완전히 배재시켰다. 심지어 반정부 노동지도자들과 그룹들을 탄압하기 위해 중앙정보부의 사회적 침투와 고문이 빈번하게 사용되기도 했다.

요컨대, 1960~70년대의 한국 경제는 매우 중앙집권화된 정책결

---

55) Cumings(1987), p.80. Deyo, Frederic C., *Beneath the Miracle: Labour Subordination in the New Asian Industrialism* (Berkeley: University of California Press, 1989). Idem, "State and Labor: Modes of Political Exclusion in East Asian Development," in Deyo, Frederic C. (ed.), *The Political Economy of the New East Asian Industrialism* (Ithaca: Cornell University Press, 1987), pp.182~202.

정권을 지닌 매우 권위주의적 정권에 의해 계획되고 운영되었으며,[56] 대부분의 국가정책들은 '보이지 않는 손'(invisible hand)에 의해 경제가 운영된다는 시장 경제적 접근에 위배되는 것들이었다. 이러한 박정희 정권의 시장 간섭적인 정책은 선진국을 따라잡기 위해서는 경쟁력을 효과적으로 높이기 위한 강력한 국가개입이 필요하다는 박정희 정권의 확고한 믿음에서 비롯되었다. 이러한 신념하에, 1961년 7월 22일 설립된 경제기획원은 정부정책을 구상하고 실행하는 데에 있어 매우 높은 수준의 자율성과 융통성을 부여받았다. 그리고 이러한 권위주의적 국가체제는 뒤이은 빠른 경제성장에 의해 정당화되었다.[57]

지금까지 한국 발전국가체제의 기원과 주요 특징을 역사적 관점에서 살펴보았다. 이러한 한국 발전국가체제의 특징은 국가의 적극적 시장개입 및 통제, 강력하고 장기적인 경제개발계획, 적극적인 수출산업화 정책, 소수 대기업의 집중적인 육성과 보호를 통한 빠른 경제성장 및 노동배제 등으로 요약할 수 있다. 이렇듯 한국 개발연대의 발전전략은 다분히 시장, 은행 및 재벌에 대한 강력한 국가개입과 규제를 바탕으로 하고 있었다는 것을 알 수 있다.

그러나 사회정책과 관련해서는 오히려 경제적 효율성과 생산 및 성과를 우선시하는 신고전적 경제이론에 더욱 가까웠다. 소득재분배를 포함한 강력한 사회정책과 사회관련법 규정의 도입을 통한 인위적인 국가개입이나 정부보조는 오히려 사회적 목표를 달성하는 데에 바람직하지 않은 것은 물론 경제성장을 방해하는 장벽으로 간주

---

56) Mason et al.(1980), p.257.
57) Johnson(1987), pp.143~4.

되었다. 가장 합리적인 분배와 사회적 이득, 고용 확대, 노동여건 및 노동자 생활 수준의 향상 등과 같은 다양한 사회경제적 목표들은 빠른 경제성장을 통해서 창출되는 이른바 낙수효과(trickle-down effect)에 의해 자동적으로 달성될 것으로 믿어졌다.[58] 분배의 평등보다는 오로지 경제적 효율성과 빠른 경제성장만이 거국적으로 강조되었던 이러한 정치적 분위기 속에서 경제정책을 주관하는 경제기획원과 같은 경제부처가 국가의 모든 정책을 총괄하는 핵심기구로 승격된 것은 어쩌면 당연한 결과였다. 이러한 사실은 또한 당시 국내의 대부분의 재원이 경제부문에 투입된 이유를 잘 설명해준다.[59]

1997년 외환위기, IMF 구조개혁, 그리고 한국 발전국가체제

상기한 발전국가체제는 한국에 기적적인 압축성장을 가져오는 데에 성공하였으나, 중화학공업에 대한 과잉투자로 인해 1970년대 말 발생한 경제침체를 비롯한 여러 가지 내생적인 문제점들과 1980년대의 대외적 개방과 대내적 경제자유화의 가속화 과정을 통해 서서히 약화되기 시작했다.[60] 이러한 배경에서 혹자는 "개발연대와 같은

---

58) 최장집. "한국 민주주의의 취약한 사회경제적 기반." 최장집 편. 『위기의 노동』(서울: 후마니타스, 2005a), p.21.

59) 나병균. 『복지국가와 사회』(서울: 을유문화사, 1996), pp.10~11.

60) Rhee, Jong-Chan, *The State and Industry in South Korea: The Limits of the Authoritarian State* (London: Routledge, 1994), Kim, Eun Mee, "Contradiction and Limits of a Developmental State: With Illustrations from the South Korean Case," *Social Problem*, Vol. 40, No. 2, (1993), pp.228~249, 손호철. 『전환기의 한국정치』(서울: 창작과 비평, 1993).

것은 이제 끝났다"라고 단언하기도 했다.[61]

급기야 1997년 말 외환위기와 그에 이은 심각한 경제위기가 발생하면서 한국의 발전국가는 이전의 빠른 경제성장의 주역에서 경제위기의 주범으로 전락하는 동시에 첫 번째 해체대상으로 부상하였다. 이러한 발전국가체제는 연고주의, 카르텔, 독점과 같은 관행을 조장해옴으로써 궁극적으로 재벌이라고 하는 비효율적인 거대한 산업집단과 독자적 생존능력을 상실한 금융자본을 낳았고, 이러한 재벌집단과 금융기관, 그리고 이들을 통제하는 국가 사이에 형성된 정경유착은 온갖 부정부패의 주원인이 되었기 때문이었다.

특히 발전국가의 관치금융하에서 관행적으로 행해져 왔던 재벌들의 무분별한 투자와 이들의 도덕적 해이[62]가 외환위기의 주원인으로 지목되면서 재벌들도 해체대상으로 떠올랐다. 1990년대 초 자본자유화가 본격적으로 시행되면서 재벌기업들에 의한 저리의 해외단기융자의 차입이 급증하였고, 이는 결국 1997년 아시아 금융위기가 확산될 때 한국 경제도 외환위기에 빠지게 하는 직접적인 원인이 되었다.

따라서 IMF와의 구제금융 합의가 있은 직후 건국 이래 그 유례가 없는 사상 초유의 대대적인 구조개혁이 시작되었다. 외환위기 직후 출범한 김대중 정부는 구제금융의 대가로 거시경제 관리를 감독하게 된 IMF의 권고에 따라 금융, 재벌, 공기업 및 노동 등 4대 부문에 대한 대대적인 구조개혁을 추진하였다.

---

61) Ro, C. H., "Preface," in Ro, C. H. (ed.), *Korea in the Era of Post-development and Globalization* (Seoul: The Korea Institute of Public Administration, 1996), p.17.

62) 예를 들어, 1997년 1월 25일 20대 재벌 중 하나였던 한보철강이 60억 (미)달러 부채로 인해 몰락했을 당시 자산대비 부채비율이 1,000%가 넘었다.

이러한 구조개혁의 내용을 주요 부문별로 살펴보면, 우선 금융부문의 구조개혁은 1998년 기업의 자본부족 해소와 금융의 매개기능 회복을 주목적으로 하는 제1차 금융개혁안으로 시작되어, 당시 GDP의 14%인 64조 원의 공적자금이 투입되어 은행 및 기타 금융 일반 체계에 대한 회사정리와 합병 등의 개혁 작업이 단행되었다. 이러한 개혁 작업의 결과로 은행 및 비은행 금융기관의 부실채권이 1998년 3월의 112조 원에서 1999년 말의 66조 7천억 원으로 낮아지는 등 금융부문의 대차 대조표에 있어서 상당한 진전이 있었으며, 더 나아가서는 외환위기 이후의 경제위기에서 급속히 회복할 수 있는 원동력을 마련하였다.

그러나 이러한 개혁 작업에도 불구하고 부실채권 문제와 같은 기업과 금융부문의 취약성과 불확실성의 문제가 여전히 남아 있어, 이러한 문제를 시정하기 위한 제2차 금융구조조정안이 2000년 9월 25일 공표되었다. 이 안은 부실기업과 부실채권 청산을 위한 또 다른 40조 원의 공적자금 조성, 정리대상 기업선정 및 시장원리에 의한 구조조정을 위한 제도적 개혁조치 등 제1차 구조조정계획보다 훨씬 더 상세하고 포괄적인 내용을 포함했다. 한편, 김대중 정부는 금융 기관의 건전성을 확보하고 공정한 시장 질서를 확립하며 금융소비자를 보호한다는 취지 아래 1999년 1월 은행감독원·증권감독원·보험감독원·신용관리기금 등 4개 감독기관을 통폐합하여 금융시장에 대한 거의 모든 감시기능을 일원화하여 담당하는 금융감독원을 새로이 설립했다.

재벌과 공기업부문의 구조개혁은 이들에 의한 시장지배가 심각하다는 인식이 팽배해짐에 따라 공정거래위원회가 중심이 되어 경쟁정책을 더욱 엄격하게 집행하기 시작했다. 재벌의 경우 이들의 전반적인 기업경쟁력을 향상시키기 위해 이들이 사업을 다각화하는 것을 막고 경쟁력이 있는 사업에만 특화하도록 권고했는데, 이른바 '빅딜'(Big Deal)이라고 불리는 구조조정계획의 이행을 통해 삼성, 현대, 대우, LG, SK 등 5대 재벌그룹으로 하여금 세계적으로 경쟁력 있는 3~5개의 주력업종에만 전념토록 하고, 회생 가능성이 없는 나머지 기업들은 다른 경쟁력 있는 재벌그룹에 양도하도록 유도했다.

금융구조조정계획으로 인해 재벌에 대한 신용공여는 더욱 엄격하게 제한되었고, 불법적인 내부거래와 상호지급보증에 대한 금지도 지속적으로 집행되었다. 이러한 규제는 재벌의 시장 왜곡적 활동범위는 물론 전반적인 시장지배력의 현저한 감소로 이어졌으며, 이러한 상황에서 유통업과 같은 국내 시장에의 외국 기업들의 진출이 급증했다. 아울러 재벌 소유의 비은행 금융기관의 오용을 막기 위해 김대중 정부는 사외이사, 감사위원회, 준법감시인 등을 의무화했다. 또한 재벌들의 부채를 줄이기 위한 노력도 배가되어, 30대 재벌의 평균 부채비율이 1997년 외환위기 이전의 400% 정도에서 2004년 100% 정도로 급감하는 등 소기의 목적이 달성되기도 했다.[63]

이러한 구조조정 과정에서 과거 발전국가체제하에서 재벌기업들을 보호·육성하기 위해 관행적으로 사용되었던 시장 보호적·시장 지원적 정책들은 점차 축소되었고, 대신 공정경쟁을 제고하기 위한 시장 규제적 정책은 크게 강화되었다. 직접보조금지급, 시장진입규제, 정책금융지원과 같은 이전 권위주의적 정부하에서 재벌들을 지

---

63) Republic of Korea, *Trade Policy Review of the Republic of Korea: Report by the Republic of Korea* (Seoul: MOFAT, September 2008), p.11.

원하기 위해 활용되었던 정책수단들은 감소된 반면, 재벌의 경제 집중을 억제하고 시장의 공정거래를 촉진하기 위한 규제 장치는 강화되었다. 이러한 점에서 볼 때, 김대중 정부는 그 어느 과거 정부에 비해 규칙과 규제를 통해 경제 전반을 통제하려 했음이 확실하다고 할 수 있다.

이러한 배경에서 많은 학자들은 외환위기와 뒤이어 추진된 대대적인 구조개혁으로 인해 한국 발전국가가 마침내 해체되기 시작했다고 주장했다.[64] 심지어 혹자는 한국의 발전국가체제는 이미 벌써 "종식되었으며,"[65] 서구에서 찾아볼 수 있는 자유시장 모델에 기초한 규제국가로 빠르게 전환되고 있다고 주장하기도 했다.[66]

사실 1997년 외환위기 이후 추진된 상기한 구조조정 과정에서 김대중·노무현 정부가 당시 외환위기를 초래한 주범으로 간주되던 발전국가체제의 한계를 극복하기 위해 국내 경제체제를 대대적으로 개혁하기로 확약한 것과 이를 위해 발전국가체제의 주요 행위자였던 재벌의 불법행위에 대한 감시를 급격히 강화하고 공정한 시장경쟁 질서를 구축하기 위한 노력들이 증대된 것은 어느 정도 사실이다. 이러한 김대중·노무현 정부하에서의 규제 국가적 측면의 강화는 재벌 규제와 관련한 공정거래위원회의 규제가 1998년에서 2006년까지 75개에서 167개로 대폭 증가하고, 경제정책을 관장하는 재정경제부의 규제도 같은 기간 동안 417개에서 422개로 꾸준히 증가

---

64) 손호철, "세계화와 한국국가의 성격 변화," 「동아연구」 제51집 (2006), p.17. Woo-Cumings, Meredith (ed.), *The Developmental State* (Ithaca, NY: Cornell University Press, 1999).

65) Kalinowski, Thomas, "Korea's Recovery since the 1997/98 Financial Crisis: The Last Stage of the Developmental State," *New Political Economy*, Vol. 13, No. 4 (2008), p.454. Pirie, Iain, "The New Korean State," *New Political Economy*, Vol. 10, No. 1 (2005), p.25.

66) 이연호 외, "한국에서 규제국가의 등장과 정부-기업관계," 「한국정치학회보」 제36집 3호 (2002), p.199.

한 사실에서 잘 나타나 있다(표 4). 이러한 일련의 사건들은 많은 학자들에게 한국 발전국가체제의 종말을 보여주는 좋은 증거가 되었다.

<표 4> 주요 경제부처별 규제등록 건수(1998~2006년, 연말기준)

구분	1998년	1999년	2000년	2001년	2002년	2003년	2004년	2005년	2006년
공정위	75	78	82	82	160	161	164	166	167
재정경제부	417	302	379	420	434	430	402	423	422
금융감독위	548	400	516	531	539	568	551	550	549
노동부	354	249	255	286	336	364	391	357	368

출처: 김인영(2008), p.193.

그러나 한국 발전국가체제의 속성은 외환위기 이후 계속된 구조개혁에도 불구하고 여전히 지속되고 있는 것이 현실이다. 외환위기 이후 시작된 대대적인 구조개혁과 시장개혁의 와중에서도 여전히 다양한 형태의 산업 및 경제 정책적 수단이 지속적으로 활용되었기 때문이다. 구조조정 과정에서도 국내 정부는 국내 주요 산업과 재벌 기업들을 보호하기 위한 조치들을 다양하게 운용함은 물론, 새로운 산업과 기업의 육성과정에도 적극적으로 개입했다. 이러한 국가개입은 외환위기 이후 지속된 구조개혁으로 인해 한국 발전국가가 약해지거나 더 나아가 와해되었다는 주장과는 정면으로 대치되는 양상이다.

우선, 구조조정 및 시장개혁의 속도가 국내 상황에 맞추어지도록 한국 정부에 의해 주도면밀하게 통제·조절되었으며, 특히 금융과 재벌부문에 대한 구조조정은 민간주도, 즉 시장의 힘이 아닌 철저히 국가주도로 이행되었다. 외환위기 이후 지속되어온 금융부문에 대한 개혁 작업의 결과 이 부문의 대차대조표 등에 있어서 상당한 진전이 이루어진 것은 사실이지만, 이러한 구조개혁이 국가의 직접개입을 통해 이루어진 관계로 이미 상당히 높은 수준에 있는 국내 금융기관에 대한 국가의 소유율이 더욱 증대되었다. 이러한 상황에서 국내 은행체계 전반에 대한 국가의 통제는 감소되기는커녕 오히려 증가하였는데, 이러한 사실은 구조개혁으로 인해 한국 발전국가가 약화 내지 해체되었다는 주장에 정면으로 반하는 것이다.

재벌에 대한 구조조정 작업도 민간주도가 아닌 철저히 정부주도로 이루어졌는데, 시장원리를 무시한 채 금융지원이 이루어짐으로써 부실기업의 퇴출이 지연되기도 했다. 과도한 부채로 회생하기 어려운 기업들을 청산하거나 해외로 매각하지 않고 여전히 과거 발전국가체제하에서 일상적으로 해왔던 대로 부실기업들에 대한 지원과 국내 주요 산업들에 대한 지원이 지속되었다.

이와 관련하여, 주요국들은 한국 정부가 WTO 규정에 어긋나는 보조금을 사용하고 있다고 공식적으로 문제를 제기하기도 했다. 예를 들어, 2001년 미국 무역대표부(USTR)가 산업은행의 현대전자 회사채 인수는 WTO 보조금 금지규정에 위배된다며 WTO에 제소했고, 2002년 10월에는 유럽연합(EU)이 한국 정부가 국내 조선업의 구조조정에 깊이 개입하여 보조금을 지원했다고 WTO에 제소한 바 있다.67) 어쨌든 여기서 중요한 점은 파산한 기업들과 핵심 산업에 대한 한국 정부의 이러한 직접개입은 발전국가체제가 여전히 지속되고 있음을 보여주는 명백한 증거라는 것이다.

---

67) 결국 국내 조선업에 대한 국가 보조금은 2006년 말에 폐지되는 것으로 합의되었으나, 또다시 2009년 말까지 연기되었다. WTO Secretariat(2008), p.x.

한국정부가 재벌기업들의 구조조정 과정에 개입하는 방식 또한 과거 개발연대 권위주의적 정권이 행했던 방식과 거의 다르지 않았다. 예를 들어, 빅딜정책을 시행하는 과정에서 빅딜정책에 잘 따르지 않는 재벌들은 대출유보나 시장 퇴출과 같은 엄한 제재를 받았다. LG그룹이 반도체생산 자회사를 현대그룹에 넘기라는 정부의 권고를 이행하기를 꺼리자 김대중 정부는 그 반도체 회사에 대한 모든 신규대출을 금융감독원을 통해 금지시켰다.[68] 결국 LG그룹은 정부의 추가적인 제재를 피하기 위한 궁여지책으로 LG반도체를 현대그룹에 넘기고 대신 데이콤을 인수받았다.

발전국가 모델은 이명박 정부하에서도 지속되고 있는 것으로 보인다. 예를 들어, 이명박 정부는 취임 이후 재벌을 국가경제 성장의 핵심 동력으로 지정하고 친 재벌 경제정책을 바탕으로 한 낙수효과를 통한 일자리창출과 사회적 부의 재분배를 추구하고 있는데, 이러한 성장전략은 전혀 새로운 것이 아니다. 이러한 재벌주도의 성장전략은 이미 과거 개발연대에 거국적으로 추구되었는바, 친 기업적 마인드를 지닌 이명박 정부가 들어서면서 '재벌이 살아야 나라가 산다!'는 친 재벌 이념이 다시 부활한 것일 뿐이다.

어쨌든 이러한 친 재벌 이념하에서 이명박 정부는 재벌기업들의 출자총액폐지, 금산법완화, 그리고 법인세 및 종부세, 양도세 감세와 같은 친 재벌적 성격이 강한 정책의 시행을 적극 추진해왔다. 그중에서 출자총액 폐지는 과거 발전국가의 관행을 대표하는 것으로서 재벌의 경제력 집중을 심화시키는 것을 주목적으로 한다. 과거 개발

---

68) 이연호 외(2002), pp.212~3.

연대 재벌주도 경제성장을 통한 낙수효과를 본뜬 이러한 경제정책들은 과거 개발연대의 상황과는 전혀 다른 현 세계화 시대에서도 발전국가 모델이 여전히 강력하게 남아 있다는 사실을 보여준다.

또한 이명박 정부는 거국적인 반대에도 불구하고 새만금사업이나 4대강 정비사업과 같은 여러 가지 대규모 공공토목공사를 추진했는데, 이러한 사실은 과거 개발연대 초기에 군사정권이 선호했던 투입에 기반을 둔 성장전략이 지금도 여전히 선호되고 있다는 사실을 보여준다. 또한 이명박 정부는 중앙은행인 한국은행을 국가통제에 두려고 하고 있으며, 비정규직 노동자들이나 철거민들의 집회와 시위를 반사회적 행위로 규정하고 대화보다는 무력으로 해결했다. 요컨대, 자발적인 시장에 의한 조정보다는 강력한 국가개입과 통제를 선호하는 과거 개발연대 발전국가식 정책들이 여전히 선호되고 있는 것이다.

종합하면, 1997년 외환위기와 그에 이은 유례없는 대대적인 구조조정과 시장개혁으로 인해 한국 발전국가체제의 토대가 어느 정도 손상을 입은 것은 의심의 여지가 없다. 그러나 전술했듯이 발전국가체제를 유지하고 강화하려는 국내 정책결정자들의 주도면밀하고 끈질긴 노력으로 인해 한국의 발전국가체제가 여전히 안정적이고 강하게 남아 있다는 사실을 많은 증거들이 입증하고 있다. 발전국가체제는 현 신자유주의 세계화 시대에서도 대부분의 국내 정치·경제 엘리트들에 의해 선호되고 있는 지배적인 제도적·정책적 틀로 남아 있는 것이다. 이러한 사실은 지난 반세기에 걸친 국내 정치·경제 발전의 역사적 유산이 그 영향력에 있어서 그 어떤 정권도 넘어서지 못할 만큼 여전히 강력하다는 점을 시사한다. 이러한 발전국가

체제의 뚜렷한 현존으로 볼 때, 한국 발전국가의 종말 내지 규제국
가의 등장을 선언하는 것은 아직 너무 이른 감이 없지 않다. 결론적
으로, 이러한 발전국가체제의 현저한 유산과 족적으로 미루어 볼 때,
과거 권위주의적 정권하의 발전국가적 속성이 여전히 강하게 남아
있다는 점은 의심의 여지가 없어 보인다. 마찬가지로 발전국가체제
에서 비롯된 성장우선주의 이데올로기 또한 여전히 국내 정책결정
자들의 핵심 사상으로 남아 있다는 점은 두말할 나위가 없다.

4장

김대중 정부 이전 시기까지의
한국의 사회복지정책

서구 사회복지정책의 발달과정

한국 사회복지정책의 발달과정을 살펴보기 전에, 우선 사회정책의 개념부터 알아볼 필요가 있다. 마샬(Marshall)은 사회정책을 "경제체제가 스스로 이룰 수 없는 결과들을 달성하기 위해 경제체제의 작동을 대체, 보완 또는 수정하는 정치적 권력"으로 정의했다.[69] 칼 폴라니(Karl Polanyi)도 사회정책을 자본주의의 원활한 기능을 위해 자본주의 시장 기제에 의해 해결될 수 없는 문제들을 비시장적 기제를 통해 제공하는 다양한 급여와 수당 및 복지서비스 체계와 같은 정책으로 간주했다.[70] 이런 관점에서 볼 때, 사회정책은 넓게 사회보장, 사회복지, 노동시장·노동정책, 여성·교육·주택문제 등의 분야에서 비시장적 논리에 따라 추진되는 국가정책으로 정의할 수 있다.[71]

---

69) Marshall, T. H., *Social Policy in the 20th Century* (London: Macmillan, 1975), p.15. 정무권. "'국민의 정부'의 사회정책: 신자유주의 확대? 사회통합으로의 전환?" 김연명 편. 『한국 복지국가 성격논쟁 I』 (서울: 인간과복지, 2002a), p.30에서 인용.

70) Polanyi, Karl, *The Great Transformation: The Political Economic Origins of Our Time* (Boston: Beacon Press, 1957). 정무권(2002a), p.30에서 인용.

하지만 한국의 사회정책의 역사는 서구 복지국가들의 사회정책에 비하면 아직 걸음마 단계인 것이 사실이다. 이의 가장 큰 이유는 이들 국가들에 비해 국내 사회복지제도의 도입과 추진이 상당히 늦게 시작되었기 때문이다. 서구, 특히 서유럽 국가들은 그야말로 상당히 길고 구체적인 사회정책의 역사를 지니고 있다.[72] 그 근대적인 뿌리는 교육, 의료, 실업보험, 연금, 노동권 및 가족수당을 국가가 제공해야 한다는 요구가 터져 나오기 시작한 19세기 후반으로 거슬러 올라간다.

그러나 당시 이러한 국민들의 요구에 대한 국가의 대응은 매우 느렸고, 각 국가마다 제각기 다른 정치적 목표에 따라 사회정책을 도입함에 따라 다양한 복지체제가 발달하게 되었다.[73] 예를 들어, 독일의 초기 복지체제는 노동자 계급을 보수적인 비스마르크적 사회 질서에 통합시키는 것을 목표로 한 반면, 프랑스의 초기 복지제도의 목적은 가톨릭 가족구조를 장려하기 위한 것이었다. 19세기 중반의 '구빈법 개혁'과 같은 영국의 초기 복지제도는 좀 더 자유주의적이고 시장 중심적인 접근방식을 반영하였다.

이러한 다양한 유형의 서유럽 복지국가체제는 20세기를 통하여 꾸준히 성장했고, 특히 제2차 세계대전 이후 급팽창하였다. 이러한

---

71) 정무권(2002a), p.30.

72) 김태성·성경륭, 『복지국가론』 (서울: 나남출판, 2003), pp.19~195. Pierson, Christopher, *Beyond the Welfare State?* (Pennsylvania State University Press, 1991). Esping-Andersen, Gøsta, *The Three Worlds of Welfare Capitalism* (Cambridge: Polity Press, 1990). Ashford, D. E., *The Emergence of Welfare States* (Oxford: Blackwell, 1986). Flora, P. (ed.), *Growth to Limits*, 2 Vols (Berlin De Gruyter, 1986). Gough, I., *The Political Economy of the Welfare State* (London: Macmillan, 1979). Titmuss, Richard, *Social Policy* (London: Allen and Unwin, 1974). Marshall(1975).

73) "복지체제란 단기적인 사회정책적 결정이나 사회지출의 전개 과정, 문제의 규정방식, 시민들의 복지요구 표출형태를 형성하고 결정짓는 제도적 구조나 이해방식"을 의미하는바, 결국 복지를 둘러싼 시장과 국가, 가족 간의 상호작용이 복잡하지만 일정한 특성을 따라 얽혀 있는 거대한 구성체라고 할 수 있다. 남찬섭, "한국 복지체제의 성격에 대한 경험적 연구." 김연명 편. 『한국 복지국가 성격논쟁 I』 (서울: 인간과복지, 2002c), p.560.

복지팽창은 영국과 북유럽 국가들에서는 노동당이나 사회민주당과 같은 좌파정부에 의해 주도되었고, 독일이나 프랑스와 같은 국가들에서는 보수 내지 기독교민주주의 내각에 의해 주도되었다. 이러한 서유럽 복지국가는 1940년대 후반부터 1970년대 중반까지의 '자본주의 황금시대' 기간 동안 급팽창하는 경제력과 재원을 바탕으로 안정적인 체제로 자리 잡게 되었다.74)

한국 사회복지제도의 구성

국내 사회복지제도는 크게 공공부조와 사회보험, 사회복지서비스로 구성되고, 사회보험은 다시 국민연금, 의료보험, 산재보험, 고용보험 등 네 가지 유형으로 구분할 수 있다(표 1).

〈표 1〉 국내 사회복지제도

구분	운영방식	운영주체	보장대상위험
공공부조 (국가예산)	기초생활보장법	행정기관	빈곤, 의료, 교육, 장제
사회보험 (피보험자+ 사용자+ 정부기여금)	·공적연금 　국민연금 　공무원연금 　군인연금 　사학연금 ·기타연금 　별정우체국연금 　국가보훈연금	국민연금관리공단 공무원연금관리공단 국방부 사립학교교원연금공단	노령(소득보장), 장해(질병), 사망(유족)

74) Marglin, S. and Schor, J. (eds), *The Golden Age of Capitalism* (Oxford: Clarendon Press, 1991).

	· 건강보험	국민건강보험공단	질병
	· 산재보험	근로복지공단	업무재해
	· 고용보험	근로복지공단	실업
사회복지서비스	시설 및 의료	행정기관	취약계층

출처: 권선주·이천우. "우리나라 권력구조의 사회보장정책에 대한 영향: 박정희 대통령에서 노무현 대통령까지."
「산업경제연구」 제18권 제6호(2005). p.2482.

우선 국내 공공부조제도인 국민기초생활보장제도의 기원은 박정희 정권이 근로능력을 상실한 최저빈곤층을 위한다는 목표 아래 1961년에 처음으로 도입한 생활보호법으로 거슬러 올라간다.

다음으로 4대 사회보험의 주요 내용을 살펴보면, 우선 국내에서 가장 먼저 도입·실시된 보험제도는 근로자의 산재 및 직업병을 위험보장 대상으로 하는 산재보험이다. 산재보험은 1964년 처음으로 도입·시행되었고, 2000년 7월부터는 1인 이상 사업장, 즉 전 사업장으로 그 적용범위가 확대되었다. 2008년 현재, 총 21,369개의 사업장에서 근무하는 13,489,986명의 근로자가 산재보험 혜택을 받은 것으로 집계되었다(그림 1).

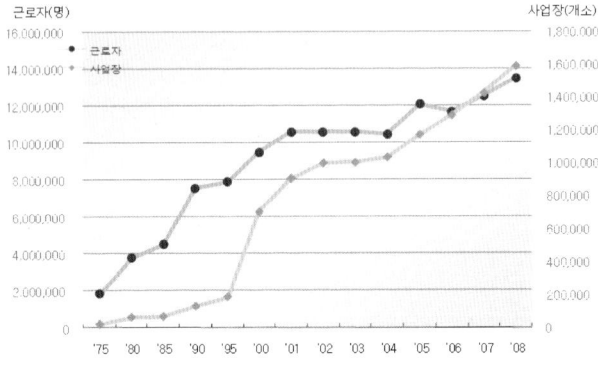

〈그림 1〉 연도별 산재보험 적용 현황

(단위: 명, 개소)

	근 로 자 Worker	사 업 장 Workplace
'75	1,836,209	21,369
'80	3,752,975	63,100
'85	4,495,185	66,803
'90	7,542,752	129,687
'95	7,893,727	186,021
'96	8,156,894	210,226
'97	8,236,641	227,564
'98	7,582,479	215,539
'99	7,441,160	249,405
'00	9,485,557	706,231
'01	10,581,186	909,461
'02	10,571,279	1,002,263
'03	10,599,345	1,006,549
'04	10,473,090	1,039,208
'05	12,069,599	1,175,606
'06	11,688,797	1,292,696
'07	12,528,879	1,429,885
'08	13,489,986	1,594,793

출처: 근로복지공단노동보험연구원, 「2008년도 산재보험·고용징수 실적(요약도표)」(2009. 07. 03).
http://www.kcomwel.or.kr/data/data_03_view.asp?page=1&seq=30&searchtype=&searchkey=
(검색일: 2009. 07. 31).

산재보험에 이어 국내에 두 번째로 도입된 의료보험은 1977년 처음 실시되었고, 1989년에 전 국민으로 그 적용범위가 확대되었다. 1999년에는 그간 직장의료보험 및 특수직역(공무원 및 사립학교교직원) 의료보험과 지역의보로 분리되어 있던 의료보험제도가 공적기관인 국민건강보험공단에서 관리하는 단일 의료보험제도로 통합되었다.

산재보험과 의료보험에 이어 국민연금제도는 1988년 1월 1일부

터 10인 이상 사업장에 한하여 전면 시행되고 422만 명이 가입했
다.75) 이어 국민연금은 1992년 1월 5~9인 이상 사업장으로 확대되
었고, 1995년 7월부터는 농어촌지역 주민에게 확대되었으며, 1999
년 4월부터 도시지역 주민에게까지 확대됨으로써 전 국민 연금시대
가 드디어 개막되었다. 그리고 2003년 7월부터는 임시, 일용직 및 5
인 미만 사업장근로자를 지역가입자에서 사업장 가입자로 단계적으
로 전환시키고 있다. 국내 국민연금제도는 공적 관리, 확정급여, 부
분적립제 등의 원리로 운영되는 소득비례 단일 연금제도로서, 별도
의 연금제도의 보호를 받고 있는 직업군인, 공무원, 사립학교 교원
등을 제외한 대부분의 국민들을 포함한다.76) 2009년 4월 말 현재,
국민연금 전체가입자 수는 18,329,062명에 이르고, 국민연금 수급자
수는 2,645,473명으로 누계집계 되었다(표 2).

〈표 2〉 국민연금 연도별 가입자 및 수급자 현황, 2005~2009. 4

구분	2005년 말	2006년 말	2007년 말	2008년 말	2009년 4월 말
사업장 가입자	7,950,493	8,604,823	9,149,209	9,493,444	9,605,611
지역가입자	9,123,675	9,086,368	9,063,143	8,781,483	8,659,031
임의가입자	26,568	26,991	27,242	27,614	28,787
임의계속가입자	23,713	21,757	27,148	32,868	35,633
합계	17,124,449	17,739,939	18,266,742	18,335,409	18,329,062
수급자 계(누계)	1,749,633	1,973,767	2,250,948	2,537,213	2,645,473

출처: 국민연금공단, "통계로 보는 국민연금." http://www.nps.or.kr(검색일: 2009. 07. 31).

4대 사회보험 중 가장 마지막으로 국내에 도입된 고용보험은 1993

---

75) 권선주・이천우(2005), p.2493.

76) 선학태, "한국 민주주의 공고화의 가능성과 한계: 김대중 정부의 사회복지개혁." 「한국정치학회보」 제39
집 제5호 (2005), p.185.

년 처음 도입되어 1998년 1월 10인 이상 사업장, 3월에는 5인 이상 사업장, 10월에는 일용직을 제외한 1인 이상 전 사업장에 확대·적용되었다.

상기한 4대 사회보험은 주로 피보험자의 기여금과 사용자의 부담금 및 정부기여금으로 충당된다.

박정희 정부(1961~79)에서 김영삼 정부(1993~97) 시기까지의 사회복지제도의 발달과정

상기한 국내 사회복지제도의 기본적인 틀이 처음으로 형성되기 시작한 것은 1960년 공무원연금을 처음으로 실시한 장면 정권과 박정희 군사정권으로 거슬러 올라간다. 그러나 이러한 초기 사회정책과 제도는 시민사회로부터의 강력한 요구에 대한 대응의 성격을 띤 서유럽 복지국가들의 경우와 달리 보수정치세력하의 권위주의적 발전국가체제 내에서 급속한 산업화와 경제성장을 달성하고 권위주의적 정권의 정치적 정당성을 확보하기 위한 수단으로서 발전되었다. 경제성장에 필수적인 저임금과 잘 통제된 노동력을 확보하기 위해 억압적이고 반노동적인 정책을 펴는 가운데, 체제우호적일 필요가 있는 직업군인, 경찰, 공무원, 사립교원 등의 특수계층에게는 다양한 복지혜택을 제공하는 계층 차별적 사회복지 정책을 구사했다.

박정희 정권하에서 최초로 제정된 사회복지정책은 근로능력을 상실한 최저빈곤층을 위한 생활보호법(1961)이다.[77] 이어 직업군인을 대상으로 하는 군인연금제도가 1963년에 도입되었고, 1964년부터는 산재보험이 실시되었다. 비록 이 시기에 도입된 사회보험제도는 산재보험뿐이었지만, 이 시기에 만들어진 사회보험제도의 골격은 이후 한국 사회복지제도의 기반이 되었다.

<표 3> 국내 주요 사회복지제도의 발달 과정

1961~69년	1970~79년	1980~89년	1990~99년	2000년~
·공무원연금 (60) ·생활보호법 (61) ·군인연금 (63) ·산재보험 (64)	·의료보호법 (70) ·사학연금(75) ·직장의료보험 (77)	·국민연금 (88) ·전국민의 료보험(89)	·고용보험(95) ·고용보험 전사업장 확대(98) ·노사정위원회 출범(98) ·노사정위원회 법제화(99) ·국민기초생활보장법 (99) ·전국민국민연금(99) ·의료보험 통합(99)	·국민기초생활보장 제도 시행(2000) ·산재보험 전사업장 확대(2000)

박정희 정권이 국가적인 차원에서 국민의 사회복지에 대해 본격적으로 관심을 기울인 것은 1970년대 중화학공업개발정책을 추진하면서부터이다. 당시 중화학공업개발정책의 추진은 경제위기에 따른 분배 갈등의 심화와 미군 철수 가능성의 고조로 인한 안보위기의 고조에 대한 대응이었다. 박정희 정권은 유신정권의 정당성을 확보하고 중화학공업화를 위한 국내 자본을 확보하기 위한 수단으로서 1973년 국민복지연금법을 도입하려 했으나, 당시 오일쇼크와 이에 따른 경제위기로 인해 그 시행은 연기했다. 박정희 정권은 중화학공

---

77) 권선주·이천우(2005), pp.2491~2.

업개발정책의 추진과정에서 나타난 기술인력의 부족현상을 보완하고자 1976년 의료보험법을 전면 개정하고 1977년부터 직장의료보험제도를 실시하였다. 이러한 직장의료보험제도는 그 재원이 피고용인과 고용인이 반반씩 부담하고 국가는 행정비용만 부담하면서 관리하는 기업 중심의 조합주의 원리에 의해 운영되었다. 이러한 직장의료보험제도의 운영방식은 당시 경제성장 기조를 방해하지 않고 국가의 재정개입을 최소화하면서 사회복지제도를 효율적으로 시행할 수 있는 기술관료적 행정편의주의가 반영된 것인데, 이러한 논리는 이후 한국 사회보험제도의 보편적 원리가 되었다.

박정희 정권에 이어 등장한 전두환 정권은 정권 출범 초기에는 '복지국가 건설'이라는 구호를 내걸었으나, 1970년대 중화학공업에 대한 과잉투자로 인해 초래된 심각한 경제위기를 극복하기 위한 경제안정화정책에 밀려 사회복지 분야에 대한 이렇다 할만한 특별한 정책적 노력은 기울이지 않았다. 전두환 정권은 인플레 안정을 위한 정부의 긴축재정 운용과 임금인상 억제 등 경제안정화정책을 핵심정책으로 내세웠고, 따라서 사회복지에 대한 정부재정의 증대 가능성은 애초부터 적었다고 할 수 있다. 1982년에서 1987년까지 GDP 대비 사회보장지출액의 비율은 거의 2% 수준에 머물러 있었으며, 이중 정부재정만을 따로 계산하면 0.8% 수준을 넘지 않았다.[78] 그만큼 전두환 정권은 통치기간 내내 경제정책에만 몰두했다고 할 수 있다.

한국에서 사회복지제도가 전환기를 맞이한 것은 전두환 정권 말

---

78) 신동면, "한국의 생산체제와 복지체제의 선택적 친화성," 「한국정치학회보」 제40집 제1호 (2006), p.131.

기 민주화 투쟁이 격화되고 노태우 정권이 들어서면서부터이다. 1986년 민주화운동에 이은 정치적 위기에 대한 타결책으로서 전두환 정권은 최저임금제, 국민연금, 의료보험의 농어촌지역 확대 실시를 포함하는 '3대 복지정책 선언'을 발표했다. 이에 따라 의료보험이 1988년에 농어촌지역으로 확대되었고, 1988년부터 최저임금제와 10인 이상을 고용한 기업에 고용된 근로자들을 대상으로 한 국민연금제도가 실시되었으며, 1989년부터는 국민연금제도가 도시자영업자에게까지 확대되어 전 국민에 적용되었다.

전두환 정권에 이어 취임한 노태우 정권의 성격은 본질적으로 전두환 정권과 별반 다르지 않았다. 노태우 정권의 정치 엘리트들은 대부분 이전 전두환 정권에서 활동한 인물들로 다시 채워졌으며, 따라서 이들의 정책기조와 정치사회 지배연합 구조는 전두환 군사정권의 연속이었다고 볼 수 있다. 결과적으로 이러한 노태우 정권하에서 사회복지관련 정책은 전두환 정권에서 취한 매우 제한적이고 초보적인 수준에 그대로 머무를 수밖에 없었다.

노태우 정권에 이어 출범한 김영삼 문민정부는 정치적으로 그간의 권위주의 시대의 유산을 청산하고 1980년 말부터 지속되어 온 국내 경제의 구조적 불황을 타개해야 하는 어려운 과제를 안고 출발했다. 그러나 김영삼 정부는 태생적으로 보수연합으로 출발했기 때문에 처음부터 모든 개혁의 내용이 보수라는 테두리 안에서 제한되었다. 최장집 교수의 주장대로 김영삼 문민정부는 "소수의 온건개혁파가 보수 세력의 대해(大海)에 압도되는 상황"에 처하게 되었고, 결과적으로 김영삼 정부의 복지정책은 매우 제한적일 수밖에 없었다.

김영삼 정부도 출범 초기에는 국내 사회복지 개혁에 나름대로 큰 관심을 가졌던 것이 사실이다. 1995년 코펜하겐에서 열린 '사회개발 정상회의'에 참가한 직후인 1995년 3월 「삶의 질의 세계화를 위한 대통령의 복지 구상」이라는 문건을 발표하고, 이러한 문건에서 제시된 구상을 구체화시키기 위해 동년 5월에 국민복지기획단을 구성하였다. 상기한 문건과 국민복지기획단에서 작성한 최종보고서를 보면 김영삼 정부가 원래 계획했던 야심 찬 사회복지개혁의 기본적인 방향과 원칙을 알 수 있다. 이처럼 원대한 복지개혁을 추진한 배경은 우선, 1994년 경제성장률이 8.3%라는 고성장률을 달성하여 자신감을 회복했고, 둘째로 1996년에 있을 총선에 대비하여 서민들에게 복지혜택을 늘림으로써 국민들의 표를 모을 필요가 있었으며, 셋째로 당시 한국의 저급한 복지수준이 OECD 가입에 장애가 될 것을 우려했기 때문이다.[79]

　<표 4>에 나타났듯이, 김영삼 정부의 복지개혁 구상은 통일된 세계 중심국가 건설을 목표로 부민안국을 이념으로 국민 복지를 증진하기 위해서 경제성장과 사회정책 간의 조화를 추구하는 것을 기본 방향으로 삼았다. 이러한 복지개혁 구상을 실현시키기 위한 주요 원칙으로서 최저수준 보장의 원칙, 생산적 복지의 원칙, 공동체적 복지의 원칙, 정보화·효율화의 원칙, 안전중시의 원칙 등을 제시했다.

---

79) 권선주·이천우(2005), p.2494.

<표 4> '삶의 질 세계화를 위한 국민복지 구상'의 주요 내용

구분	주요 내용
기본 방향	통일된 세계 중심 국가를 건설하기 위해 부민안국을 이념으로 국민복지를 증진함. 이를 위해 경제개발과 사회개발을 상호 보완함
주요 원칙	1) 최저수준 보장의 원칙, 2) 생산적 복지의 원칙, 3) 공동체적 복지의 원칙, 4) 정보화·효율화의 원칙, 5) 안전중시의 원칙
국민복지기획단의 주요 정책 제안	-최저생계비 완전 보장: 1998년까지 점차 확대. 보충급여제 도입 -국민연금: 1998년까지 도시자영자 확대, 1999년 이후 전 국민 확대 -의료보험: 급여기간을 240일에서 매년 30일씩 확대하여 2000년에는 기간 제한 완전 철폐 -산재보험: 1999년까지 5일 미만 사업장 근로자와 사무금융업종까지 확대 -고용보험: 1998년까지 10~29인 사업장, 2000년까지 5~9인 사업장으로 확대 -사회보험관리운영 개선: 현재의 분립체제를 유지하면서 정보공유, 징수기준의 일원화 등을 통해 효율성 증진 -사회적 취약계층에 대한 지원 확대: 노인, 장애인, 여성 -민간 부문의 복지참여 확대: 복지기부에 대한 유인 제공(기업의 면세 범위를 7%에서 20%로 확대, 개인소득의 면세 범위도 7%에서 상향 조정), 자원봉사활동 촉진 -복지재정 확충: 향후 2010년까지 사회보장 및 복지예산을 일반회계 예산 증가율의 1.2배 수준 유지

출처: 김영삼. 「삶의 질의 세계화를 위한 대통령의 복지구상」(1995. 3). 국민복지기획단. 「삶의 질 세계화를 위한 국민복지의 기본구상」(최종보고서)(1996). 성경륭. "민주주의의 공고화와 복지국가의 발전: 문민정부와 국민의 정부 비교." 김연명 편. 『한국 복지국가 성격논쟁 I』(서울: 인간과복지, 2002), p.498에서 재인용.

   그러나 김영삼 정부의 이러한 원대한 복지개혁 구상은 결국 실패로 돌아갔다. 고용보험법 제정(1993) 및 시행(1995), 국민연금법 개정으로 농어민 연금제도 실시(1995), 사회보장기본법 제정(1995) 및 국민의료보험법 제정(1997) 등을 제외하면 김영삼 정부의 사회복지 개혁은 모두 시장 순응적 원칙에 따라 진행되었다. 특히 김영삼 정부 재임기간 내내 사회복지 예산이 이전 노태우 정권 시기의 수준을 넘어선 적이 한 번도 없었는데, 이러한 사실은 그만큼 사회복지에 대한 김영삼 정부의 미미한 관심을 반영한다.[80]

---

80) 성경륭(2002), p.501.

이러한 실패에는 여러 가지 원인들이 복합적으로 작용했겠지만, 가장 큰 원인은 김영삼 정부의 사회복지 확대에 대한 실제적인 정치적 의지의 부재에서 찾을 수 있다. 정권 초기 소수의 온건 민주세력이 사정개혁, 민주개혁, 인적청산 등 일련의 개혁작업을 추진하려하자 다수의 구체제 보수연합파들이 이에 거세게 저항했고 결국 사회복지 개혁의 실천은 완전한 실패로 돌아갔다. 게다가 애초 경제 불황을 타개하기 위해 1993년 7월에 김영삼 정부가 내걸었던 '신경제 5개년 계획'은 국가의 경제개입 축소와 시장기능 강화라는 신자유주의 또는 신보수주의의 세계적 물결을 그대로 받아들인 것이었다. 이러한 신경제계획의 틀 안에서 사회복지 증진은 경제성장이라는 담론에 밀려 당연히 정부정책의 하위 순위로 밀려났다. 결국 김영삼 정부도 성장과 복지는 배타적 관계에 있다는 개발연대의 성장우선주의적 사상에서 벗어나지 못했던 것이다. 자연히 사회복지의 책임은 개인과 가족 그리고 시장에 떠맡겨졌으며, 국가의 사회복지에 대한 재정개입은 최소한의 수준으로 제한되었다.

김영삼 정권의 노동정책 또한 노조의 정치참여와 제3자 개입금지, 그리고 복수노조를 불인정하는 등 과거 권위주의 정권하에서 보여주었던 개입주의와 억압주의 노동정책을 그대로 유지했다. 정권 말기에 나름대로 공익 대표, 노동계 대표, 경제계 대표들을 참여시킨 가운데 노사관계개혁위원회(노개위)를 설립하여 노사합의하에 노동악법을 개정하려 했으나, 노개위가 합의하에 제시한 안을 정부가 노동시장의 유연성을 증진시키는 방향으로 변형시켜 국회에서 날치기로 통과시켜버렸다. 결국 노동시장의 유연화를 위한 노동관계법의 개정은 1996년 말 총파업이라는 초유의 사태를 유발시켰고, 결국 이러한 노동계의 총파업 끝에 1997년 3월 법이 재개정됨으로써 어느 정도 근대화된 노동법이 탄생했다.

평가

지금까지 김대중 정부 이전 시기까지의 국내 사회복지정책의 발달과정을 국내 정권별로 살펴보았다. 한국의 사회복지정책은 비록 서구 선진국들에 비해서는 그 역사가 매우 짧고 그 출발시기도 상당히 늦었지만, 그럼에도 불구하고 1960년대 초반 생활이 어려운 사람들에 대한 구제를 목표로 하는 생활보호법 제정(1961)과 산재보험 도입(1964)을 시작으로 1970년대 의료보호법의 도입(1970)과 직장의료보험 시행(1977)과 같은 사회보험의 도입과 1980년대 후반의 국민연금 도입(1988) 및 의료보험의 제도적 확대(1989)를 거쳐 1990년대 중반의 고용보험 도입(1995) 등 꾸준한 발전을 이룩해왔다. 그러나 이러한 모든 제도적 장치는 형식은 그런대로 갖추었다지만 선진 유럽 복지국가들의 사회복지제도와 비교할 때는 너무도 미미하고 부실한 것이었다.

이렇게 된 주원인은 한국의 사회복지정책이 개발연대 이후 급속한 산업화과정에서 경제정책에 비해 국가정책의 우선순위에서 항상 뒷전으로 밀려나 있었다는 사실에 있다. 국가의 대부분의 정책과 재정은 압축경제성장과 산업화에 집중되었으며, 따라서 사회복지에 대한 국가재정의 책임과 역할은 최소한의 수준으로 제한되었다. 사회복지로 인한 국고 부담을 피하기 위해 사회복지에 대한 국가재정을 최소한도로 제한한 채 비교적 자본의 여유가 있는 상위계층부터 사회보험의 적용을 실시했다. 급속한 산업화 과정에서 국가의 경영과 관리에 필요한 직업군인, 공무원, 사립학교 교원과 같은 특수직역계층만 우선적으로 국가 사회복지제도의 적용대상에 포함시켰고, 일반 시민들도 대기업 노동자들을 먼저 보호하는 등 하향식 사회복지전략을 구사해온 것이다. 원래 사회복지란 노령, 장애, 사망에 따른 국민생활안정을 도모하기 위해 만들어진 것인데, 이렇듯 국내 사회보험제도의 도입순서나 우선순위는 이러한 취지와는 정반대였던 것이다. 결과적으로 노동시장에서 고용이 불안정한 다수의 저임금 노동자와 빈곤층은 이러한 사회복지제도에서 거의 배제되어 왔다.

　이러한 하향식 사회복지체제 속에서 노동자를 비롯한 일반 국민들은 국가로부터의 실효성 있는 보호가 거의 없는 상태에서 개인 스스로 알아서 개인의 복지를 책임지도록 강요받아왔다. 이러한 상황에서 사회복지에서 배제된 대부분의 일반 국민들이 가족단위에서의 상호원조와 가족·친지 간 소득이전을 통해 상품화에 대응해온 것은 당연한 결과라 할 수 있다. 지금까지도 국내 사회복지에서 가족이 가장 중요한 역할을 하고 있는 것도 이러한 국내 사회복지발달의 독특한 역사적 유산 때문이다. 어쨌든, 이러한 결과로 인해 국내 사회복지제도가 형성되기 시작된 직후부터 사회복지제도의 계층 차별화는 빠르게 심화되기 시작했다. 다음에 오는 장들에서 설명하는 바와 같이, 외환위기 이후 김대중 정부와 노무현 정부가 시행했던 사회복지개혁에도 불구하고 이러한 사회복지제도의 계층 차별화 현상은 거의 변하지 않았다.

종합하면, 박정희 정권부터 김영삼 정권에 이르는 기간 동안의 국내 정치·경제 발달과정을 돌이켜 볼 때, 성장우선주의, 즉 선성장·후분배 독트린이 한국 사회의 핵심 이데올로기로서 지배해왔음을 알 수 있다. 결과적으로 국가는 경제문제에는 적극적으로 개입하면서도 사회복지 분야에는 최소한의 재정개입으로 일관해왔다. 이러한 상황은 후술하는 바와 같이 김대중·노무현 정부가 들어선 이후에도 거의 변하지 않았다.

5장

김대중 정부 시기

김대중 정부의 사회복지 개혁

김대중 정부가 출범하기 직전 한국은 건국 이래 초유의 외환위기를 맞이했다. 이러한 외환위기 발생 이후 외환위기의 원인에 대해 그간 외적 요인으로 국제 금융시장의 취약성을 강조하는 입장[81]에서부터 한국 고유의 발전국가체제가 가지고 있는 내생적 문제점들을 지목하는 주장[82]까지 다양한 주장들이 나왔다.

어쨌든 국내 사상 최악의 외환위기 직후 출범한 김대중 정부는 금융, 기업(재벌), 공기업 및 노동 등 4대 부문에 대한 사상 초유의 유례없는 대대적인 구조개혁을 추진하였다. 이러한 결과는 외환위기를 겪은 한국 정부에 막대한 구제 금융을 지원하는 대가로 거시경제 관

---

81) Corsetti, Giancario, Pesenti, Paolo A., and Roubini, Nourie, "What Caused the Asian Currency and Financial Crisis? Part I: A Macroeconomic Overview," *NBER Working Paper* No. W6833, Cambridge, MA, December 1998.

82) 김병국·임혁백, "동아시아 '정실 자본주의'의 신화와 현실," 「계간 사상」 제45권 제1호(2000년 여름), pp.7~74. Moon, Chung-In and Mo, Jongryn, *Economic Crisis and Structural Reforms in South Korea* (Washington DC: Economic Strategy Institute, 2000). Haggard, Stephen, *The Political Economy of the Asian Financial Crisis* (Washington, DC: Institute for International Economics, 2000). 손호철, 『신자유주의시대의 한국정치』(서울: 푸른숲, 1999). 윤영관, 『21세기 한국정치·경제모델』(서울: 신호서적, 1999).

리를 감독하게 된 국제통화기금(IMF)이 소위 워싱턴 컨센서스(Wash-ington Consensus)를 기본적인 틀로 하는 급진적이고 근본적인 경제개혁을 요구했기 때문이기도 하다. 워싱턴 컨센서스는 1980년대 남미 경제개혁의 패러다임으로 IMF와 세계은행, 미국 정부가 지금까지 유지해오고 있는 기본적인 개혁노선을 의미하는데, 통화주의에 기초한 반인플레정책, 공공부문의 민영화, 무역·투자·금융자유화, 노동시장 유연화, 보수적 예산지출, 탈규제 등이 그 핵심이다.[83] 어쨌든 김대중 정부는 이러한 IMF식 신자유주의 구조개혁의 노력을 충실히 기하여, 외환보유고 증대, 무역수지의 흑자 실현, 외국인 직간접 투자 증대, 경제성장률 회복 등 상당한 성과를 달성함으로써 IMF를 조기 졸업하는 데 성공했다.[84]

상기한 바와 같이 사상 최악의 조건 속에서 1998년 2월 출범한 김대중 정부는 외환위기 이후 폭발적으로 증가하는 국내 실업률 제고와 심각한 경제위기로 인해 초래된 복지수요의 급증에 대처해야 하는 이중의 중대한 도전에 직면했다. 이러한 당면한 사회경제적 위기를 해결하기 위해 김대중 정부는 사회복지정책의 주요 추진목표로서 1) 완벽한 사회안전망의 구축, 2) 사회적 권리로서 국민복지 기본권 보장, 3) 복지 자원의 다원화, 4) 사회보장 관리체계의 효율화, 5) 예방적 가족복지 기능의 강화를 제시했다.[85] 그러나 이전 장에서 살펴보았듯이, 김대중 정부가 제시했던 이러한 사회복지 추진

---

83) 이혜경, "한국 복지국가 성격 논쟁의 함의와 연구방향." 김연명 편, 『한국 복지국가 성격논쟁 I』(서울: 인간과복지, 2002), pp.452~3.

84) 이혜경(2002), p.453.

85) 한국보건사회연구원, 「제1차 사회보장발전계획(안)에 대한 공청회」(1998.7.31). 정무권, "'국민의 정부'의 사회정책: 신자유주의 확대? 사회통합으로의 전환?" 김연명 편, 『한국 복지국가 성격논쟁 I』(서울: 인간과복지, 2002a), p.55에서 인용.

전략은 이미 이전 김영삼 정부가 제시했던 '삶의 질 세계화' 구상의 내용을 일부 변경한 것으로 전혀 새로운 것은 아니었다.

어쨌든 이러한 추진전략 목표를 달성하기 위해 김대중 정부가 가장 먼저 한 일은 그간 첨예한 대립관계를 유지해오던 노동시장 행위 주체자 간 타협적 해결책을 마련하기 위한 목적으로 정권출범 직전인 1998년 1월 15일에 우리나라 건국 이래 최초로 '노사정위원회'라는 사회협약기구를 대통령 소속 하의 자문기구로 설립하고 그해 2월에 노사정 대타협을 이끌어낸 것이었다. 제3장에서 설명된 바와 같이 개발연대 이후 한국 정부와 재벌 간의 관계는 상호 긴밀한 가운데 정부는 기업의 이익을 위해 노동을 억압하는 노동배제적 노사정 관계를 유지해왔다. 이러한 점에서, 김대중 정부의 노사정위원회를 통한 노사정 간 타협과 협의 시도는 사회통합적인 차원에서 매우 중대한 진전이었다고 할 수 있다. 더욱이 이러한 노사협약에 의한 계급타협은 오래전 서유럽 선진 국가들의 복지국가 발전을 이룩하는 데에 있어 매우 중요한 제도적 조건이었다.[86] 출범 1년 후인 1999년에는 법적 지위를 부여받은 노사정위원회가 4대 사회보험의 적용범위 확대와 급여수준 개선 및 사회보험의 통합 운영 등 여러 영역에서 복지개혁을 추동하는 중요한 역할을 수행했다.[87] 노동부

---

86) 예를 들어, 스웨덴에서는 전통적으로 단체협의가 노·사 간 관계를 규제하는 데에 있어 중심적인 역할을 해왔는데, 이러한 교섭은 1938년 노·사 간 쌀트쉐바덴(Saltsjöbaden)협약 체결 이후 전통적으로 이 둘 간의 중앙교섭의 형태를 취해왔다. 쌀트쉐바덴협약은 스웨덴 사용자연합(SAF: Sveriges arbetsgivareförening-Swedish Employers' Confederation)과 스웨덴 생산직 노동자 노조 중앙조직(LO: Landsorganisationen-Swedish Trade Union Confederation) 간에 소위 '평화의무'(Peace Obligation)를 설정함으로써, 비교적 평화로운 노사관계를 이룩하는 데 기여했다. 이러한 협력과 협의를 바탕으로 하는 노사 간의 밀접한 조합주의적 관계의 탄생은 이후 스웨덴의 광범위하고 포괄적인 복지국가 발전에 큰 밑거름이 되었다.

87) 성경륭, "민주주의의 공고화와 복지국가의 발전: 문민정부와 국민의 정부 비교," 김연명 편, 『한국 복지국가 성격논쟁 I』(서울: 인간과복지, 2002), p.507.

분에서의 김대중 정부가 추진한 여타 제도적 개혁을 살펴보면, 직업
훈련, 전직훈련, 직장에 보육센터 설치, 취업정보 제공, 그리고 중소
기업 중심의 벤처기업(IT 및 BT 산업) 지원과 SOC 투자를 통한 고
용창출 등을 들 수 있다.[88]

이어 김대중 대통령은 대통령자문 정책기획위원회의 건의에 따라,
취임 후 약 1년 반 뒤인 1999년 8월 15일 광복절 경축사에서 '민주
주의와 시장경제의 확립'과 더불어 '생산적 복지'(productive welfare)[89]
를 국정지표로 천명하고, 그간 국가정책의 우선순위에 밀려 있었던
사회복지를 확대하여 성장과 균형을 찾고자 하였다.[90] 이후 '근로 가
능한 자에게 일자리를 근로가 불가능한 자에게는 사회보조'라는 기
치 아래 보편적 사회보장체제의 구축을 위한 대대적인 사회복지개
혁을 시도하였는데, 이러한 복지개혁의 주요 성과는 단연 사회보험
의 적용을 전 국민으로 확대한 것과 공공부조제도를 대폭 개혁한 것
이라고 할 수 있다.

우선 고용보험과 산재보험을 5인 미만의 비공식부문을 포함한 전
사업장으로의 확대·적용함은 물론, 국민연금도 도입 11년 만에 전
국민에게 확대·적용하였다. 고용보험은 1998년 1월에 10인 이상
사업장, 3월에는 5인 이상 사업장, 10월에는 일용직을 제외한 1인

---

88) 선학태, "한국 민주주의 공고화의 가능성과 한계: 김대중 정부의 사회복지개혁." 「한국정치학회보」 제39
집 제5호(2005), p.184.

89) 사실 '생산적 복지'란 용어는 김대중 정부가 처음 사용한 것은 아니다. 김영삼 정부도 1995년 4월 총선을
앞두고 '삶의 질의 세계화'를 선언하면서 똑같은 용어를 사용했다. 이혜경(2002), p.454.

90) 김대중 정부는 '생산적 복지'를 "모든 국민이 인간적 존엄성과 자긍심을 유지할 수 있도록 취약계층의 기
초적인 생활을 보장함과 동시에 적극적으로 경제·사회활동에 참여할 수 있는 기회를 확대하여 스스로
자립할 수 있도록 하고 일을 통하여 구조적 빈곤을 치유하기 위한 적극적 사회정책"으로 정의하였다. 김
태룡·안희정, "효과적인 복지정책을 위한 생산적 복지와 참여복지의 탐색." 「한국사회와 행정연구」 제
15권 제2호 (2004), p.436.

이상 전 사업장에 확대·적용함으로써, 고용보험 도입 4년 만에 전체 임노동자에게 확대·적용하였다. 실업급여의 자격요건도 완화하였고, 의무적인 기여금 납부기간도 6개월에서 1개월로 단축시켰으며, 급여기간도 30일에서 60일로 연장하였을 뿐만 아니라 급여율도 이전 임금의 50%로 상향 조정했다.[91] 산재보험도 2000년 7월부터 1인 이상 사업장, 즉 전 사업장으로 적용범위가 확대되었다. 1988년 피고용자를 대상으로 전면 적용되었던 국민연금은 시작된 지 11년 만인 1999년 4월에 5인 이하 영세기업 근로자들에게까지 확대·적용되어 모든 국민이 연금대상에 포함되었다. 사실 세계은행은 1998년 구조조정 차관 공여 조건으로서 그간 공적으로 단일 관리되어 오던 국민연금제도를 민영화시키고 정부지출금을 축소할 것을 김대중 정부에게 강력히 요구했었으나, 김대중 정부는 노동세력과 시민단체들과의 정치적 연합을 형성하여 기존의 연금제도체계를 그대로 유지하였다.[92]

그간 분립되어 있던 의료보험제도의 개혁도 적극적으로 추진되었는데, 이는 김대중 정부의 사회정책 변화 중 가장 극적인 변화라고 할 수 있다. 개혁 이전의 의료보험제도는 독일과 일본에서 발견되는 사회의료보험을 전제로 한 조합주의 방식으로서 직역과 지역에 따라 의료보험조합을 구성하고 각 조합별로 보험료 수준을 달리하여 재정을 독립적으로 운영하는 방식이었다.[93] 자영업자, 농민, 어민 등의 조합까지 포함한 약 420개의 의료보험조합으로 구성된 기존의

---

91) 선학태(2005), p.185.
92) 선학태(2005), p.186.
93) 김연명, "김대중 정부의 사회복지정책: 신자유주의를 넘어서." 김연명 편. 『한국 복지국가 성격논쟁 I』(서울: 인간과복지, 2002a), p.121.

국내 의료보험제도는 사회보험에서의 계층 차별화 현상이 강하게 나타나 있었고, 따라서 사회연대성이 매우 약한 제도였다.[94] 이처럼 분립된 국내 의료보험제도를 김대중 정부는 공적 기관인 국민건강보험관리공단에서 관리하는 단일 의료보험제도로 통합함으로써 종전에는 개별 조합별로 운영되었던 기금, 보험료 책정, 행정업무를 일원화시켰다.

이를 위해 김대중 정부는 우선 의료보험통합을 100대 국정과제로 선정하고, '의료보험통합추진기획단'을 보건복지부 장관의 자문기구로 설치·운영하였다.[95] 그리고 1999년 10월에 지역의료보험조합 227개와 공교의료보험관리공단을 통합하여 국민의료보험관리공단으로 바꾸었고, 2000년 7월 1일부터 국민건강보험법을 시행하였다.[96] 아울러 의약분업도 2000년 7월부터 시행되었다. 이는 기존의 분립되었던 의료보험 조합체제의 운영 틀을 획기적으로 변화시킨 것으로서 보험료 부담의 형평성과 질병위험의 분산 기능을 확대하여 사회적 연대를 강화하는 동시에 기존의 질병치료 중심에서 한 단계 더 나아가 질병을 예방하고 건강을 증진시키는 적극적인 건강보장체제로 전환하기 위한 것이었다.[97]

이로써 외환위기 이후 얼마 지나지 않아 한국의 사회보험제도는 실질적인 내용은 그렇다 치더라도 형식적인 면에서는 전 국민을 포괄하는 보편적인 체제를 갖추게 되었다.[98] 유럽 선진국들의 경우 임

---

94) Ibid.

95) 김태일·김선희. "의료보험 급여제도의 경로 의존에 관한 연구." 「한국정책과학회보」 제10권 제4호 (2006), p.48.

96) 김태일·김선희(2006), p.49.

97) 김태일·김선희(2006), p.47.

금노동자를 대상으로 시작된 연금과 의료보험의 적용범위가 전 국민에게 확대되는 데에 최소한 40~50년이 걸렸던 것을 고려해보면, 김대중 정부하에서 이루어진 사회보험 적용의 확대 속도는 세계에서도 그 유례를 거의 찾아볼 수 없는 '압축 성장'에 해당하는 것이었다.99) 이와 같이 김대중 정부의 사회보험 적용 확대 노력을 통해 구축된 보편적 사회보험제도는 한국 사회복지제도의 중심이 되었다고 해도 과언이 아니다.

김대중 정부는 노동계와 시민단체들의 요구에 따라 기존의 공공부조제도도 개혁했다. 기존의 공공부조제도인 생활보호법은 최저생계비를 벌지 못하는 가구일지라도 18~64세에 해당하는 노동 가능 인구가 세대구성원으로 있는 경우 급여수급자에서 제외함으로써 빈곤의 책임을 개인과 가족에게 돌리는 시혜적 차원에 머물러 있었다. 김대중 정부는 이를 객관적인 최저생계비를 추정하기 위해 정기적인 최저생계비 조사를 실시하도록 하고 노동능력이 있는 자도 소득이 최저생계비에 미달하면 생계비를 받을 수 있도록 수급권을 인정하는 기초생활보장법으로 전환함으로써 상기한 사회보험에서 배제된 최저생계비 이하의 절대 빈민들을 구제하는 데에 획기적인 개선을 이룩했다.

이에 따라 새로이 도입된 국민기초생활보장제도에서 최저생계비 이하의 모든 가구의 연령이나 근로능력 유무에 관계없이 생계, 교육, 의료, 주거 등의 기초생활을 보장함으로써 그 대상자 수가 크게 증

---

98) 남찬섭, "경제위기 이후 복지개혁의 성격: 구상, 귀결, 복지국가체제에의 함의." 김연명 편, 『한국 복지국가 성격논쟁 I』(서울: 인간과복지, 2002a), pp.152~3.

99) 김연명, "변혁기 한국 사회보험의 현황과 과제." 「사회복지」(2000년 가을), p.8.

가하였다(표 1). 새로 도입된 기초생활보장법은 최저생계비조차 공식적으로 지정하지 않았을 뿐만 아니라 노동능력이 없는 자에게만 생계비가 지급되고 보호대상자의 선택이 정부의 배정 예산에 따라 임의적으로 이루어졌던 과거의 전근대적인 빈곤법과 다름이 없었던 생활보호제도를 한 차원 뛰어 넘어선 근대적 의미의 공공부조제도의 확립을 의미하는 것으로서 한국 사회복지제도의 또 하나의 획기적인 사건이었음에 틀림없다.

〈표 1〉 국민기초생활보장수급자 급여집행실적 추이, 2000. 10~2007. 12

연도	총계		일반수급자 수	시설수급자 수
	가구 수	인원 수		
2000. 10	688,354	1,488,874	1,412,473	76,401
2001. 12	698,075	1,967,818	1,883,729	84,089
2002. 12	691,018	1,951,646	1,862,719	88,928
2003. 12	717,861	2,109,153	2,016,513	92,640
2004. 12	753,681	2,366,116	2,270,378	95,738
2005. 12	809,745	2,818,411	2,710,673	107,739
2006. 12	831,692	3,175,667	3,058,829	116,838
2007. 12	852,420	3,437,763	3,312,681	125,082

출처: 보건복지가족부, 「국민기초생활보장급여지급현황」(서울: 보건복지가족부, 각 연도).
http://211.34.86.121:8092/nsieu/view/tree.do?task=branchView&hOrg=117&id=117_11708*MT_OTITLE(검색일: 2009. 07. 21).

〈표 2〉 김대중 정부의 사회복지 개혁의 주요 성과

연도	사회보장 예산비율(%)	보건복지부 예산비율(%)	사회복지제도의 주요 변화
1998	6.05	4.12	노사정위원회 출범 고용보험 1인 사업장까지 확대 실직자복지대책 수립 및 시행 공무원·교원 의보 및 지역의보 통합 총리실 산하 4대 사회보험통합기획단 구성 사회복지공동모금회법 제정

1999	7.30	4.97	국민건강보험법 제정(의료보험 전체 통합) 전 국민 연금실시 국민기초생활보장법 제정 소비자생활협동조합법 제정 교원노조 합법화, 민주노총 합법화 노사정위원회 법제화
2000	7.27	5.23	산재보험 1인 사업장까지 확대 국민기초생활보장 제도 시행 의료보험 통합운영 의료보험 급여의 365일 연중 실시

출처: 성경륭(2002), p.508.

단 노동능력이 있는 경우에는 수급자의 근로유인을 유도하기 위해 직업훈련이나 자활사업에 참여하는 것을 조건으로 급여를 지급하는 '조건부 생계급여제도'를 새로 도입하였다. 이 제도는 1996년 미국에서 제정된 '개인의 책임과 근로 기회 조정에 관한 법'(Personal Responsibility and Work Opportunity Reconciliation Act)에서 나타난 빈곤의 개인책임을 강조하는 '노동연계복지'의 개념이 국민기초생활보장제도에 구체화된 것으로 근로능력이 있음에도 불구하고 노동을 하지 않는 수급자에게 자활사업 참가를 조건으로 생계급여를 지급하고 정당한 사유 없이 자활사업에 참가하지 않을 경우 본인의 생계급여를 중지하도록 하는 제도이다.[100] 이러한 규정이 새로운 공공부조제도에 도입된 것은 공공부조에 대한 의존성의 확산과 이로 인한 국가재정의 증가를 우려하는 기획예산처 등 국내 정부부처 내의 친시장주의자들의 문제 제기에 의한 것이었다.[101]

이밖에도 경로연금이 국민연금 수혜를 받지 못하는 65세 이상 저소

---

100) 보건복지부, 「2004년 보건복지백서」(서울: 보건복지부, 2005), p.69.
101) 김연명(2002a), p.127.

득층에게 지원되었고, 장애인 수당도 도입되었으며, 농어촌 저소득층을 위한 무상보육사업 확대 및 보육료 지원 등이 함께 이루어졌다.102)

이러한 제도적 개혁 노력과 함께, 많은 지표들에서 드러나듯이 김대중 정부가 들어선 이후 국내 사회복지 분야에 대한 국가재정의 투입량도 해마다 급속히 증가했다. 예를 들어, <표 3>에서 나타나듯이 1997년부터 2004년 사이 기초생활보장 지출액은 4.3배, 건강보험은 3.0배, 국민연금은 4.5배 증가했다. 이중 복지지출을 주도한 분야는 기초생활보장과 건강보험이다.

<표 3> 외환위기 이후 사회복지분야 재정 규모 추이, 1997~2004년

(단위: 10억 원, %)

구분	1997(A)	1998	1999	2000	2001	2002	2003	2004(B)	B/A
기초생활보장	913	1,121	1,945	2,409	3,269	3,443	3,583	3,912	4.3
취약계층지원	486	496	592	734	854	991	1,125	1,406	2.9
보건의료	227	227	231	236	317	323	408	464	2.0
국민연금	20	53	72	77	87	92	107	89	4.5
건강보험	1,070	1,111	1,252	1,753	2,820	2,736	2,939	3,158	3.0
합계	2,710	3,010	4,065	5,210	7,350	7,586	8,164	9,232	3.4

출처: 권선주·이천우, "우리나라 권력구조의 사회보장정책에 대한 영향: 박정희 대통령에서 노무현 대통령까지," 「산업경제연구」 제18권 제6호(2005), p.2483.

이처럼 서구 선진복지국가 외에는 그 유례를 찾아보기 힘든 전 국민으로의 국민연금의 적용확대, 지난 20여 년간 지지부진 끌어 온 의료보험 논쟁의 종언과 통합체제로의 전환 및 의약분업의 시행, 그리고 기초생활보장제도의 제정 등 김대중 정부가 추진한 사회복지 개혁은 국내에서 근대적 형태의 사회복지제도가 수립된 이후 그 규

---

102) 권선주·이천우(2005), p.2496.

모에 있어서나 질적인 측면에 있어서 단연 타의 추종을 불허하는 것이었다.103) 혹자는 국민의 정부하에 이루어진 이러한 사회복지 개혁을 "복지국가로의 전진,"104) 더 나아가 "대공황기의 미국과 2차 세계대전 후반기의 영국에서 이루어진 복지개혁과 맞먹는 개혁"105) 또는 "복지폭풍"106)에 비유하는 등 매우 긍정적으로 평가하였다.

그러나 김대중 정부가 이룩한 사회복지 개혁에 대한 연구사들의 평가는 개인의 견해와 시각에 따라 매우 다양하게 나타났다. 예를 들어, 임혁백,107) 성경륭,108) 김연명,109) H. Lee,110) D. M. Shin111) 등은 형식적인 제도변화에 초점을 맞추어 혼합적 복지체제 속에서 '국가책임주의'의 확대 내지 강화로 평가한 반면, 남찬섭112)은 복지개혁의 의도는 보편주의적 개혁 내지 국가복지의 강화이지만 총체적으로는 유럽대륙 국가들과 같은 보수주의적 유형이라고 주장하였다. 그리고 김영범113)은 제도변화는 보수주의적이지만 제도시행의 결과

---

103) 홍경준 · 송호근. "한국 사회복지정책의 변화와 지속: 1990년 이후를 중심으로." 「한국사회복지학」 제 55권 (2003). p.208.

104) 김연명(2002a). p.138.

105) 성경륭(2002). p.510.

106) 김태성 · 성경륭. 『복지국가론』(서울: 나남출판. 2003). p.412. 남찬섭(2002a). p.143에서 재인용.

107) 임혁백. "신자유주의? 질서자유주의? 제3의길?" 「계간 다리」. (2000년 여름).

108) 성경륭(2002).

109) 김연명(2002a).

110) Lee, H., "Globalization and the Emerging Welfare State: The Experience of South Korea." *International Journal of Social Welfare,* Vol. 8, (1999), pp.23~37.

111) Shin, D., "Financial Crisis and Social Security: The Paradox of the Republic of Korea," *International Social Security Review,* Vol. 53, No. 3 (2000), pp.83~107.

112) 남찬섭(2002a). Idem. "'신자유주의론'의 내용과 평가". 김연명 편. 『한국 복지국가 성격논쟁 Ⅰ』(서울: 인간과복지, 2002b), pp.297~319. Idem. "한국 복지체제의 성격에 대한 경험적 연구." 김연명 편. 『한국 복지국가 성격논쟁 Ⅰ』(서울: 인간과복지, 2002c), pp.557~592.

113) 김영범. "경제위기 이후 사회정책의 변화: 한국과 선진 자본주의 국가들과의 비교." 김연명 편. 『한국 복지국가 성격논쟁 Ⅰ』(서울: 인간과복지, 2002b), pp.209~242. Idem. "한국 복지국가의 유형화에 대한 비판적 검토: 제도의 미숙성과 그에 따른 한계를 중심으로." 김연명 편. 『한국 복지국가 성격논쟁 Ⅰ』(서

는 총체적으로 자유주의와 보수주의의 혼합형으로 평가하였고, 김영화·이옥희,[114] 조영훈,[115] 정무권,[116] 최기춘,[117] 손호철,[118] 양재진,[119] 김세균[120], 김미원[121] 등은 김대중 정부가 국정이념으로 제시한 '생산적 복지'의 성격이 시장과 개인의 복지책임을 강조하는 자유주의 유형인 영·미식 '근로연계복지'와 유사하고 이는 결국 국가개입을 가능한 한 최소화하는 경향을 의미한다는 점과 사회복지정책이 주로 저소득층만을 대상으로 하는 공공부조의 강화에 중점을 두고 있는 점을 들어 '신자유주의적' 성격이 강한 것으로 평가했다.

이처럼 대부분의 연구자들이 김대중 정부의 사회복지제도 개혁이 신자유주의적 특징을 보이고 있다고 진단을 내리고 있는 가장 주요한 근거는 다음과 같다. 우선, 김대중 정부의 복지정책이 '노동연계복지'를 강조함으로써 노동의 탈 상품화가 아니라 노동의 상품화를 가속화시켰다는 것이다. 김대중 대통령의 1999년 8·15 경축사를 통해 대내적으로 제시된 생산적 복지의 개념을 들여다보면 "생산에

울: 인간과복지, 2002c), pp.329~350.

114) 김영화·이옥희, "세계화와 한국 사회복지의 비판적 검토," 「한국사회복지학」 통권 제39호 (1999), pp.74~101.

115) 조영훈, "'생산적 복지론'과 한국 복지국가의 미래," 김연명 편, 『한국 복지국가 성격논쟁 I』 (서울: 인간과복지, 2002a), pp.81~108. Idem, "유교주의, 보수주의, 혹은 자유주의? 한국의 복지유형 검토," 김연명 편, 『한국 복지국가 성격논쟁 I』 (서울: 인간과복지, 2002b), pp.243~271. Idem, "현 정부 복지정책의 성격: 신자유주의를 넘었나?" 김연명 편, 『한국 복지국가 성격논쟁 I』 (서울: 인간과복지, 2002c), pp.275~295.

116) 정무권(2002a). Idem, "'국민의 정부'의 사회정책: 신자유주의로의 확대 사회통합으로의 전환," 안병영·임혁백 편, 『세계화와 신자유주의: 이념·현실·대응』 (서울: 나남출판, 2000), pp.319~370.

117) 최기춘, "세계화와 복지국가 변화의 다양성: 미국, 유럽과 한국의 경우," 「사회경제평론」 제21호 (2003), pp.495~526.

118) 손호철(2005), pp.213~398.

119) 양재진, "한국의 대기업중심 기업별 노동운동과 한국복지국가의 성격," 「한국정치학회보」 제39집 제3호 (2005), pp.395~412.

120) 김세균, "IMF 관리체제, 김대중정권, 그리고 노동운동," 「현장에서 미래를」, 제30호 (1998).

121) 김미원, "사회복지정책의 시장화논리에 대한 비판적 고찰," 「사회복지와노동」, 제3호 (2001).

기여하는 복지" 혹은 "생산에의 참여를 통한 복지"로 해석할 수 있는데, 이를 좀 더 자세히 설명하면 "국가는 시장 경제의 활성화에 기여하는 방향으로 복지정책을 추진하며, 개인은 능력 닿는 대로 노동시장에 참여하여 자신과 가족의 복지를 향상시켜야 한다는 것"으로 이해할 수 있다.[122] 요컨대, 복지급여의 수준과 제도는 근로동기를 해치치 않는 수준에서 제공되면서 자활의 의지를 키우는 방향으로 전개되어야 한다는 의미인 것이다.[123]

〈표 4〉 김대중 정부의 경제정책과 사회복지정책에 대한 평가 비교

경제정책	사회정책		
	노동정책	복지정책	
질서자유주의	사회코포라티즘	국가책임의 강화 (사민주의적?)	임혁백, 성경륭 등
신자유주의	? 신자유주의	보편적 국가복지의 확대 사회민주주의적? - "복지국가로의 전진" 전망 -사민, 보수, 자유주의 혼합형	김연명
?	?	의도-국가복지 강화	남찬섭
?		제도-보수주의 결과-보수주의, 자유주의 혼합	김영범
? ?	? 신자유주의	복지확대("사민주의적 색채") 일부 반자유주의적 전향성 총체적으로 볼 때는 자유주의	양재진(1) 양재진(2)
신자유주의 신자유주의	? 신자유주의	일부 전향적이나 신자유주의적 (형식-사회코포라티즘) 보수주의, 자유주의 혼합 (제도의 보수주의-경로 의존성)	정무권(1) 정무권(2)
신자유주의	?	신자유주의	조영훈
신자유주의	신자유주의 (사회코포라티즘 형식의 신자유주의적 코포라티즘)		손호철 김세균

출처: 손호철, "김대중정부의 복지개혁의 성격: 신자유주의로의 전진?" 「한국정치학회보」, 제39집 제1호 (2005), p.217.

---

122) 조영훈(2002a), p.83.
123) 정무권(2002a), p.54.

이와 유사한 정책이 이미 오래전에 서구에서 도입되었는데, 예를 들어 미국에서는 1970년대에 '근로연계적 복지'(workfare)[124] 정책이 시행되었으며, 1996년에는 '근로-복지 연계법'이 제정되었다.[125] 영국에서도 노동당을 이끄는 블레어 내각정부하에서 '복지로부터 근로로의 전환'(welfare to work) 정책이 추진되기도 했다.[126] 이러한 정책들은 모두 저소득층에게 근로능력이 있는 경우 국가가 제공하는 일자리에 취업하는 것을 전제로 최저생활을 위한 생계급여를 지급하는 것으로서, 저소득층의 생활보장이라는 사회복지적 목적보다는 장기실업자나 청년실업자 등의 복지의존층의 취업을 촉진하고 이를 통해 시장 경제의 활성화를 꾀하기 위한 경제적 목적이 더 큰 정책이었다.[127]

이러한 생산적 복지의 정책적 틀 내에서 사회복지에 대한 국가재정 투입의 증대를 통한 공적 소득이전이나 사회보장의 확대보다는 사회복지의 제공자로서 국가가 아닌 시민단체나 지역사회와 기업의 역할과 민간시장을 통한 자원배분 활성이 대신 강조되었다. 결국 사회복지에 대한 국가재정의 책임은 최소한의 수준으로 제한된 반면, 사회복지서비스 제공에 있어서 시장과 민간기업의 비중과 역할은 오히려 급속히 증가하였다. 따라서 사회보험의 적용범위는 제도적인

---

124) 근로연계복지는 우선 개인적으로 행태교정적 차원에서 강제적인 고용프로그램에 참여하는 것을 의미하며, 둘째, 조직적인 차원에서 일과 노동력을 연계하는 체계적 방향을 의미하고, 셋째, 기능적인 면에서 적극적 노동시장에 재진입시키는 것을 의미한다. 결국 근로연계복지는 저소득층이나 빈곤층의 소득을 증진시키기 위한 목적보다는 이들이 국가에 의존하는 정도를 줄이는 것에 더 큰 목적을 두고 있다. Gueron, Judith M., "Work and Welfare: Lessons on Employment Programs," *Journal of Economic Perspectives*, Vol. 4, No. 1 (1990), pp.79~98.

125) 조영훈(2002a), p.84.

126) Ibid.

127) 조영훈(2002a), pp.92~3.

차원에서 급속히 확대되었지만, 사회보험 지출에 대한 정부재정은 여전히 매우 낮은 수준에 머물렀다. 예를 들어, 사회보험에 대한 김대중 정부의 재정투입 비율은 1997년의 8.8%에서 2001년 9.9%로 소폭 증가했을 뿐이다.[128] 의료보험을 제외하면 국내 사회보험은 민간보험과 거의 비슷하게 운영되고 있었다고 볼 수 있으며, 따라서 소득재분배 효과는 매우 낮을 수밖에 없다고 할 수 있다.[129]

마지막으로, 보편적이고 광범위한 사회복지체제와는 상관없는 오로지 최저소득층만을 집중적으로 지원하기 위한 공공부조의 활성화에만 초점을 맞추었다는 점을 들 수 있다.[130] 이러한 특징들은 에스핑-안데르센의 복지유형분류법에 기초해볼 때, 명백히 자유주의 유형에 딱 들어맞는 것이다.

평가

지금까지 김대중 정부의 사회복지 개혁의 주요 내용을 살펴보았다. 김대중 정부는 집권 초기에는 외환위기와 이로 인한 심각한 경제위기 대처 및 금융, 기업(재벌), 공기업 및 노동 등 4대 부문에 대한 사상 초유의 대규모 구조조정 등 주로 경제적인 문제에 치중하였다. 결과적으로 분배문제와 사회복지의 확대와 같은 사회적인 문제들은 집권 초기에 거의 도외시되었다. 물론 정권 초기에 사회협약기

---

128) 조영훈, "신자유주의에 갇힌 복지정책," 한국사회보장학회 2001년도 추계학술대회 (2001), p.263.
129) Ibid.
130) 조영훈(2002a; 2002c). 남찬섭(2002b). p.299.

구인 노사정위원회를 대통령 소속하의 자문기구로 설립하고 노사정 대타협을 이끌어내기도 했지만, 김대중 정부의 사회복지정책의 핵심인 '생산적 복지'가 제시된 것은 집권 2년이 다 되어갈 즈음이었다.

더군다나 이 생산적 복지는 사회복지에 대한 국가재정의 책임과 역할을 증진시키는 것이 아니라 개인 스스로의 힘으로 노동시장에 적극적으로 참여하여 노동을 통해 자신의 복지를 증진시키는 것을 의미하는 것으로서, 영국과 미국 등 자유주의적 국가체제를 지니고 있는 국가들에서 오래전 도입된 근로연계복지와 거의 다르지 않은 것이다. 따라서 사회복지에 대한 국가재정 개입을 최소화하는 것을 핵심으로 하는 생산적 복지정책의 패러다임 내에서는 사회보험의 소득이전을 통한 소득재분배나 사회보장제도의 확대는 당연히 기대하기 어려운 사항이었다. 이러한 국가개입의 최소화와 개인의 자활과 독립을 핵심으로 하는 생산적 복지정책을 주도하고 지지했던 정부 관료들이 내세웠던 자기합리화의 근거는 서구 선진 복지국가가 이미 쇠퇴의 길로 접어 들어섬으로써 복지국가 건설의 초입 단계에 있는 한국은 이들이 걸었던 길과는 다르게 국가 주도 복지제도의 확대를 최대한 피해야 한다는 것이었다.

바로 이러한 논리 때문에 사회보험의 전 국민으로의 적용확대와 4대 보험 관리운영기구의 통합, 그리고 의료보험의 통합 및 빈곤층의 기초생활을 보장하는 공공부조의 개혁 등 김대중 정부가 외형적인 면에서는 이전 권위주의적 보수정권과는 차별될만한 복지제도 개혁의 성과를 거두었음에도 불구하고 실질적인 내용과 결과 면에서는 너무나도 많은 문제점들이 노정되었다. 우선 김대중 정부의 사회보험 재정에 대한 정부지원은 지극히 보수적이고 제한적이었는데,

이에 따라 대부분의 사회보험의 재정은 사회보험 가입자의 보험료와 고용주의 부담금을 통해 충당되었다. 특히 국민연금제도의 적용범위가 전 국민으로 확대되었지만, 급여수준은 40년 가입 평균소득자의 경우 과거소득 70%에서 60%로 오히려 하향 조정되었다. 이러한 낮은 급여율과 불안한 국민연금의 재정상태 때문에 중산층 이상의 많은 시민들이 높은 보험료를 요구하지만 안정되고 높은 급여율을 보장하는 개인연금에 동시에 가입하였다.131) 그리고 기초연금은 아예 도입에 대한 언급도 없었는데 가장 큰 이유는 기초연금 도입에 따른 정부의 재정 부담을 피하기 위한 조치였다.132) 모든 시민들에게 동일한 급여를 제공하는 기초연금의 부재는 소득재분배와 사회연대성의 역할을 현 국민연금제도가 해내지 못한다는 점을 암시한다. 전 사업장 근로자로 그 적용범위가 확대된 고용보험도 실업급여의 임금 대체율이 평균임금의 50%로 저임금 근로자의 경우 실업기간 동안의 최저생계유지에 충분한 수준이라고 보기에는 어려운 수준이다.133) 의료보험제도도 통합의료보험과 건강보험의 출범이라는 획기적인 제도적 변화가 있었지만, 저급여 정책은 지속되었다.

특히 사회보험 적용의 획기적인 확대에도 불구하고 보험료 부담능력이 취약한 저소득층과 중소기업에게까지도 수익자 부담의 원칙을 견지함으로써 사회적 취약계층이 사회보험의 실질적인 보호를 받지 못하게 하였다. 그리고 가장 큰 문제점으로서 사회보험이 제도적으로는 전 국민으로 적용·확대되었음에도 불구하고, 노동경력과

---

131) 선학태(2005), p.188.
132) 남찬섭(2002a), p.155.
133) 정무권(2002a), p.57.

보험료 납부기간에 따라 보호를 받을 수 있도록 계속 규정함에 따라 임시직, 일용직, 파트타임 근로자 및 영세 자영업자 등과 같은 수백만에 이르는 비정규직 근로자들은 각종 사회보험에서 거의 제외되었다. 그 결과 내부자/외부자 문제와 같은 계층 차별화 현상은 더욱 심화되었다. 김대중 정부의 집권 말기에 조사된 한 통계에서 나타나듯이, 정규직 임금근로자는 약 **80~94%**가 사회보험의 적용을 받는 반면, 비정규직 임금근로자는 불과 **20%** 정도의 적용률을 보이고 있다(표 5).

〈표 5〉 국내 사회보험의 적용률(%)

	국민연금	의료보험	고용보험	퇴직금
임금노동자 전체	49.5	54.3	44.1	50.2
정규직	92.7	94.7	80.2	94.0
비정규직	22.1	24.6	22.6	21.9

출처: 김유선, "비정규직 노동자규모의 실태" (한국노동사회연구소, 2001), p.3. 선학태(2005), p.191.

더욱이 새로이 실시된 국민기초생활보장제도는 실제 시행과정에서는 과거의 제도에서처럼 여전히 엄격한 자산규정과 부양의무규정을 두고 있을 뿐 아니라, 근로연계복지를 강요하고 있어서 실질적인 보호가 이루어지지 못하는 빈곤계층이 너무나 많은 것으로 드러났다.[134] 최근에 나온 한 연구에 의하면, 국내 전체 빈곤규모는 약 800만 명에 달하지만 이러한 제도적 문제로 인해 겨우 140만 명만이 국민기초생활보장 혜택을 받고 있고 나머지 660만 명에 달하는 대부

---

134) 정무권, "김대중 정부의 복지개혁과 한국 복지제도의 성격 논쟁에 대하여: 발전주의 유산과 복지개혁의 한계," 김연명 편, 『한국 복지국가 성격논쟁 Ⅰ』(서울: 인간과복지, 2002b), pp.415~6.

분의 빈민은 공공부조 제도 밖에 그대로 방치되어 있는 것으로 나타났다.[135] 그리고 대부분의 서구 선진복지국가에서 찾아볼 수 있는 질병수당, 출산수당, 아동수당 등 실질적인 소득보장 부문에 대해서는 아예 논의조차 없었다. 노사정위원회 또한 서구와 같이 노사 간의 힘의 균형과 이익의 대등한 상호교환 관계에서 이루어진 것이 아니었다. 그리고 노사정위원회를 통한 합의 도출과 제도적 정착은 정부와 정치권의 이해와 의지의 부족으로 인해 결국 와해되었다.

이러한 여러 가지 문제점들로 인해 김대중 정부의 사회복지 개혁에도 불구하고 사회복지제도의 계층 차별화 현상은 더욱 심화됨으로써 경제위기로 인한 서민들의 경제적 위험의 증가를 막지 못했을 뿐 아니라 사회적 계층에 따른 부익부 빈익빈 현상은 계속 심화되었다.

---

135) 류정순, "신용불량 신빈곤층: 실태와 대안." 최장집 편, 『위기의 노동』(서울: 후마니타스, 2005), p.172.

6장

노무현 정부 시기

노무현 대통령의 취임 이전부터 재계, 보수야당, 보수언론 및 보수 학계 대부분의 논객들은 정치인 노무현을 전형적인 좌파 정치인으로 간주하고, 노무현 정권이 출범하면 이전의 친미·보수 정책노선으로부터 급격한 이탈이나 변경이 있을 것으로 내다봤다. 사실 2002년 대통령 선거 유세 과정에서 노무현 후보가 보여준 언행은 노동자 권익의 보호, 분배·평등 우선, 재벌개혁, 대북포용 및 대등한 대미외교 등 상당히 급진적인 색채를 띤 것이 사실이었다. 더욱이 빈농의 자식으로 태어나 독학으로 어렵게 사법고시에 합격한 후 잘나가는 변호사직을 버리고 거리의 인권운동가로 활동했던 노무현 대통령의 과거 이력은 당시 보수우익 세력에게 불안감을 주기에 충분했다.

하지만 후술하는 바와 같이, 참여정부는 취임 이후 퇴임 시까지 신자유주의 정책을 일관되게, 부정적으로 말하자면 거의 맹목적이고 무리하게 추진했다고 할 수 있다. 특히 거국적인 반대에도 불구하고 한미 FTA를 밀어붙이기식으로 끝내 성사시킴으로써 친시장적이고 반노동, 반복지적인 미국식 자본주의체제가 국내 경제를 본격적으로 지배하도록 하는데 결정적인 역할을 했다. 이러한 참여정부의 정책은 소위 워싱턴 컨센서스(Washington Consensus)에 기초한 신자유주의 정책의 적극적인 이행이었는데, 이는 결코 미국 정부나 세계은행 또는 IMF에 의해 강요된 것이 아닌 참여정부 스스로가 확고한 신념하에 독자적으로 강행한 것이었다. 노무현 대통령이 신자유주의 정책의 추진에 어느 정도 적극적이었는가는 퇴임 시까지 글로벌 스탠더드와 영미식 신자유주의 시장체제를 신봉하는 보수 엘리트 관료들을 그의 주위에 가깝게 포진토록 했다는 사실에서 명료하게 드러난다.

요컨대, 참여정부는 말은 왼쪽을 가리켰지만 실제적으로 간 방향은 오른쪽이었다고 할 수 있다. 따라서 참여정부하에서 실제로 추진·시행된 정책들에 대한 구체적인 고찰 없이 대선 유세 중 나타난 당시 노무현 후보의 분배 우선, 노동자권익 보호, 반재벌 및 "반미주의면 어떠냐!"와 같은 급진적인 수사(修辭)적 표현과 그의 과거 인권변호사라는 이력 및 그의 장인의 공산당 부역 문제 등을 들어 참여정부가 전형적인 좌파정권이었다는 보수우익계 언론인들과 학자들의 주장은 참여정부 정책에 대한 극단적인 무지함을 드러내는 증거라 할 수 있다. 마찬가지로 참여정부가 노동자와 사회 약자들의 이익을 위해 헌신했던 대한민국 역사상 가장 진보적인 정부였다는 일단의 진보성향의 학자들의 주장 또한 그저 존재하지 않은 자신들의 이상형에 대한 간절한 절규일 뿐이다. 보수와 진보 진영 모두 그저 노무현 대통령의 과거 언행에 파묻혀 참여정부의 실체와 정체성을 제대로 파악하지 못하고 있는 것이다.

그럼 이번 장에서는 참여정부의 정책 내용과 특징을 구체적으로 살펴보도록 하자.

좌파 정치의 정의

본론에 들어가기에 앞서, 우선 좌파 정치의 개념을 역사적, 이론적 및 실제적 시각에서 정의하는 것이 무엇보다도 중요하다. 어떤 특정 정치인이나 정권이 좌파적인지를 판단하기 위한 가장 결정적인 척도는 그 정치인과 정권이 겉으로 표방하는 신조나 수사 또는 상징보다는 실제적으로 추진한 정책의 내용 그 자체에 기초해야 할 것이다.

예를 들면, 국가의 예산이나 자산, 수입, 고용, 노동법안, 지출액과 수입원의 우선 사항 등이 여기에 포함될 수 있다. 더욱 중요한 것은 과거가 아닌 바로 현재의 사회적 관계와 권력 및 협력 관계의 구조를 고려하는 것이다. 또 다른 중요한 관건은 선거운동 중 약속한 정책 사안들과 선거에서 이기고 취임한 후에 실제적으로 시행한 정책들을 비교·분석하는 것이다.

필자는 좌파 정치를 규정짓는 기준 내지 척도로서 다음과 같은 10가지 요인들을 열거하였다.

- 사회적 불평등의 감소와 서민 생활 수준의 증가
- 민간·외국인 소유 대비 공공·국가 소유의 증가
- 누감(累減)적 세금(부가가치세, 소비세)보다 누진과세(근로소득세, 법인세)의 보다 많은 시행
- 대기업에 대한 보조금보다 사회지출과 공공투자에 대한 예산배정 우선

- 정책결정에 있어서 대기업이나 IMF에 의한 엘리트식 정책결정
 보다는 민중의 참여와 권력 중시
- 주요 부처 장관 선정에 있어서 국내 정치·경제 엘리트들 대신
 시민사회로부터의 자문을 구함
- 제국(帝國)의 군사기지 및 제국의 전쟁에 군대파견 및 점령을 거
 부하는 반제국(反帝國)적 대외정책의 시행
- 잘못된 방식으로 민영화된 기업의 재(再)국영화
- 노동조합조직을 활성화시키는 노동법안 마련
- 보편적 무료교육과 무료의료서비스 시행

 좌파 정치를 규정짓는 이러한 10가지 기준으로 볼 때, 참여정부가
과연 많은 논객들이 주장하듯이 전형적인 좌파 정권에 속했는지는
논란의 여지가 많다. 왜 그런지 노무현 정부의 정책에 대한 구체적
인 분석을 통해 알아보도록 한다.

김대중 정부의 구조조정

 우선 참여정부의 정책들의 내용과 특징을 알아보기 전에, 참여정
부의 전신인 국민의 정부(1998~2002)의 정책을 간략하게 재검토하
는 것이 필요하다. 국민의 정부와 참여정부는 그 뿌리가 같은 당으
로부터 뻗어 나왔으며, 따라서 국민의 정부 정책에 대한 참여정부의
경로 의존 현상은 더욱 심했을 것이기 때문이다.

이전 장에서 살펴본 바와 같이, 대한민국 사상 최악의 외환위기를 맞은 직후 출범한 국민의 정부는 구제금융의 대가로 거시경제 관리를 감독하게 된 IMF의 권고에 따라 금융, 재벌, 공기업 및 노동 등 4대 부문에 대한 사상 초유의 유례없는 대대적이고 급격한 IMF식 구조개혁을 단행했다. 이로써 개발연대 이후 한국 경제성장의 근간이 되어왔던 한국 고유의 경제구조 및 발전 모델, 이른바 '주식회사 한국'(Korea Inc.)이 급격하게 와해되는 듯했다.

당시 IMF가 이처럼 국내 경제체제 전반에 대해 대대적인 개혁을 주문했던 부분적인 이유는 1997년 말 터진 금융위기가 한국 발전국가체제가 가지고 있는 내생적 문제들에 기인한다고 굳게 믿어졌기 때문이었다. 이러한 발전국가체제는 그간 연고주의, 카르텔, 독점과 같은 관행을 조장해옴으로써 궁극적으로 재벌이라고 하는 비효율적인 거대한 산업집단과 독자적 생존능력을 상실한 금융자본을 낳았고, 이러한 재벌집단과 금융기관, 그리고 이들을 통제하는 국가 사이에 형성된 정경유착은 온갖 부정부패의 주원인이 되었기 때문이다.

특히 발전국가의 관치금융하에서 관행적으로 행해져 왔던 재벌들의 무분별한 투자와 이들의 도덕적 해이가 외환위기의 주원인으로 지목되면서 재벌기업들도 해체대상으로 떠올랐다. 1990년대 초 국내에서 자본자유화가 본격적으로 시행되면서 재벌들에 의한 저리의 해외 단기융자의 차입이 급증하였고, 이는 결국 1997년 아시아 금융위기가 확산될 때 한국 경제도 외환위기에 빠지게 하는 직접적인 원인이 되었다.

이에 따라, 1998년 6월 드디어 55개 퇴출기업의 명단이 작성되었고 곧이어 사상 초유의 대규모 해고가 신속히 단행되었다. 이로써 국내 실업자 수는 1999년 9월까지 200만 명을 훨씬 넘어섰다. 그런데 문제는 당시 사회안전망체제가 절대적으로 부족한 국내 상황으로 인해 직장에서 해고된 대부분의 노동자들이 바로 빈곤의 나락으로 떨어지는 사태가 벌어졌고, 이 과정에서 생활고를 견디지 못한 사람들이 대거 자살하는 비극적인 사태가 이어졌다.[136]

부실한 재벌기업에 대한 퇴출작업과 함께, 재벌들의 전반적인 기업경쟁력을 향상시키기 위해 '빅딜'이라고 불리는 구조조정을 통해 삼성, 현대, 대우, LG, SK 등 5대 재벌그룹으로 하여금 세계적으로 경쟁력 있는 3~5개의 주력업종에만 전념토록 하고, 회생 가능성이 없는 나머지 기업들은 다른 경쟁력 있는 재벌그룹에 양도하도록 유도했다.

금융개혁은 우선 1998년 기업의 자본부족 해소와 금융의 매개기능 회복을 주목적으로 하는 제1차 금융개혁안으로 시작되어, 당시 GDP의 14%인 64조 원의 공적자금이 투입되어 은행 및 기타 금융 일반 체계에 대한 회사정리와 합병 등의 개혁 작업이 단행되었다. 이러한 개혁 작업의 결과로 은행 및 비은행 금융기관의 부실채권이 1998년 3월의 112조 원에서 1999년 말의 66조 7천억 원으로 낮아지는 등 금융부문의 대차 대조표에 있어서 상당한 진전이 있었으며, 더 나아가서는 외환위기 이후의 경제위기에서 급속히 회복할 수 있게 되었다.

그러나 이러한 개혁 작업에도 불구하고 부실채권 문제와 같은 기업과 금융부문의 취약성과 불확실성의 문제가 여전히 남아 있어, 이

---

136) 1998년 자살자가 8,569명에 달했는데, 이는 1997년에 비해 42% 증가한 수준이었다. 노동세상. "IMF 10년, 농락당한 애국심" (2007a).
http://laborworld.co.kr/home2007/bbs/board.php?bo_table=section2&wr_id=21&page=2(검색일: 2009.09.02).

러한 문제를 시정하기 위한 제2차 금융 구조조정 안이 2000년 9월 25일 공표되었다. 이 안은 부실기업과 부실채권 청산을 위한 또 다른 40조 원의 공적자금 조성, 정리대상 기업선정 및 시장원리에 의한 구조조정을 위한 제도적 개혁조치 등 제1차 구조조정계획보다 훨씬 더 상세하고 포괄적인 내용을 포함했다. 한편, 김대중 정부는 금융기관의 건전성을 확보하고 공정한 시장 질서를 확립하며 금융소비자를 보호하기 위한 취지 아래 1999년 1월 은행감독원·증권감독원·보험감독원·신용관리기금 등 4개 감독기관을 통폐합하여 금융시장에 대한 거의 모든 감시기능을 일원화하여 담당하는 금융감독원을 설립했다.

국민의 정부는 이러한 구조개혁과 함께 민영화, 무역·투자·금융자유화, 노동유연화, 보수적 예산지출, 반인플레이션 정책, 탈규제 등을 강조하는 신자유주의 경제정책들을 지속적으로 도입했다. 이러한 과정에서 자유무역이 국내 경제에 가져다주는 혜택을 설명하는 수많은 정부 출판물이 집권기간 내내 발간되었고, 수입과 외국인직접투자의 혜택을 알리는 정부 관료들의 기고문이 국내 주요 신문에 거의 매주 게재되었으며, 대통령 자신이 스스로 직접 TV에 출연하여 수입품의 소비를 권장하기도 하는 등 무역자유화의 혜택을 일반 대중들에게 적극 홍보하기 위한 정부의 노력이 배가되었다.

그 밖에도 대한민국 역사상 처음으로 칠레와의 투자, 지재권, 농산물을 포함한 거의 모든 상품과 서비스의 자유화를 포괄하는 자유무역협정(FTA)의 체결을 추진했으며, 외국인투자를 국내에 적극적으로 유치하기 위한 정책의 일환으로서 외국인 투자자들에게 무료 컨설팅 제공은 물론 국내 투자파트너 및 기업의 소개, 공장부지 선택, 허가취득, 국내 조세정책 및 투자환경에 대한 안내, 지방자치단체에의 연결 등 이전에는 볼 수 없었던 외국인 투자자들을 위한 다양한 서비스를 일괄적으로 통합해서 제공하는 역할을 하는 외국인 투자지원센터(Korea Investment Service Center: KISC)를 대한무역투자진흥공사(KOTRA) 내에 1998년 4월 설립하기도 했다.[137] 이러한 적극적인 개방정책으로 인해 라디오방송, TV방송, 연안어업, 근해어업, 곡물류 재배, 육우사육, 신문, 잡지출판, 통신 등을 제외한 거의 대부분의 국내 산업이 외국인들에게 대거 개방되었다.[138]

국민의 정부하에서 추진된 이러한 급진적인 개방정책 과정에서 수많은 국내 부실 금융기관들과 기업들이 해외자본에 매각되었는데, 이 과정에서 국내 기업들의 매각과정이 전혀 투명하지 않았을 뿐 아니라 대부분 사모펀드 등 시세 차익을 노리는 기회주의적인 해외금융회사들에게 헐값으로 팔려나갔다. 더욱이 이러한 외국계 금융자본의 수탈을 감시하고 규제할 수 있는 독립적인 정부 기관이나 규제는 아예 마련되어 있지도 않았다. 어쨌든 여기서 중요한 점은 노무현 정권이 출범하기 이전 김대중 정권 때부터 이미 국내 정부의 정책기조는 IMF식 신자유주의 정책으로 급격하게 경도되고 있었다는 점이다.

---

137) 같은 해 9월 통제와 규제를 바탕으로 한 이전의 외국인투자법을 투자자들의 편의를 우선적으로 돕는 데에 초점을 맞춘 새로운 외국인투자진흥법(FIPA)으로 전환하기도 했다.

138) 국민의 정부 집권 말기인 2001년 5월을 기준으로 전체 1,058개 업종의 99.8%인 1,056개 업종이 외국인에게 개방되었다. 외국인에 의한 토지구입도 1998년 6월부터 일부를 제외하고 거의 제한 없이 허용하였으며, 증권거래업, 골프장운영업, 부동산임대업 등의 사업도 개방을 확대하였다. 금융부문에서도 이전에 존재하였던 내국인과 외국인 간의 차별을 없앴다. 외국인들은 금융감독위원회의 승인만 받으면 국내은행의 대주주가 될 수 있는 등 외국계 은행의 국내 진출에 있어서의 제도적인 제한이 거의 제거되었다. 외국인의 보험회사 주식 매입에 대한 제한도 폐지하였다. 이와 함께, 불필요한 투자규제 및 장벽을 제거하기 위한 노력도 배가하였다. 예를 들어, 1998년 5월 이후부터 KOSDAQ에 등록된 회사주식의 구매한도를 폐지하였으며, 기업의 합병과 매수(M&As)는 물론 외국인에 의한 국내 기업의 적대적 인수(hostile takeover)도 허용하였다.

노무현 정부의 정책

2002년 말 대통령 선거에서 노무현 후보의 승리는 국내 진보세력을 재결집시키는 계기를 마련했다. 이들 진보세력들은 대부분 과거 권위주의 정권의 정책결정 과정에서 완전히 배제되었던 인물들이었는데, 노무현 후보가 대통령 선거에서 승리하면서 이러한 소수파 인사들이 계속해서 국정의 전면에 들어서게 되었다. 이들은 참여정부 취임 이전부터 권위주의 체제와 유산을 완전히 청산하기 위한 전 방위적인 개혁의 추진을 국민들에게 약속했다.

집권 초기 참여정부는 국민 절대다수의 지지를 얻고 있었고, 보수 야당은 거의 해체위기에 놓여 있었다. 당시의 이러한 국내 정치적 상황을 고려해 볼 때, 새로 취임한 참여정부가 낙후된 국내의 사회복지제도와 분배정책의 획기적인 개선에서부터 재벌개혁, 정경유착 및 부패척결에 이르는 전 방위적인 개혁을 성공적으로 시행할 수 있는 매우 좋은 위치에 있었다는 점은 의심의 여지가 없다.

그런데 참여정부는 취임 5개월이 넘은 시점에서 이루어진 노무현 대통령의 미국 공식방문을 계기로 갑자기 보수노선으로의 급선회를 공식화했다. 노무현 대통령의 방미 직후 원래 삼성그룹이 내걸었었던 '국민소득 2만 달러 시대'라는 구호를 참여정부의 새로운 국정목표로 채택하고 경제정책의 기조도 이전에 노무현 대통령이 표방했었던 '사람이 살기 좋은 나라'가 아닌 '기업하기 좋은 나라'로 정함으로써, 이전 권위주의 정권들이 우선시했던 성장우선주의 독트린은 물론 이전 김대중 정부가 내걸었던 규제 완화를 통한 외국자본의 급속한 유입을 도모하고자 하는 시장 경쟁국가 노선의 지속을 확실하게 재확인시켰다.

이후 참여정부는 이전 국민의 정부가 시행했던 4대 부문에 대한 IMF식 구조개혁을 지속적으로 추진함으로써 영미식 자본주의 체제가 국내 경제구조를 급속하게 재편하도록 했다. 이러한 체제는 주주자본주의 체제라고도 불리는데, 이는 본질적으로 금융-대자산가가 연합해 국가, 경영자, 노동자들을 헤게모니적으로 지배하는 금융주도 체제라 할 수 있다.[139]

이러한 구조개편의 결과, 국내 증시 시가총액에서 외국인이 차지하는 비율이 외환위기가 터진 1997년의 약 15%에서 2004년 중후반 약 44%(약 150조 원)로 급증하였고, 상위 9개 재벌기업의 외국인 지분율은 50%를 넘어섰다.[140] 2006년 6월 12일 기준, 제일은행, 한미은행의 소유권은 이미 외국자본으로 완전히 넘어가 외국인 소유가 되었고, 삼성전자(52.24%), SK텔레콤(62.26%), KT(92.93%), POSCO(64.18%), 국민은행(83.68%), 신한은행(62.75%) 등 국내 대표적인 우량기업들의 외국인 지분율이 이미 50%를 훨씬 넘어섰다(표 1).

---

139) 조원희, "신자유주의 질서-세계경제 번영의 길인가 투기의 세계화인가," 이찬근 외 편, 『한국 경제가 사라진다』(서울: 21세기북스, 2005), pp.322~3.

140) 이강국, "자본자유화와 경제성장 그리고 위기-한국의 경험을 중심으로," 이찬근 외 편, 『한국 경제가 사라진다』(서울: 21세기북스, 2005), pp.66~8. 왕윤종, "적대적 M&A의 위협과 대책," 이찬근 외 편, 『한국 경제가 사라진다』(서울: 21세기북스, 2005), p.182.

<표 1> 국내 주요 기업들의 외국인 지분율(%) 변화 추이

기업(2000년 주식가치 순위)	1997.11 (외환위기 이전)	2000.12	2004.03.19	2006.06.12
삼성전자 (1)	24.2	54.2	59.4	52.24
SK텔레콤 (2)	26.0	53.2	48.9	62.26
KT (3)	-	19.4	49.0	92.93
한국전력 (4)	10.6	26.1	29.0	75.99
POSCO (5)	20.8	49.0	66.8	64.18
국민은행 (6)	25.8	58.2	75.3	83.68
주택은행 (7)	37.0	65.4	*	*
외환은행 우선주 (9)	-	100	**	**
현대차 (12)	23.6	41.0	52.1	43.22
신한은행 (13)	21.9	48.9	64.3	62.75
삼성전기 (15)	5.1	30.0	28.1	9.93
현대전자 (17)	7.2	35.5	5.1***	22.96
SK (20)	13.7	25.3	56.2	50.90
삼성전자 우선주 (21)	26.0	33.8	17.0	80.78
LG 화학 (27)	17.4	28.0	34.1	31.94
한미은행 (30)	31.3	61.5	91.2	****
신세계 (39)	10.7	39.3	49.8	46.30
외환은행 (42)	3.6	26.4	70.1	81.08

* 국민은행에 합병.
** 우선주 소멸.
*** 하이닉스로 변화.
**** 시티은행에 합병.
출처: 이강국(2005, 68)의 <표 4>에서 부분적 인용.
　　　http://stock.finance.daum.net/search/quote/s2050000.html?code=016360(검색일: 2006. 6. 12).

참여정부하에서 국내 상장기업에 대한 외국인 지분율이 이처럼 급증한 이유는 국내자본이 주로 은행권으로 몰리고 주식시장에서 빠져나가면서, 외국인들이 대신 그 자리를 차지했기 때문인데, 어쨌든 OECD 주요국들의 주식시장에서 외국인 지분율이 보통 20~30% 정도이고 일본은 10% 미만이며 자본시장이 가장 개방되어 있는 미국도 약 10%대에 머물고 있다는 점에서 볼 때, 당시 국내 상장기업 주식에 대한 외국인 지분율 증가의 이러한 속도는 엄청나게 빠른 것이었다고 할 수 있다.

물론 노키아(Nokia)를 비롯해 소니(Sony), 도요타(Toyota), 다임러(Daimler), 보다폰(Vodafon) 등과 같은 세계적 우량기업들 역시 외국인들이 주식의 절반을 소유하고 있는 등 증시에서 외국인 투자자들의 영향력 확대는 범세계적 현상으로 볼 수 있다.141) 그러나 문제는 이러한 금융세계화의 추진세력들이 대체로 막대한 자금력을 자랑하는 사모투자펀드(Private Equity Fund)나 헤지펀드(Hedge Fund)와 같은 초대형 외국인 기관투자회사들인데, 이들은 투자보다는 투기적 성격이 매우 강하다는 점이다. 사모투자펀드는 기업의 경영권을 인수하거나 이에 영향을 미쳐 기업의 가치를 높인 후 되팔아 이익을 얻는 것을 목적으로 하는 반면, 헤지펀드는 기업경영에는 전혀 개입하지 않고 단기간에 매매차익을 얻는 것을 목적으로 한다는 점에서 차이가 있다.

이러한 투기성자금은 주로 사모방식으로 자금을 조달하는 관계로 정부 감독과 규제 밖에 있으며, 따라서 투명성이 매우 낮다. 이들 투기자본은 각국에서 기업의 공동체 및 사회적 책임을 전적으로 무시함은 물론 건전한 기업문화와 조직문화를 파괴하면서, 오로지 주주권 행사 위협과 주주이익 극대화를 방해하는 관련 국가 제도와 관행을 폐지하고 적대적 M&A 허용과 소액주주권 강화로 대표되는 주주가치 추구와 이를 위한 기업지배구조 개혁, 회계 투명성 강화, 공

---

141) 정승일, "주주이익 극대화의 함의," 이찬근 외 편, 『한국 경제가 사라진다』(서울: 21세기북스, 2005), pp.353~4.

시제도 강화와 같은 앵글로색슨 제도를 무조건 도입할 것을 요구한다.

외환위기 이후 국내에서 활동해오고 있는 주요 사모투자펀드로는 굿모닝증권을 인수한 H&Q, Lombard, 한미은행을 인수했던 Caryle Group, 제일은행을 인수한 Newbridge Capital, 외환카드를 인수한 Olympus Capital, 위니아 만도를 인수한 UBS Capital Consortium, 만도기업을 인수한 JP Morgan Partner Consortium, 해태제과를 인수한 Newbridge-AIG, 외환은행을 인수했던 Loan Star 등이 있으며, 헤지펀드로는 Fabien Pictet, Amaranth, Beon Libert Capital, Japan LS Cayman Partners, Corevest Partners 등이 있다.

이러한 외국계 투기자본은 백이면 백 모두 국내 산업에 침투하면서 인위적인 주가상승을 유도하기 위해 일단 기업인수 후에 대대적인 정리해고를 수반한 강제적 퇴출과 합병을 단행하고, 이로 인해 주가가 상승하면 막대한 시세 차익을 노리고 기업들을 곧바로 되팔았다. 예를 들어, 2003년 10월 외환은행을 인수한 미국계 투기자본인 론스타(Lone Star Funds)는 자산 규모 73조 원의 외환은행을 1조 3,800억 원에 인수하고 곧바로 외환은행 직원 20%와 외환카드사 직원 33%를 해고했다.[142] 리젠트증권과 일은증권을 인수·합병하여 브릿지증권을 출범시킨 BIH펀드는 유상감자 재원을 마련키 위해 브릿지증권의 여의도와 을지로 사옥을 매각하고, 회사 자본금을 4.478억 원에서 2,300억 원으로, 지점 수는 38개에서 10개로, 직원 수는 814명에서 230명으로 삭감했다.[143] 요컨대, 이들의 가장 중요

---

142) 노동세상. "외국 투기자본은 먹튀(먹고튀는)자본" (2007b).
http://laborworld.co.kr/home2007/bbs/board.php?bo_table=section2&wr_id=22&page=2(검색일: 2009. 09. 02).

143) Ibid.

한 목표는 '인수한 기업을 어떻게 하면 살릴 것인가?'가 아니라 '얼마나 빨리 많은 이익을 벌어들이고 떠날 것인가?'인 것이다. 여기서 중요한 점은 이러한 외국자본의 경영방식으로 인해 가장 많은 피해를 입은 사람들이 일부 국내 재벌 부유층이 아닌 바로 노무현 대통령을 지지했던 대다수의 서민들과 노동자들이었다는 사실이었다.

대통령 선거 유세 중 노무현 후보가 제시했던 노동자 권익보호에 대한 약속도 참여정부가 취임한 이후 완전히 무시되었다고 할 수 있다. 집권 초기부터 오히려 재계가 주장해온 해고제한의 완화, 임금 유연성 제고, 근로시간제도 탄력성 제고 등 국내 노동시장의 유연성을 높이는 데에만 주력했고, 더 나아가 불법파업에 대한 징계를 강화하고 노동자들의 생산시설 점유 시 경찰력을 신속히 투입하는 등 과거 권위주의 정권하에서 사용되었던 노동 탄압적 조치들을 적극 도입했다. 참여정부의 이러한 친기업적 노동정책은 국내 노동세력을 더욱 분산·약화시켰으며, 더 나아가 다수의 저임금 비정규직을 양산시키는 부정적인 결과만을 초래했다. 예를 들어, 국내 전체 노동자 중 비정규직 노동자가 차지하는 비율이 IMF 직후 45%에서 2006년에 55.0%(845만 명), 2007년에 55.8%(879만 명)로 증가했다.[144]

대외정책과 관련해서도, 참여정부는 미 부시행정부의 아프가니스탄과 이라크 침공 직후 아프가니스탄과 이라크에 한국군 파병을 그 어느 국가들보다 신속하게 결정했다. 또한 국내의 강한 반대에도 불

---

144) 김유선. "비정규직 규모와 실태: 통계청, '경제활동인구조사 부가조사'(2009.3) 결과" (서울: 한국노동사회연구소, 2009), p.3의 〈그림 1〉 참조.
http://cafe.daum.net/drchaeco/QdFN/28?docid=1G1Tw|QdFN|28|20090702113059&q=%C7%D1%B1%B9%B3%EB%B5%BF%BB%E7%C8%B8%BF%AC%B1%B8%BC%D2&srchid=CCB1G1Tw|QdFN|28|20090702113059(검색일: 2009. 07. 21).

구하고 총 5개의 양자 FTA를 체결했는데, 그중 한-미 FTA는 범위에 있어서 가장 포괄적이었다.[145] 한-미 FTA는 상품과 서비스에서 지재권, 정부조달, 경쟁, 노동, 환경, SPS, TBT 및 분쟁해결 등 포괄적인 분야를 포함하고 있으며, 약 94%에 달하는 한-미 간 소비재와 산업 상품들이 효력이 발생한 지 3년 이내에 관세가 면제되도록 되어 있다.[146] 한국 정부가 주장하는 FTA 체결의 궁극적인 목적은 경쟁력이 없는 산업부문을 도태시킴으로써 국내 경제의 효율성을 제고시키는 것인데,[147] 이는 신자유주의 원칙의 가장 대표적인 특징이다. 결국 참여정부의 이러한 양자 FTA 체결을 통한 급진적인 자유무역 정책의 확대는 1995년 WTO 출범 이후 가뜩이나 경쟁력 부재로 몰락의 길을 걷고 있던 농업과 같은 경쟁력이 뒤쳐지는 국내 산업의 몰락을 가속화했다. 한편 참여정부는 한-미 FTA 체결의 대가로 미국 정부가 지속적으로 요구해오던 국내 스크린쿼터의 축소를 거국적인 반대에도 불구하고 2006년 1월 결정하기도 했다.

이처럼 참여정부가 양자 FTA를 무리하게 밀어붙이기식으로 성사시킨 데에는 노무현 대통령의 외교통상 참모들이 모두 글로벌 스탠더드와 신자유주의 이데올로기를 맹목적으로 신봉하는 보수적 엘리트 관료들이었다는 사실과 깊은 관련이 있다고 할 수 있다. 예를 들어, 미 컬럼비아대 출신으로 WTO 본부에서 근무했던 김현종은 통상교섭본부장으로, 한덕수는 재경부 부총리 및 국무총리로, 그리고

---

145) 한-칠레 FTA(2004. 04. 01 효력), 한-싱가포르 FTA(2005.8 체결되고 2006. 03. 02 효력), 한-EFTA FTA(2006. 09. 01 효력), 한-ASEAN FTA(2005. 12 체결되고 2007. 11. 11 효력), 한-미 FTA(2007. 04 체결).

146) Republic of Korea, *Trade Policy Review of the Republic of Korea: Report by the Republic of Korea* (Seoul: MOFAT, September 2008), p.19.

147) Republic of Korea(2008), p.5, p.18.

현재 UN 사무총장인 반기문은 외교통상부 장관으로 재직했는데, 이들 모두 공통적으로 워싱턴 컨센서스식 정책을 신봉하는 것으로 유명하다.

참여정부가 추진한 사회복지정책도 궁극적으로 이전 국민의 정부 하에서 강조된 '생산적 복지'의 연장으로서 사회복지서비스 제공자로서의 정부 역할의 획기적인 확대이기보다는 가족 중심의 자립과 자활 및 근면을 강조하는 전형적인 신자유주의 유형의 사회복지정책이었다고 할 수 있다. 물론 참여정부는 출범 직후 '참여복지148)와 삶의 질 향상'이라는 목표를 12대 국정과제 중 하나로 포함시키고, 국민기초생활보장 및 노인·장애인 등 취약계층 지원과 의료보험·국민연금 지원 등을 위한 사회복지 관련 예산을 크게 증가시키는 등 가시적인 복지증진 노력을 기울였던 것은 사실이다.

이전 정권들과 달리 참여정부는 최초로 복지를 사회투자로 재정립함으로써 새로운 성장전략을 제시하고, 사회적 투자가 더 이상 시혜적 복지가 아닌 사람에 대한 투자를 통해 사회 전체의 성장잠재력을 발휘하도록 한다는 새로운 개념하에 이전 국민의 정부하에서 구축된 제도적 기반 위에서 복지지출을 더욱 확대했다.149) 실제로 역대 정부 중 공공사회복지 예산 비중으로 볼 때 참여정부는 역대 최고였으며,150) 이전 국민의 정부에 비해서도 국내 정부예산대비 사회

---

148) 참여복지의 기본구상은 정책결정과 집행과정에 국민이 주체로 참여할 수 있는 시스템을 구축하고, 국민 개인뿐 아니라 지역사회와 민간자원의 공동참여를 유도하며, 관련 행정의 목표를 "국민의 만족과 수요자 중심의 행정"으로 전환하는 것이라고 대통령인수위원회(2003)는 밝히고 있다. 김태룡·안희정, "효과적인 복지정책을 위한 생산적 복지와 참여복지의 탐색," 「한국사회와 행정연구」 제15권 제2호(2004), p.428.

149) 청와대 경제정책비서관실, "지출예산으로 본 역대정부 성격비교" (서울: 청와대, 2007. 01. 29), p.1.

150) 청와대 경제정책비서관실(2007), p.2.

보장 예산이 차지하는 비중이 큰 폭으로 증가했다(표 2). 박정희 정권부터 김영삼 정부에 이르는 기간 동안 국가 예산대비 복지재정 평균비율이 2.0~6.04% 정도에 머물렀던 것에 비하면, 노무현 정부 기간 동안의 11.84%는 대단히 획기적인 팽창이라 할 수 있다(표 3).

〈표 2〉 정부예산대비 공적 사회보장예산 비중(%)의 추이(1998~2007년)

1998	1999	2000	2001	2002	2003	2004	2005	2006	2007
6.1	7.3	9.1	10.8	9.7	9.8	10.7	10.1	10.3	12.0

출처: 보건복지가족부, 「보건복지가족통계연보 2007년」(서울: 보건복지가족부, 2008).

〈표 3〉 정권별 예산대비 복지재정 평균비율(%)

박정희 1기 (61. 05~72. 12)	박정희 2기 (73.01~79. 10)	전두환 5공 (80. 8~87. 11)	노태우 6공 (88. 01~92. 10)	김영삼 (93.02~98. 02)	김대중 (98. 02~03. 02)	노무현 (03. 02~07. 12)
3.4	2.0	3.05	5.57	6.04	8.6	11.84

출처: 권선주・이천우, "우리나라 권력구조의 사회보장정책에 대한 영향: 박정희 대통령에서 노무현 대통령까지," 「산업경제연구」 제18권 제6호(2005), p.2490. 보건복지가족부(2008).

특히 노무현 정부는 기초생활보장제도의 내실화를 꾀하였는데, 이 목적을 위해 2006년에 부양의무자의 소득기준을 완화하고 위기상황에 처한 가구에 대한 긴급복지 지원제도를 도입했다. 이러한 제도적 재정비를 통해 노무현 정부 때에 기초생활보장제도의 예산도 이전 정부들에 비해 대폭 증가했다(표 4).

〈표 4〉 기초생활보장제도 예산과 수급자 수의 증가 추이

구분	전두환 정부 (1992년)	김영삼 정부 (1997년)	김대중 정부 (2002년)	노무현 정부 (2007년)
기초생활보장(조 원)	0.5	0.9	3.5	6.2
연평균 증가율	8.4%	15.0%	30.1%	13.9%

출처: 청와대 경제정책비서관실(2007), p.4.

그러나 참여정부의 사회지출이 거의 모든 면에서 이전 정권들에 비해서 급격하게 증가했다고 하지만, 이러한 수준을 OECD와 같은 국제사회 내에서의 비교에서 평가하면 그저 보잘 것 없는 수준에 불과하다는 사실을 쉽게 알 수 있다. 예를 들어, OECD에서는 정기적으로 OECD 회원국들의 GDP 대비 공공사회복지지출비율[151]을 발표해오고 있는데, 이 비교에서 한국은 거의 매년 항상 최하위를 기록해왔다. 참여정부 집권 중반기인 2005년 말 현재, GDP대비 공공사회복지지출 비율의 OECD 평균은 20.5% 정도인데 반해 한국은 6.9%로 최하위를 기록하였다. 한국의 6.9%라는 수치는 복지후진국으로 분류되는 미국의 15.9%나 일본의 18.6%에 비해서도 크게 낮은 수준이고 스웨덴(29.4%)과 같은 스칸디나비아 복지국가들 수준의 1/4~1/5 수준에 불과한 것이었다(표 5).

또한 참여정부하에서 이루어진 사회복지 분야의 제도적 확대 노력에도 불구하고, 국내 사회복지체제는 서구 선진복지국가들은 물론 비슷한 경제력을 가진 다른 국가들에 비해 거의 모든 면에서 여전히 조악한 수준에 머물러 있다. 국내 사회복지 체제의 가장 핵심적인 문제로서 사회보험의 혜택을 받는 내부자와 이러한 혜택에서 배제된 외부자 간의 사회보험 적용의 계층 차별화를 들 수 있는데, 김대중 정부 때 이루어진 사회보험 적용범위의 확대에도 불구하고 노무현 정권 말기인 2007년 3월 현재 전체 임노동자의 사회보험(국민연

---

151) OECD의 '공공사회복지지출'(Public Social Expenditure)은 "가구와 개인이 복지에 불리한 환경에 처해 있는 동안 공적 제도에 의한 사회적 급여나 재정적 지원"으로 정의되며, OECD는 사회복지지출에 1) 노령연금, 2) 장애인연금, 3) 산업재해 및 직업병급여, 4) 질병 급여, 5) 노인과 장애인복지서비스, 6) 유족연금, 7) 가족수당, 8) 가족복지서비스, 9) 적극적 노동시장프로그램, 10) 실업급여, 11) 보건부문공공지출, 12) 주택수당, 13) 기타급여 등 13개 부문을 포함한다. 고경환 외, 「한국의 사회복지비 추계: 1990~1999」(서울: 한국보건사회연구원, 2002), 김미혜·정진경, "한국의 사회복지비 지출 변화요인에 관한 연구", 「사회보장연구」 제19권 제1호(2003), p.7.

금·건강보험·고용보험) 가입률은 55~63%에 머물러 있고, 비정규직은 이의 절반 정도인 32~35%에 머물렀다(표 6). 이는 법정 사회보험의 적용범위가 수년 동안 전체 임노동자를 대상으로 확대되어 왔지만, 노동시장에서 지위가 불확실한 임시직, 계약직과 같은 비정규직 노동자들은 물론 5인 미만의 영세사업장 및 임시·일용직 비정규직 노동자 및 영세상인과 같은 다수의 저소득층은 여전히 복지 사각지대에 그대로 방치되어 있었음을 보여준다.

〈표 5〉 30개 OECD 국가들의 GDP 대비 공공사회복지지출 비율(%) 추이

구분	1994	1995	1996	1997	1998	1999	2000	2001	2002	2003	2004	2005
호주	16.2	17.8	18.0	17.7	17.8	17.5	17.8	17.3	17.5	17.8	17.7	17.1
오스트리아	27.3	26.6	26.7	26.0	25.7	26.1	26.4	26.6	27.0	27.5	27.3	27.2
벨기에	29.2	28.1	28.6	27.5	27.5	27.2	25.3	25.8	26.2	26.5	26.6	26.4
캐나다	20.6	19.6	18.8	18.3	18.4	17.4	16.5	17.0	17.1	17.2	16.6	16.5
체코	19.2	18.9	18.8	19.7	19.5	19.8	19.8	19.8	20.6	20.7	19.7	19.5
덴마크	33.1	32.4	31.7	30.7	30.2	29.8	25.6	25.9	26.6	27.6	27.5	26.9
핀란드	33.1	31.1	30.9	28.7	26.5	26.1	24.3	24.2	25.0	25.8	26.0	26.1
프랑스	29.3	29.2	29.4	29.4	29.0	28.9	27.9	27.9	28.6	29.0	29.1	29.2
독일	26.9	27.5	28.1	27.6	27.4	27.4	26.2	26.3	27.0	27.3	26.7	26.7
그리스	21.2	21.4	22.1	22.1	22.8	23.6	19.2	20.6	20.0	19.9	19.9	20.5
헝가리	N.A.	N.A.	N.A.	N.A.	N.A.	20.8	20.0	20.2	21.4	22.2	21.7	22.5
아이슬란드	18.4	19.0	18.8	18.5	18.7	19.6	15.3	15.3	16.9	18.2	17.9	16.9
아일랜드	20.0	19.4	18.2	16.8	15.6	14.2	13.6	14.4	15.3	15.8	16.2	16.7
이탈리아	24.4	23.0	23.5	24.2	23.7	24.1	23.3	23.5	24.0	24.4	24.7	25.0
일본	13.0	13.5	13.7	13.8	14.5	15.1	16.5	17.4	17.8	18.1	18.2	18.6
한국	3.4	3.6	3.9	4.2	5.9	6.9	5.0	5.4	5.3	5.6	6.3	6.9
룩셈부르크	23.0	23.8	23.9	22.6	21.7	21.5	19.7	20.8	22.0	23.4	23.9	23.2
멕시코	5.4	5.4	4.9	5.0	4.9	5.0	5.8	5.9	6.3	6.8	6.7	7.0
네덜란드	27.2	25.6	24.4	24.0	23.0	22.5	19.8	19.7	20.5	21.2	21.1	20.9
뉴질랜드	19.4	18.9	18.8	19.8	20.0	19.5	19.4	18.6	18.7	18.2	18.0	18.5
노르웨이	26.4	26.0	24.9	24.1	25.7	25.8	21.3	22.2	23.6	24.5	23.2	21.6

폴란드	24.4	23.8	23.9	23.3	22.0	22.2	20.5	21.9	22.3	22.3	21.4	21.0
포르투갈	17.3	18.0	19.1	18.9	19.1	19.8	19.6	19.9	21.3	22.9	23.1	N.A.
슬로바키아	N.A.	19.2	19.1	18.7	19.0	18.9	17.9	17.6	17.7	17.1	16.5	16.6
스페인	22.0	21.4	21.6	20.9	20.3	19.9	20.3	20.0	20.4	21.0	21.2	21.2
스웨덴	35.4	33.2	32.7	31.3	31.1	30.6	28.5	28.9	29.5	30.3	29.8	29.4
스위스	23.2	23.9	25.0	26.0	25.9	26.1	17.9	18.4	19.2	20.3	20.3	20.3
터키	7.9	7.5	9.7	10.8	11.1	13.2	N.A.	N.A.	N.A.	N.A.	N.A.	13.7
영국	23.2	23.0	22.8	22.0	21.5	21.2	19.2	20.1	20.0	20.5	21.1	21.3
미국	15.4	15.4	15.2	14.9	14.4	14.2	14.5	15.1	15.9	16.2	16.1	15.9
OECD 전체 평균	N.A.	N.A.	N.A.	N.A.	N.A.	20.8	19.3	19.7	20.2	20.7	20.6	20.5

출처: 1999년까지의 수치는 OECD, *Social Expenditure Database* (Paris: OECD, 2004)를 참조. 2000~2005년 수치는 http://stats.oecd.org/wbos/Index.aspx?datasetcode=SOCX_AGG(검색일: 2009. 01. 18)을 참조.

〈표 6〉 국내 고용형태별 사회보험 및 노동조건 적용률(2007년 3월 기준, %)

구분	국민연금	건강보험	고용보험	퇴직금	상여금	시간외수당	유급휴가	주5일제	근로계약서면작성
임금노동자	63.2	64.4	55.3	57.5	55.9	43.3	49.8	39.8	42.8
정규직	98.7	99.3	82.6	99.3	97.3	77.0	86.4	57.8	55.3
비정규직	33.3	35.0	32.2	22.3	21.0	14.9	19.0	24.5	32.3
임시근로	32.1	33.7	30.9	20.7	19.7	13.9	17.8	24.2	31.4
(장기임시근로)	21.1	21.7	20.1	6.6	8.3	4.5	6.2	15.7	16.5
(기간제근로)	47.9	51.0	46.5	41.0	36.2	27.3	34.5	36.5	52.9
시간제근로	3.3	4.0	3.7	1.9	3.1	2.3	2.3	22.6	17.2
호출근로	0.5	0.8	0.7	0.3	0.8	1.3	0.1	2.2	4.0
특수고용	9.1	8.7	7.9	3.4	4.7	1.7	3.5	40.8	32.7
파견근로	66.2	67.4	67.9	58.6	48.3	42.2	45.3	47.7	66.2
용역근로	55.5	73.1	59.6	55.4	38.0	30.2	35.6	25.4	70.3
가내근로	1.3	1.3	1.3	0.4	0.4	-	0.4	2.8	4.7

출처: 김유선, "비정규직 규모와 실태: 통계청, '경제활동인구조사 부가조사'(2007. 8) 결과" (서울: 한국노동사회연구소, 2007), p.22의 〈표 19〉 참조.
http://cafe.daum.net/drchaeco/QdFN/28?docid=1G1Tw|QdFN|28|20090702113059&q=%C7%D1%B1%B9%B3%EB%B5%BF%BB%E7%C8%B8%BF%AC%B1%B8%BC%D2&srchid=CCB1G1Tw|QdFN|28|20090702113059(검색일: 2009. 07.21).

특히 건강보험이 도입된 지 거의 40년이 지났지만 참여정부하에서 건강보험의 본인부담률은 여전히 60%를 넘어서면서 국민가계에 큰 부담을 주었다.[152] 국내 건강보험의 본인부담률이 이토록 높은 수준에 지속적으로 머물고 있는 가장 큰 이유는 건강보험에 대한 국가의 재정투입이 상대적으로 적기 때문이다. 이러한 가운데, 중산층 이상의 많은 국민들이 주요 재벌 계열 또는 외국계 민간생명보험회사에 이중 삼중으로 가입함에 따라 민간보험제도가 급속하게 팽창했다. 이러한 실정에도 불구하고 노무현 정부는 집권 말기에 의료민영화 정책을 심도 있게 추진함으로써 다음에 들어선 이명박 정부가 적극적으로 추진한 의료민영화 정책의 초석을 마련하기도 했다.[153] 의료민영화 정책이 실시됨으로써 민간의료보험이 더욱 확대·발전된다면 결국 계층화를 심화시키는 결과를 가져올 것은 뻔하다.

지금까지 살펴보았듯이, 참여정부는 집권 초기부터 일관되게 초단기적인 주주 가치의 극대화를 지향하는 영미식 신자유주의 구조개혁을 철저하게 추진했다. 이러한 초단기성 수익관리를 최우선시하는 영미식 경영방식이 대기업들 간에 확고하게 자리 잡게 됨에 따라 대기업들은 부채감축과 수익구조 개선을 위해 대규모의 인력감축과 비정규직 노동의 대체이용 및 사업구조의 아웃소싱 등을 단행하였고, 결과적으로 양질의 일자리는 대폭 줄어들고 비정규직 노동자는 오히려 급증하는 기현상과 각 산업에서 대기업에 종속된 위치에 놓

---

152) 2004년: 61.3%, 2005년: 61.8%, 2006년: 64.3%, 2007년: 64.6%. 국민건강보험공단, 「진료비 본인부담 실태조사」(서울: 국민건강보험공단, 각 연도).
http://www.index.go.kr/egams/stts/jsp/potal/stts/PO_STTS_IdxMain.jsp?idx_cd=2763&bbs=INDX_001 (검색일: 2009. 07. 21).
153) 중앙일보, "의료 질 상승 vs 의료비 상승" (2009. 03. 10).
http://article.joins.com/article/article.asp?total_id=3524089(검색일: 2009. 07. 20).

여 있는 하청중소기업들은 거의 빈사상태에 내몰리는 국내 경제구
조의 심각한 양극화가 초래되었다.

또한 신자유주의 구조개혁으로 인해 부의 불평등이 더욱 악화되
면서 기존 중산층 중심의 사회구조가 급속히 붕괴된 새로운 형태의
사회계층구조가 대두되었다. 참여정부 집권 중반기인 2005년에 발
표된 국민경제자문회의의 한 보고서에 의하면, 1990년대 말 이후 국
내 도시근로자의 상위 10% 및 20%의 소득 증가율이 하위 10% 및
20%의 소득증가율을 크게 상회하여 경제성장의 이득이 상위계층에
의해 독점되고 있는 것으로 나타났다.154) 또 다른 통계에 의하면, 최
하위 10%의 소득 수준이 1998년 187만 2,000원에서 2005년 83만
6,000원으로 그 절대액이 절반 이하로 떨어진 반면, 최상위 10%의
소득수준은 1998년 7,969만 8,000원에서 2005년 1억 3,115만 3,000
원으로 두 배가량 증가하였다.155) 이러한 추세를 반영하듯, 국내 지
니계수(도시 근로자 가구 기준)는 1988~1997년 중 평균 0.290에서
참여정부(2003~2007) 집권 기간에는 평균 0.310으로 대폭 증가하
였다(표 7).

〈표 7〉 국내 지니계수(도시 근로자 가구 기준)의 추이(1988~2007)

연도	지니 계수	연도	지니 계수
1988	0.302	1998	0.316
1989	0.304	1999	0.320
1990	0.295	2000	0.317
1991	0.287	2001	0.319

---

154) 국민경제자문회의, "한국형 경제발전 모델의 변천과 새로운 모색"(2005), p.5.

155) 조선일보, "[시론] '진보' 주문 외우며 빈부차만 더 키웠다"
(2007.10.21). http://news.chosun.com/site/data/html_dir/2007/10/21/2007102100697.html
(검색일: 2007.10.25).

1992	0.284	2002	0.312
1993	0.281	2003	0.306
1994	0.284	2004	0.310
1995	0.284	2005	0.310
1996	0.291	2006	0.310
1997	0.283	2007	0.313
평균치(88~97)	0.290	평균치(98~07)	0.313

출처: Bank of Korea, *Economic Statistics System*, http://ecos.bok.or.kr(검색일 2009. 01. 09).

종합하면, 외환위기 이후 추진된 신자유주의 구조개편과 무리한 개방이 국민경제에 미치는 부정적 효과에 대한 국민들의 근심이 상당히 컸음에도 불구하고, 참여정부 국정의 기본방향은 신자유주의 시장원리와 워싱턴 컨센서스에 입각한 정책의 일관된 추진이었다고 할 수 있다. 취임 전에는 사회 약자와 노동자 및 경쟁력이 부족한 국내 산업에 대한 제도적 보호를 약속했지만, 취임 후에는 영미식 시장경제와 주주자본주의를 지향하는 국민의 정부의 발전양식을 계승하면서 자유무역과 개방 등 신자유주의 정책을 무모하게 밀어붙였다. 이러한 참여정부의 주주자본주의 중심의 구조개편은 애초에 기대했던 국내 경제구조의 투명성·책임성 제고 및 경영 선진화를 통한 최적의 자원분배와 경제성장과 같은 긍정적인 효과보다는 저성장과 함께 고용 없는 성장, 비정규직 노동자의 대량 양산 및 노동조합운동의 위기, 임금소득 불평등, 빈부격차 심화와 같은 더 많은 부정적인 사회·경제적 결과를 초래하였다.156) 이념적으로는 좌파적 노선을 표방했지만, 실제적으로는 영미식 신자유주의 독트린을 과격

---

156) 정승일(2005), p.374. 유철규, "국민경제 해체의 위기구조," 최장집 편, 『위기의 노동』(서울: 후마니타스, 2005), pp.44~5. 이찬근, "투기자본에 짓눌린 실물경제," 이찬근 외 편, 『한국 경제가 사라진다』(서울: 21세기북스, 2005), p.21~2.

하게 수용하고 이에 입각한 구조개편을 무리하게 추진하다가 결국 엄청난 사회 양극화, 민주주의 및 사회해체 위기, 더 나아가 무분별한 외국자본 유입으로 인한 탈민족화를 초래한 것이다. 무분별한 개방과 이로 인한 급속한 외국자본의 침투 및 지배가 국민경제에 미칠 파장과 위험에 대한 인식이나 국내적 조절기제의 수립 없이, 신자유주의 세계화와 개방 외에는 대안이 없다고 국민들에게 역설하던 노무현 대통령의 모습은 마치 지난 1980년대 영국 보수당의 대처 수상을 연상시킨다. 이러한 점들을 종합해 볼 때, 참여정부는 좌파정부보다는 오히려 신자유주의 보수·우파정부의 프로파일에 더 근접했다고 할 수 있다.

평가

지금까지 참여정부 집권기간 동안 추진되었던 주요 정책들을 구체적으로 살펴보았다. 노무현 대통령 취임 이전부터 재계, 보수야당, 보수언론 및 보수 학계 대부분의 논객들은 정치인 노무현을 전형적인 좌파 정치인으로 간주하고, 노무현 정권이 출범하면 보수 정책노선으로부터 급격한 이탈이나 변경이 있을 것으로 전망했다.

하지만 취임 이후 참여정부의 거시적인 국정운영은 신자유주의 시장원리와 워싱턴 컨센서스에 입각한 정책의 일관된 추진이었다. 요컨대, 말은 왼쪽을 가리켰지만 참여정부가 실제적으로 간 방향은 오른쪽이었던 것이다. 대통령 선거 유세 중 분배 우선, 평등, 노동자

권익 보호, 반독점재벌 등을 외치며 노동자를 포함한 많은 사회 약자 계층들로부터 큰 지지를 얻어 대통령에 당선되었지만, 취임 이후에는 이러한 선거 유세 때의 약속과는 정반대되는 정책들을 시행했다.

궁극적으로 참여정부의 이러한 신자유주의 정책의 무모한 도입으로 인해 가장 많은 피해를 입은 계층은 다름 아닌 2002년 대통령 선거에서 노무현 후보를 지지했던 노동자, 농민, 실업자 및 빈곤층과 같은 사회 약자들이었다. 이들 모두 국내 사회안전망이 부실한 상태에서 참여정부가 밀어붙이기식으로 추진한 IMF식 구조조정과 개방 정책으로 인해 실직과 가정파탄과 같은 비참한 현실에 직면하게 되었다. 물론 이러한 부정적인 사회적 결과들이 참여정부만의 책임이라고는 할 수 없을 것이다. 하지만, 참여정부는 그 어느 역대 정권보다도 노동자와 사회적 약자들의 권리향상을 위한 경제·사회·제도적 개혁을 성공적으로 이끌어낼 수 있는 가장 유리한 위치에 있었고 그 기회 또한 매우 컸었다는 점에서 매우 안타깝고 서글프다고 할 수 있다.

7장

한국 사회복지체제의 유형

이번 장에서는 다음과 같은 이슈들을 분석하도록 한다.

1) 그간 국내 사회복지체제의 유형 분석을 시도한 기존 연구들의 문제점은 무엇인가?
2) 이러한 단점을 보완하고 국내 사회복지체제의 유형을 가장 효과적으로 분석하기 위해 이용할 수 있는 유형론(typology)은 무엇인가?
3) 마지막으로, 그러한 유형론에 입각해서 국내 사회복지체제의 유형을 파악하기 위해서는 무엇을 분석해야 하는가?

오늘날 사회복지체제의 유형은 국가에 따라 매우 다양하게 나타나는데, 이러한 다양한 사회복지체제를 몇 가지 주요 카테고리로 유형화하는 연구들은 지금까지 많이 이루어졌다.[157] 그리고 국내 사회

---

157) Wilensky, Harold, and Charles Lebeaux (eds.), *Industrial Society and Social Welfare* (New York: Russell Sage, 1958). Wilensky, H. L., "Leftism, Catholicism, and Democratic Corporatism: The Role of Political Parties in Recent Welfare State Development," in Flora, P. and A. J. Heidenheimer (eds.), *The Development of Welfare State in Europe and America* (Transaction Books, 1982). Rimlinger,

복지체제의 유형을 분석한 연구도 적지 않다.158) 예를 들어, 한국 복

Gaston V., "Welfare Policy and Economic Development: A Comparative Historical Perspective," *Journal of Economic History*, Vol. 26, No. 4 (1966), pp.556~71. Idem, *Welfare Policy and Industrialization in Europe, America and Russia* (New York: Wiley, 1971). Titmuss, Richard, *Commitment to Welfare* (London: Allen and Unwin, 1968). Idem, *Social Policy* (London: Allen and Unwin, 1974). Furniss, N., and Tilton, T., *The Case for the Welfare State: From Social Security to Social Equality* (Indiana University Press, 1979). George, V. and Wilding, P., *Ideology and Social Welfare* (London: Routledge, 1985). Jones, C., *Pattern of Social Policy: An Introduction to Comparative Analysis* (London: Trvistock Publications, 1985). Mishra, Ramesh, *Society and Social Policy* (London: Macmillan, 1981). Idem, "Social Analysis and the Welfare State: Retrospect and Prospect," in Øen, Else (ed.), *Comparing Welfare States and Their Future* (Aldershot: Gower, 1986). Therborn, Göran, "Karl Marx Returning: The Welfare State and Neo-Marxist, Corporatist and Statist Theories," *International Political Science Review*, Vol. 7, No. 2 (1986). Rainwater, L., Rein, M., and Schwartz, J. E., *Income Packaging in the Welfare State* (Oxford: Clarendon Press, 1986). Esping-Andersen, Gøsta, *The Three Worlds of Welfare Capitalism* (Princeton: Princeton University Press, 1990). Idem, *Social Foundations of Postindustrial Economies* (Oxford: Oxford University Press, 1999). Abrahamson, P., "Welfare Pluralism: Towards a New Consensus for a European Social Policy?" in Hantrais, L., S. Mangen and M. O'Brien (eds.), *Mixed Economy of Welfare*, Cross-National Research Paper No. 6 (Loughborough University, 1992). Idem, "The Welfare Modelling Business," *Social Policy and Administration*, Vol. 33, No. 4 (1999), pp.394~415. Williams, Fiona, *Social Policy: A Critical Introduction* (Oxford: Polity Press, 1992). Huber, Evelyne and Stephens, John D., *Development and Crisis of the Welfare State: Parties and Policies in Global Markets* (Chicago: University of Chicago Press, 2001). Leibfried, S., "Towards a European Welfare State?" in Jones, C. (ed.), *New Perspectives on the Welfare State in Europe* (London: Routledge, 1993). Castles, F. G. and Mitchell, D., "Worlds of Welfare and Families of Nations," in Castels, F. (ed.), *Families of Nations: Patterns of Public Policy in Western Democracies* (Aldershot: Dartmouth, 1993). Korpi, Walter, *The Democratic Class Struggle* (London: Routledge and Kegan Paul, 1983), pp.191~2.

158) 김연명, "김대중 정부의 사회복지정책: 신자유주의를 넘어서." 김연명 편, 『한국 복지국가 성격논쟁 I』 (서울: 인간과복지, 2002a), pp.109~141. 홍경준, 『한국의 사회복지체제 연구』 (서울: 나남출판, 1999). Idem, "복지국가의 유형에 관한 질적 비교분석: 개입주의, 자유주의, 그리고 유교주의 복지국가." 김연명 편, 『한국 복지국가 성격논쟁 I』(서울: 인간과복지, 2002), pp.177~207. 홍경준·송호근, "한국 사회복지정책의 변화와 지속: 1990년 이후를 중심으로." 『한국사회복지학』, 제55권 (2003), pp.205~230. 정무권, "'국민의 정부'의 사회정책: 신자유주의로의 확대 사회통합으로의 전환." 안병영·임혁백 편, 『세계화와 신자유주의: 이념·현실·대응』(서울: 나남출판, 2000), pp.319~370. Idem, "김대중 정부의 복지개혁과 한국 복지제도의 성격 논쟁에 대하여: 발전주의 유산과 복지개혁의 한계." 김연명 편, 『한국 복지국가 성격논쟁 I』(서울: 인간과복지, 2002), pp.385~448. 조영훈, "'생산적 복지론'과 한국 복지국가의 미래." 김연명 편, 『한국 복지국가 성격논쟁 I』(서울: 인간과복지, 2002a), pp.81~108. Idem, "유교주의, 보수주의, 혹은 자유주의? 한국의 복지유형 검토." 김연명 편, 『한국 복지국가 성격논쟁 I』(서울: 인간과복지, 2002b), pp.243~271. Idem, "현 정부 복지정책의 성격: 신자유주의를 넘었나?" 김연명 편, 『한국 복지국가 성격논쟁 I』 (서울: 인간과복지, 2002c), pp.275~295. 김영범, "경제위기 이후 사회정책의 변화: 한국과 선진 자본주의국가들과의 비교." 『한국사회학』, 제35집, 제1호 (2001), pp.31~57. Idem, "한국 사회보험의 기원과 제도적 특징: 의료보험과 국민연금을 중심으로." 『경제와사회』, 제55호(2002a), pp.8~34. Idem, "경제위기 이후 사회정책의 변화: 한국과 선진 자본주의 국가들과의 비교." 김연명 편, 『한국 복지국가 성격논쟁 I』(서울: 인간과복지, 2002b), pp.209~242. Idem, "한국 복지국가의 유형화에 대한 비판적 검토: 제도의 미숙성과 그에 따른 한계를 중심으로." 김연명 편, 『한국 복지국가 성격논쟁 I』(서울: 인간과 복지, 2002c), pp.329~350. 성경륭, "민주주의의 공고화와 복지국가의 발전: 문민정부와 국민의 정부 비교." 김연명 편, 『한국 복지국가 성격논쟁 I』(서

지국가의 성격 논쟁에 관해 발간된 연구들 중 가장 종합적이고 체계적인 김연명 편저의 「한국 복지국가 성격논쟁 I」은 다양한 관점에서 김대중 정부 복지정책의 성격을 분석한 주요 국내 논문들을 수록하고 있다.

이러한 대부분의 국내 연구들은 에스핑-안데르센(Gøsta Esping-Andersen)의 유형론에 입각해서 국내 사회복지체제의 유형을 파악하고 있는데, 에스핑-안데르센은 서구 선진자본주의 국가들에서 존재하는 사회복지체제를 시민 생활에서의 국가개입의 정도와 노동의 탈 상품화(decommodification) 정도, 그리고 계층화(stratification)의 형태(불평등이 구조화되는 형식)에 따라 1) 자유주의(Liberal) 유형,

울: 인간과 복지, 2002), pp.487~523. 남찬섭, "경제위기 이후 복지개혁의 성격: 구상, 귀결, 복지국가 체제에의 함의." 김연명 편, 『한국 복지국가 성격논쟁 I』(서울: 인간과 복지, 2002a), pp.143~174. Idem, "'신자유주의론'의 내용과 평가." 김연명 편, 『한국 복지국가 성격논쟁 I』(서울: 인간과복지, 2002b), pp.297~319. Idem, "한국 복지체제의 성격에 대한 경험적 연구." 김연명 편, 『한국 복지국가 성격논쟁 I』(서울: 인간과 복지, 2002c), pp.557~592. 홍태희, "램페르트 사회정책의 발전조건과 김대중 정부 사회정책의 정체성", 「사회경제평론」, 제19호(2002), pp.333~366. 이혜경, "한국 복지국가 성격논쟁의 함의와 연구방향." 김연명 편, 『한국 복지국가 성격논쟁 I』(서울: 인간과복지, 2002), pp.449~484. 최기춘, "세계화와 복지국가 변화의 다양성: 미국, 유럽과 한국의 경우", 「사회경제평론」, 제21호(2003), pp.495~526. 김연명, "김대중 정부의 사회복지정책: 신자유주의를 넘어서." 김연명 편, 『한국 복지국가 성격논쟁 I』(서울: 인간과 복지, 2002), pp.109~141. Idem, "동아시아 복지체제론의 재검토: 복지체제 유형 비교의 방법론적 문제와 동아시아 복지체제 유형화의 가능성." 「사회복지정책」, 제20권(2004), pp.133~154. 손호철, "김대중 정부의 복지개혁의 성격: 신자유주의로의 전진?" 「한국정치학회보」, 제39집, 제1호 (2005), pp.213~39. 임혁백, "신자유주의? 질서자유주의? 제3의길?" 「계간 다리」, (2000년 여름). 최희경, "OECD 국가들의 사회복지지출 유형과 한국의 복지체제," 「한국행정논집」, 제15권, 제4호 (2003), pp.835~858. 심창학, "동아시아 복지모델의 유형화 가능성 탐색: 담론과 실증분석을 중심으로," 「사회복지정책」, 제18호(2004), pp.55~81. 김종건, 「한국의 복지체제 형성과 변천에 관한 연구」(중앙대학교 박사학위논문, 2004). 양재진, "노동시장유연화와 한국복지국가의 선택: 노동시장 복지제도의 비정합성 극복을 위하여," 「한국정치학회보」, 제37집, 제3호 (2003), pp.403~427. Idem, "한국의 대기업중심 기업별 노동운동과 한국복지국가의 성격," 「한국정치학회보」, 제39집, 제3호 (2005), pp.395~412. 신동면, "한국의 생산체제와 복지체제의 선택적 친화성," 「한국정치학회보」, 제40집, 제1호(2006), pp.115~138. Kwon, Huck-Ju, "Beyond European Welfare Regime: Comparative Perspectives on East Asian Welfare System," *Journal of Social Policy*, Vol. 26, No. 4 (1997), pp.467~484. Tang, Kwong-leung, *Social Welfare Development in East Asia* (Houndmills, Basingstoke · New York: Palgrave, 2000). Kuhnle, Stein, "Productive Welfare in Korea: Moving towards a European Welfare State Type?" in Mishra, Ramesh, Kuhnle, Stein, and Gilbert, Neil (eds.), *Modernizing the Korean Welfare State: Towards the Productive Welfare Model* (Transaction Publishing Company, 2004).

2) 조합주의(Corporatist) 또는 보수주의(Conservative) 유형, 3) 사민주의(Social Democratic) 유형 등 크게 세 가지로 분류하였다.159)

자유주의 유형은 국가개입의 정도와 노동의 탈 상품화 효과가 모두 작고, 사회보장지출 수준이 낮으며, 사회 불평등에 허용적이고, 주로 자산조사를 동반하는 사회공공부조에 의존한다. 미국, 캐나다, 영국, 호주, 뉴질랜드 등의 앵글로색슨 국가들이 이러한 자유주의 유형에 속한다.

조합주의 유형 혹은 보수주의 유형은 국가개입의 정도가 크고 시장의 역할이 최소화되기는 하지만, 기여에 기초하여 사회급여를 지급하는 사회보험이 발달되어 있어 노동의 탈 상품화 효과가 제한적이다. 이러한 조합주의 유형에 오스트리아, 벨기에, 독일, 네덜란드, 프랑스, 이탈리아 등 유럽대륙 국가들이 속한다.

사민주의 유형은 국가개입의 정도와 노동의 탈 상품화 효과가 모두 큰 반면, 시장의 역할이 작고 잘 발달된 사회복지서비스의 제공이 보편성을 띤다. 그리고 스웨덴, 핀란드, 노르웨이, 덴마크 등의 스칸디나비아 국가들이 이러한 사민주의 유형에 속한다.

〈표 1〉 에스핑-안데르센의 세 가지 사회복지 유형의 주요 특성

구분	자유주의 유형	보수주의·조합주의 유형	사민주의 유형
전형적 국가군	<앵글로색슨 국가들> 미국, 캐나다, 영국, 호주, 뉴질랜드	<유럽대륙 국가들> 오스트리아, 벨기에, 독일, 네덜란드, 프랑스, 이탈리아	<스칸디나비아 국가들> 스웨덴, 핀란드, 노르웨이, 덴마크
국가의 역할	주변적	보조적	중심적
시장의 역할	중심적	주변적	주변적

159) Esping-Andersen(1990).

가족의 역할	주변적	중심적	주변적
노동의 탈 상품화 정도	매우 낮음	제한적	매우 높음
정책목표	빈곤 및 실업 퇴치	노동자 소득유지	전 국민의 소득보장 및 평등한 소득분배
주요 정책수단	공공부조	소득비례 사회보험	일정 수당 및 보편적 사회복지서비스
급부기준	재정적 필요, 빈곤	피고용	시민권, 거주자
주요 재원조달 방식	조세	기여금	조세

출처: Esping-Andersen(1990), Idem(1999), p.85, 남찬섭(2002c), p.561의 〈표 1〉 부분적 참조.

이러한 에스핑-안데르센의 유형론을 바탕으로 해서 이루어진 국내 연구들은 연구자의 개인적인 시각에 따라 국내 사회복지체제를 각각 다양하게 평가하고 있다.[160] 이처럼 국내 사회복지체제의 유형에 관한 논쟁은 여전히 연구자 간 합의점을 전혀 찾지 못한 채 지금도 뜨겁게 진행되고 있는데, 이의 가장 큰 이유는 복지국가의 역사와 사회복지제도의 정비, 사회복지급여의 수준, 사회복지서비스의 범위 및 질적 수준, 사회복지지출 수준 등 거의 모든 면에서 한국보다 월등히 앞선 서구 선진복지국가들을 대상으로 이론화된 에스핑-안데르센의 유형론의 분석 틀을 한국의 문맥에 무리하게 적용하려 한 데에 있다고 하겠다.[161] 김미혜·정진경이 잘 지적했듯이, 서구 특히 서유럽 복지국가들은 100년이 넘는 긴 역사를 통해 발전해옴으로써 자신들의 고유한 특성을 설명할 수 있는 공통된 요인들을 축적해온 반면, 한국은 불과 반세기의 짧은 기간 동안 불완전한 사회변화와 격동적인 정치·경제 환경 속에서 사회복지제도를 발전시켜왔

160) 본 연구의 제5장 〈표 4〉를 참조.
161) 김연명(2002a), pp.129~30, 이혜경(2002), p.469, 양재진(2003), p.404에서 재인용.

다는 점을 우선적으로 고려했어야 하지만, 대부분의 기존 연구들이 그렇지 못했던 것이다.162)

19세기 후반으로 거슬러 올라가는 서유럽 복지국가들의 오랜 역사와 발전경로를 고려해 볼 때, 그간 대부분의 국내 연구자들이 이러한 선진복지국가들을 대상으로 이론화된 에스핑-안데르센의 분석틀을 가지고 이들 국가들에 비해 모든 면에서 한참이나 뒤떨어진 한국 복지국가의 성격을 파악하려 함으로써 제각기 다른 평가를 내놓은 것은 어쩌면 지극히 당연한 결과라고 할 수 있다. 또한 국내 연구들 대부분이 에스핑-안데르센의 제도적 기준을 근거로 국내 사회복지체제의 형식적 유사성을 파악하는 데에만 주력함으로써, 국내 사회복지제도 시행의 결과로 인해 궁극적으로 개인이 국가와 시장 간의 관계에서 과연 어떤 기능을 하게 되었는가에 대한 논의는 물론, 국내 사회복지체제의 독특한 성격 형성에 지대한 영향을 미친 한국 고유의 정치·경제적 요인들에 대한 논의가 외면되었다.163) 이러한 한계들로 인하여 국내 사회복지정책의 중요성은 갈수록 커짐에도 불구하고, 국내 사회복지에 대한 대부분의 기존 연구들은 국내 사회복지체제의 한계 및 그 이론적 함의에 대한 종합적이고 최신의 진단을 여전히 제공하지 못하고 있다.

---

162) 김미혜·정진경, "한국의 사회복지비 지출 변화요인에 관한 연구," 「사회보장연구」, 제19권, 제1호 (2003), p.3.

163) 에스핑-안데르센의 복지국가유형론에 대한 비판적 검토는 다음을 참조. Kleinman, Mark, A European Welfare State?: European Union Social Policy in Context (New York: Palgrave, 2002), pp.28~58. Kasza, Gregory J., "The Illusion of Welfare 'Regimes'," Journal of Social Policy, Vol. 31, No. 2 (2002), pp.271~287. Arts, Wil and Gelissen, John, "Three Worlds of Welfare Capitalism or More? A State-of-the-Art Report," Journal of European Social Policy, Vol. 12, No. 2 (2002), pp.137~158. 김연명, "동아시아 복지체제론의 재검토: 복지체제 유형 비교의 방법론적 문제와 동아시아 복지체제 유형화의 가능성," 「사회복지정책」 제20권 (2004), pp.133~154. 양재진(2003), pp.404~5. 손호철(2005), pp.214~216. 신동면(2006), pp.115~117.

이러한 한계를 보완하기 위해 이번 장에서는 '잔여적(residual) 유형 vs. 제도적(institutional) 유형'에 따른 유형론이라는 좀 더 광범위하고 따라서 사회복지체제의 유형화가 좀 더 용이한 이분법적 분석 틀을 이용하여 국내 사회복지체제의 유형을 파악하고자 한다. 이러한 잔여적 유형 vs. 제도적 유형에 입각한 유형분류법은 최근까지 한국 사회복지제도의 시행과 운용에서 나타난 국가와 시장 상호 간의 상대적 영향력 수준과 이로 인해 나타난 국내 사회복지 고유의 구조적 특성 파악을 용이하게 함으로써 기존 연구들이 지닌 한계를 보완할 수 있을 것이다.

그럼 다음 절에서는 잔여적 유형 vs. 제도적 유형에 따른 유형화와 관련한 주요 논점과 핵심 개념들을 알아보고, 이어서 한국의 사회복지체제가 이러한 잔여적 유형과 제도적 유형 중 과연 어느 유형에 근접하는지를 알아보도록 한다.

'잔여적 유형 vs. 제도적 유형'에 기초한 분석 틀

'잔여적 유형 vs. 제도적 유형'에 따른 유형화는 가장 오래되고 많이 사용되어오고 있는 사회복지체제 유형화의 분석 틀이다.[164] '잔여적' 및 '제도적'이란 용어들은 1958년 윌렌스키와 르보(Wilensky and Lebeaux)[165]에 의해 처음 사용되었고, 이후 티트머스(Richard Titmuss)

---

164) 김태성 · 성경룡, 『복지국가론』 (서울: 나남출판, 2003), p.172.
165) Wilensky & Lebeaux(1958).

와 미쉬라(Ramesh Mishra)에 의해 확대·추가되었다. 티트머스는 잔여적 유형과 제도적 유형 두 가지에 '산업상 업적과 수행능력'(Industrial Achievement Performance) 유형을 추가하였는데, 이 유형은 기여 중심의 사회보험이 강조되어 온 유럽대륙 국가들에서 주로 나타난다.166) 미쉬라는 잔여적 유형과 제도적 유형에 더하여 '규범적'(Normative) 또는 '사회주의'(Socialist) 모델을 추가하였다.167)

잔여적 유형을 제도적 유형으로부터 구별해주는 가장 중요한 특징은 잔여적 유형의 제도하에서는 국가의 재정개입과 역할이 최소 수준으로 제한되고, 사회의 정상적인 기제들, 즉 가족, 공동체, 비정부 자원봉사부문 및 민간 경제시장이 사회복지 수요의 충족과 자원 배분을 위한 최적의 수단으로 강조되며, 공공부조를 포함한 대부분의 사회복지서비스가 소득·자산조사와 같은 까다롭고 치욕적인 과정을 거쳐 지급된다는 점이다. 즉 잔여적 유형에서 정부의 역할은 사회문제에 대한 최전선으로 인식되기보다는 최후의 보루로 간주되는 것이다.

정부와 개인 사이에 두 가지 중간 단계가 존재하는데, 첫 번째는 가족이고 두 번째는 자발적인 자원봉사 부문이다. 국가의 개입은 바로 이러한 개인과 가족 및 자발적인 자원봉사 부문이 모두 실패할 경우에만 허용된다. 이러한 제한된 경우에서조차도 정부개입의 주요 목표는 개인과 가족 및 자원봉사 부문의 자활능력을 증진시키는 데에 있을 뿐이다. 그러므로 개인에서 시작하여 가족 그리고 자선단체와 봉사활동 부문 등으로 내려가는 여러 층의 책임이 존재하게 되는

---

166) Titmuss(1974).

167) Mishra(1981).

데, 정부는 이러한 모든 자원들이 실패했을 때에만 임시적으로 개입하는 역할을 갖게 되는 것이다. 결과적으로 이러한 잔여적 유형에서는 사회복지서비스 제공에 있어 국가보다는 가족이나 시장이 사회복지 욕구 해결의 주된 기능을 수행한다.

국가개입의 수준이 이처럼 항상 낮게 유지되어야 하는 주된 이유는 지나치게 높은 수준의 정부보조는 오히려 수급자가 자활과 자율성을 적극적으로 추구하는 것을 방해할 수 있다고 여겨지기 때문이다. 이러한 잔여적 접근방식은 과거 영국 구빈법(Poor Laws)의 '최소자격의 원칙'을 반영하는데, 사회복지 급여는 항상 개인들이 자신들의 노동을 통해 벌 수 있는 것보다 훨씬 적어야 한다는 것이다. 그 목적은 그들로 하여금 유급노동을 통해서 자신들의 삶에 대한 책임성을 갖도록 독려·강제하기 위함인 것이다.

시장은 이러한 잔여적 유형에서 사회복지 욕구를 충족시키기 위한 최적의 수단으로 간주된다. 따라서 잔여적 유형하에서는 시장에서의 유급노동이 절대적으로 중요하다. 잔여적 복지국가에서 개인은 자신의 필요와 욕구를 충족시키는 데에 책임을 져야 하고 유급노동은 이러한 욕구를 충족시키기 위한 재원을 창출하는 주요 수단인 관계로, 이러한 유급노동에 접근하지 못하는 것은 개인적, 가정적, 사회적, 그리고 윤리적 결핍으로 간주된다. 경제침체와 일자리 부족과 같은 경제적이고 구조적인 문제는 실업의 이유로 받아들여지지 않는다. 대신 초점은 전적으로 개인에게 집중되고, 게으름과 자발적인 비활동은 시장경제가 기초하고 있는 윤리적·경제적 구조를 위협하는 것으로 간주된다. 그러므로 공공부조 수급자에 한하여 노동의무를 지키지 않을 경우 엄격한 처벌이 적용된다.

잔여적 유형에서는 대개 사회복지 급여의 수준이 매우 낮고, 수급을 위해서는 심한 치욕감을 주는 까다로운 소득·자산조사를 수반하는데, 사회부조에 대한 자격요건을 심사하는 수단인 자산조사는 수급 적정성을 판단하기보다는 주로 수급자격을 박탈하기 위해 적용된다. 개인주의, 개인의 책임, 선택, 그리고 경쟁 등의 이념이 강조되어, 사회복지서비스는 욕구에 따라 제공되기보다는 받을 자격 여부에 따라 제공되는 것이다. 이른바 '자격 있는 빈자'와 '자격 없는 빈자'의 구분이 확실하다는 것이다. 공공부조는 오직 모든 가능한 수단들이 고갈되었다는 명확한 증거가 확인된 후에야 마지막 수단으로서 제공된다.

대체로 사회복지서비스 자격요건은 매우 좁게 해석되는데, 이는 보상받을 만한 빈민과 보상받을 가치가 없는 빈민 간 구분을 명확히 하였던 과거 영국 구빈법의 도덕적 판단이 오늘날에도 많은 국가들의 공공부조의 근본 원칙으로 여전히 남아 있음을 보여준다. 문제는 이처럼 사회부조에 대한 요건이 좁게 해석될 경우 빈곤층에게 제공되는 서비스가 점점 더 줄어든다는 사실이다.

반면 제도적 유형에서는 잔여적 유형과 달리 국가의 역할이 극대화되고, 소득이나 자산 조사에 의한 급여가 아닌 하나의 사회권으로서 사회급여가 보편적으로 제공되며, 급여수준도 높고 무엇보다도 집합적 사회의 연대와 결속이 강조된다. 이러한 상황에서는 사회구성원 대부분이 혜택을 보기 때문에 사회복지 수혜자와 비수혜자 간의 구분이 무의미해지고, 따라서 사회복지 확대에 대한 계층 간의 의견충돌이나 대립도 미미하다. 제도적 유형에 가까울수록 시장의 중심적 역할이 줄어들고 가족과 자원봉사 부분에 대한 의존성도 감소한다. 시장은 여전히 중요하지만 더 이상 욕구를 충족하는 유일한 방법이 아니며, 대신 규범적인 가치들이 점점 더 중요해진다. 이에 따라 국가와 국가에 위임된 사회복지서비스 제공의 책임과 역할이 증대되는데, 보호되는 인구의 비중이 클수록 국가에 의해 제공되는 서비스의 범위도 증가한다.

사회복지서비스는 더 이상 소수의 빈곤층이나 불우한 이웃들에게만 제한되지 않고 까다로운 자산조사도 동반하지 않는다. 대신 일련의 보편적인 사회복지혜택이 모든 시민들 또는 거주자들에게 소득수준이나 세금납부 여부에 관계없이 국가에 의해 직·간접적으로 제공된다. 국민들은 그저 사회구성원으로서 이러한 국가의 사회복지서비스를 제공받을 권리가 자동적으로 주어질 뿐이다. 특히 공공부조의 경우, 잔여적 유형에서는 자활로 향한 강제성이 강하지만 제도주의 유형에서는 상당히 공리주의적이다.

요약하면, 잔여적 유형은 매우 협소한 국가의 사회적 책임과 개인 및 가족, 그리고 시장의 광범위한 책임을 반영하는 반면, 제도적 유형은 공동체적 사회책임에 대한 국가 및 시민들의 확고한 의식과 이해를 반영한다. 그런데 오늘날의 복지국가들은 상당히 복합적이라 상기한 두 유형의 특징들을 모두 지니고 있는 관계로, 특정 국가의 사회복지체제 유형을 '잔여적' 또는 '제도적' 유형 등 이분법적으로 명확히 분류하는 것은 바람직하지도 가능하지도 않다.[168]

그럼에도 불구하고, 다음의 <그림 1>에서 나타난 바와 같이, 하나의 연속선상의 오른쪽 끝을 잔여적 유형, 그리고 왼쪽 끝을 제도적

---

168) 김태성·성경륭(2003), p.173.

유형이라고 가정할 경우, 자유주의 시장경제 체제가 지배적이고 복
지후진국으로 분류되는 미국이나 일본과 같은 국가들은 오른쪽 끝
어딘가에 위치하고 있는 반면, 스웨덴과 핀란드와 같은 스칸디나비
아 복지선진국들은 거의 왼쪽 맨 끝자리에 위치하고 있다고 할 수
있을 것이다(그림 1). 이러한 기준 위에서 한국은 과연 이 연속선상
의 어디쯤에 위치하고 있을까? 다음 절에서 이 문제가 논의된다.

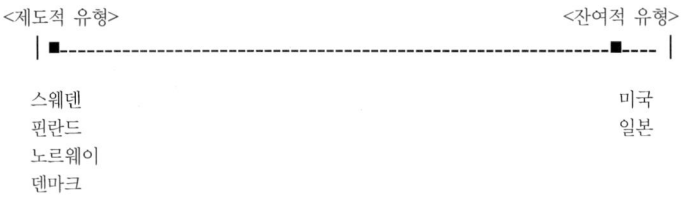

〈그림 1〉 '잔여적 유형 vs. 제도적 유형'에 따른 사회복지체제 유형 분석법에 의한
주요국들의 위치

한국의 사회복지체제의 유형은 잔여적 유형?

이번 절에서는 전술한 잔여적 유형 vs. 제도적 유형에 따른 이분
법적 사회복지체제 유형론을 바탕으로 김대중 정부와 노무현 정부
의 사회복지개혁을 통해 형성된 국내 사회복지체제의 유형을 파악
한다. 사실 한국의 사회복지체제를 어떻게 유형화하느냐의 문제는
상당히 어려운 과제이다. 수십 가지가 넘는 사회복지체제의 구체적
인 분야들의 총체적 면모를 제대로 평가할 종합적이고 구체적인 측
정구도나 방식이 아직 부실하거나 또는 절대적으로 부족할 뿐 아니

라, 사회복지체제 개별 분야의 시각에서 평가할 경우 상당히 다양한 결과가 나올 수 있기 때문이다.[169]

이번 절에서는 이러한 점들을 고려하여, 김대중 정부와 노무현 정부의 통치기간 동안 나타난 사회보험과 공공부조 및 사회복지서비스 분야를 포함한 국내 사회복지제도 전반에 걸쳐 이루어진 변화와 이러한 변화의 결과적 측면 내지 효과에 초점을 맞추어 국내 사회복지체제의 유형을 파악하도록 한다.

이 연구의 제5장에서 자세히 설명되었듯이, 김대중 정부는 노·사·정 협력을 제도화하기 위해 노사정위원회를 설립하고 민주노총을 합법화하는 등 조합주의 형태의 노·사 간 중앙협의체제의 구축을 위한 제도적 노력을 기울였으며, 사회보험(고용보험, 국민연금, 산재보험)의 적용범위도 전 국민으로 확대하였다. 김대중 정부는 또한 각종 이익단체들의 강한 저항에도 불구하고 경영효율화와 사회적 연대성의 강화를 목적으로 약 420개에 달하는 개별 의료보험 조합들을 공적기관인 국민건강보험공단으로 통합함으로써 기금운영과 보험료책정을 포함한 다양한 행정업무를 일원화시켰다. 공공부조제도도 1961년 제정된 기존의 생활보호법을 2000년 10월부터 국민기초생활보장제도로 새로이 대체·시행함으로써 보편적 사회보장체제의 구축을 시도하였다. 이러한 제도적 개혁노력과 함께, 많은 지표들에서 드러나듯이 김대중 정부가 들어선 이후 국내 사회복지 분야에 대한 국가재정의 투입량도 해마다 이전 권위주의적 정권에 비해서 빠르게 증가했다.

---

169) 홍경준·송호근(2003), p.206. 김연명(2004), p.135.

김대중 정부에 이어 들어선 같은 진보여당 출신의 노무현 정부도 출범하자마자 '참여복지와 삶의 질 향상'이라는 목표를 12대 국정과제 중 하나로 포함시키고 국민기초생활보장 및 노인·장애인 등 취약계층 지원과 의료보험·국민연금 지원 등을 위한 사회복지 관련 예산을 크게 증가시키는 등 가시적인 사회복지 증진 노력을 기울였다. 제6장에서 이미 설명된 바와 같이, 역대 정부 중 국가 총예산 대비 사회복지예산 비중으로 볼 때 노무현 정부는 역대 최고를 기록하였으며, 바로 이전의 김대중 정부에 비해서도 예산대비 사회보장 예산이 차지하는 비중이 큰 폭으로 증가했다.[170]

상기한 바와 같이, 김대중 정부 출범 이후 국내 사회복지 분야의 정책적·제도적 확장은 그야말로 비약적인 것으로 볼 수 있다. 그러나 이러한 외형적인 확대에도 불구하고, 국내 사회복지체제는 서구 선진복지국가들은 물론 비슷한 경제력을 가진 다른 국가들에 비해 거의 모든 면에서 여전히 조악한 수준에 머물러 있는 것이 현실이다.

우선, 국내 사회복지 체제의 가장 핵심적인 문제로서 사회보험 적용의 계층 차별화를 들 수 있다. 사회보험의 적용범위가 김대중 정부하에서 전 국민을 보호하는 보편주의를 지향하며 대폭 확대되었지만, 노동시장에서 지위가 불확실한 임시직이나 계약직과 같은 비정규직 노동자들은 물론 5인 미만의 영세사업장 근로자 및 영세상인 등은 이러한 사회보험에서 거의 배제되다시피 되었다. 사회보험 적용범위의 확대에도 불구하고, 2007년 3월 기준으로 전체 임노동자의 사회보험(국민연금·건강보험·고용보험) 가입률은 55~63%에

---

170) 제6장의 〈표 2〉와 〈표 3〉을 참조.

머물러 있으며 비정규직은 이의 절반 정도인 32~35%에 머무르고 있다.171) 이는 법정 사회보험의 적용범위가 최근 수년 동안 전체 임노동자를 대상으로 확대되어 왔지만, 5인 미만의 영세사업장 및 임시·일용직 비정규직 노동자 및 영세상인과 같은 다수의 저소득층은 여전히 복지 사각지대에 그대로 방치되어 있음을 보여준다. 이러한 사회보험에서 나타나고 있는 계층 차별화 현상은 급증하는 저임금의 비정규직 근로자 수의 급증으로 고착화되어 가고 있는 실정이다.

이러한 가운데 사회보험에 대한 국내 정부의 재정투여는 매우 보수적인바, 조세보다는 사용자와 임노동자로부터의 기여금으로 대부분 충당되고 있어 사회보험 원래의 목적인 소득분배의 효과는 거의 없다고 할 수 있다.172) 특히 국민연금에 대한 정부재정 투입은 매년 수백억 원 정도에 불과하여 연금기여금을 내지 않은 시민들은 급여 수급을 전혀 받지 못하는 실정이다. 이러한 점에서 판단해 볼 때, 국민연금을 통한 노후 소득보장은 사실상 현실적으로 기대하기가 어렵다. 바로 이러한 이유로 인해 중산층 이상의 많은 사람들이 민간 연금보험에 가입함으로써 민간보험시장은 더 큰 폭으로 확대되어가고 있다.

노동정책과 관련하여, 김대중 정부하에서 새로 구축된 노사정위원회는 제도정착을 위한 인프라의 부재로 인해 애초에 기대했던 역할과 기능을 제대로 수행하지 못함은 물론, 국가가 IMF식 대규모 구조조정을 실시하면서 시행할 정리해고의 대가로 제공하기로 했었던 합의사항들을 지키지 않음으로써 결국 노동계가 불참하는 등 유

---

171) 제6장의 〈표 6〉 참조.

172) 양재진(2003), pp.421~2, Idem(2005), p.396.

명무실한 기구로 전락했다.[173] 국내의 노사정위원회는 서유럽 국가들의 사회협약의 경우와 달리 외형적으로만 사회코포라티즘일 뿐 사실상 국가가 중심 행위자 역할을 하는 '국가 코포라티즘'의 성격이 강한 것으로서, 결국 사회 민주주의의 후퇴를 의미하는 '신자유주의적 코포라티즘'으로 볼 수 있다.[174]

더욱이 노무현 대통령은 대통령 선거유세 중 노동자 권익보호에 대한 약속을 했으나, 취임 이후 이러한 약속은 전혀 이행되지 않았다. 오히려 재계가 주장해온 해고제한 완화, 임금 유연성 제고, 근로시간제도 탄력성 제고 등 국내 노동시장의 유연성을 높이는 데 주력하고, 더 나아가 불법파업에 대한 징계를 강화하고 노동자의 생산시설 점유 시 경찰력을 신속히 투입하는 등 과거 독재정권하에서 사용되었던 노동 탄압적 조치들을 도입했다. 어쨌든 이러한 노무현 정부의 친기업적 노동정책은 국내 노동세력을 더욱 분산·약화시켰으며, 더 나아가 다수의 저임금 비정규직을 양산하는 부정적인 결과를 초래했다.[175]

<그림 2>에서 나타나듯이, 국내 전체 노동자 중 비정규직 노동자가 차지하는 비율은 IMF 직후 45%에서 2001년에 55.7%(737만 명), 2002년에 56.6%(772만 명), 2003년에 55.4%(784만 명), 2004년에 55.9%(816만 명), 2005년에 56.1%(840만 명), 2006년에 55.0%(845만 명), 2007년 3월에 55.8%(879만 명)로 점진적인 증가세를 보임

173) 김순영, "한국 민주주의와 빈곤의 문제," 최장집 편, 『위기의 노동』(후마니타스, 2005), p.263.

174) 손호철, 『신자유주의시대의 한국정치』(서울: 푸른숲, 1999), p.179. 김순영(2005), p.263에서 재인용.

175) 김세균, 「제3의 길과 DJ노믹스, 그리고 한국사회」(한국정치연구회학술대회발표문, 1999). 김영화·이옥희, "세계화와 한국 사회복지의 비판적 검토," 『한국사회복지학』, 통권 제39호(1999). 홍태희(2002), p.355에서 재인용.

으로써, 한국은 현재 전체 노동자 중 비정규직 노동자가 차지하는
비율 면에서 OECD 국가들 중 최고 수준을 기록했다.176)

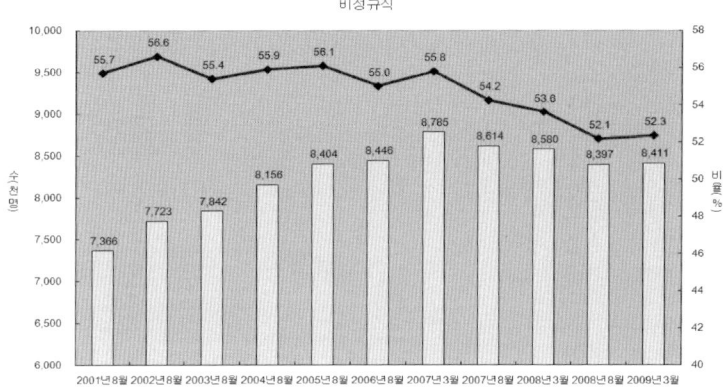

출처: 김유선, "비정규직 규모와 실태: 통계청, '경제활동인구조사 부가조사'(2007. 08) 결과"(서울: 한국노동사
회연구소, 2007), p.3의 〈그림 1〉 참조.
http://cafe.daum.net/drchaeco/QdFN/28?docid=1G1Tw|QdFN|28|20090702113059&q=%C7%D
1%B1%B9%B3%EB%B5%BF%BB%E7%C8%B8%BF%AC%B1%B8%BC%D2&srchid=CCB1G1Tw|Q
dFN|28|20090702113059(검색일: 2009. 07. 21).

〈그림 2〉 국내 비정규직 규모 추이, 2001~2009년

이처럼 국내 노동시장에서 비정규직 노동자가 차지하는 규모가
이제는 55%를 넘어 그 어느 국가에서도 찾아볼 수 없는 기형적인
노동시장 구조가 형성된 것은 결국 국내 사회보험이 아무리 확대 적
용되었어도 전체 임노동자들의 사회보험 가입률이 55~63% 수준에

---

176) 최태욱, "한국의 FTA 보상책 II: 한일 FTA 체결의 예상 피해," 미래전략연구원(2006. 05. 29).
http://www.kifs.org/new/Dbview.html?sec_sort=7&no=1861(검색일: 2006. 06. 07). 김유선, "비정규
직 규모와 실태: 통계청, '경제활동인구조사 부가조사'(2009. 03) 결과"(서울: 한국노동사회연구소,
2009), p.3의 〈그림 1〉 참조.
http://cafe.daum.net/drchaeco/QdFN/28?docid=1G1Tw|QdFN|28|20090702113059&q=%C7%D1%
B1%B9%B3%EB%B5%BF%BB%E7%C8%B8%BF%AC%B1%B8%BC%D2&srchid=CCB1G1Tw|QdFN|2
8|20090702113059(검색일: 2009. 07. 21).

머무르고 있는 이유를 잘 말해준다. 이러한 추세가 지속되는 한 한국 사회보험체계에서 나타나고 있는 내부자/외부자 현상(즉 안정적 위치에 있는 정규직 임금근로자와 소득이 파악된 자영업자 등은 사회보험의 적용을 받는 반면, 급증하는 비정규직 근로자들은 물론 영세사업장 근로자 및 영세 상인과 같은 노동시장에서 그 지위가 매우 불안정한 계층들은 모두 이러한 사회보험에서 거의 배제되는 현상) 내지 계층 차별화 문제는 더욱 심화될 것이 뻔하다.

  기득권층의 강한 반대로 어렵게 추진되었던 의료보험 통합과 의약분업은 의료보험 적자규모와 보험료율의 증가 및 국민들의 불편과 부담만을 가중시키는 결과를 낳았다.[177] 특히 국내 건강보험제도가 도입된 지 어언 30년이 넘었지만 그간 동 제도의 도입 이후 지금까지 가장 큰 문제점으로 지적되어 온 높은 본인부담율 정책은 여전히 지속되었다. 노무현 정부 집권 마지막 해인 2007년 말 기준으로 건강보험의 본인부담률은 거의 65%에 달하면서 국민가계에 주는 부담이 엄청나게 커졌다. 국내 의료보험의 높은 본인부담률은 다른 OECD 국가들의 본인부담률 수준과 비교해볼 때 더욱 두드러진다. 예를 들어, OECD Health Data(2003)에 나타난 OECD 국가들의 의료보험 본인부담률 수준 비교 통계에 따르면, 1999년 현재 OECD 16개국의 본인부담률의 평균치는 17.8%에 불과하다.[178]

  국내 건강보험의 본인부담률이 이토록 높은 수준에 지속적으로 머물고 있는 가장 큰 이유는 건강보험에 대한 국가의 재정투입이 상

---

177) 장상환, "계급론적 시각에서 본 좌우대립," 「사회비평」 (2001년 겨울호), 홍태희(2002), p.354에서 재인용.
178) 김태일·김선희, "의료보험 급여제도의 경로 의존에 관한 연구," 「한국정책과학회보」 제10권 제4호 (2006), p.51.

대적으로 미약하기 때문인데, 이러한 특징은 "경제성장을 우선하기 위해서는 사회보장제도의 설계에서 기업의 비임금 노동비용을 낮추고 사회보장을 위한 정부의 재정부담을 최소화시켜야 한다는 발전주의의 유산이 [그대로] 반영된 결과"라 할 수 있다.[179] 최근에 나온 OECD의 한 통계에서 나타나듯이, 국내 의료비의 국가 부담률도 55.1%로, OECD 회원국 평균인 73%보다 훨씬 낮았다. 2007년 의료비의 국가 부담률을 나라별로 보면, 멕시코(45.2%)와 미국(45.4%)이 한국보다 낮았을 뿐, 대부분의 국가들은 70~80%를 넘었다(표 2).[180]

〈표 2〉 2006년 주요 OECD 국가의 국민의료비 지출 중 공공의료비 지출 비율(%)의 비교

룩셈부르크	체코 공화국	영국	멕시코	미국	한국	OECD 평균
90.0	87.9	87.3	44.2	45.8	55.1	73.0

출처: OECD, *Health Data* (Paris: OECD, 2008).
　　　http://www.index.go.kr/egams/stts/jsp/potal/stts/PO_STTS_IdxMain.jsp?idx_cd=2763&bbs=INDX_
　　　001(검색일: 2009. 07. 21).

게다가 국내 건강보험제도는 보험급여의 보장성이 낮아 급여되지 않는 의료서비스가 대단히 많고 특히 고비용이 소요되는 중증질환에 대한 보호는 여전히 미미한 상태이다. 더욱이 국내 의료보건서비스 공급체계에서 민간 의료기관이 차지하는 비중은 지나치게 높은 반면, 공공 의료기관이 차지하는 비중은 지나치게 낮아 대다수의 빈곤층과 서민들의 보건의료서비스에 대한 증대되는 욕구를 제대로 충족시키지 못하고 있다.

---

179) 정무권, 「한국 발전주의적 생산레짐과 복지체제의 형성: 동아시아 복지국가 유형화를 위한 모색」 한국 정치학회 춘계학술대회 발표논문, 서울(2004. 03). 신동면(2006), p.131에서 인용.

180) 한겨레신문, "1,000명당 의사 수 OECD 꼴찌수준" (2009. 07. 03).
　　　http://media.daum.net/breakingnews/view.html?newsid=20090703193008498(검색일: 2009. 07. 20).

이러한 결과는 국내 정부가 의료서비스를 공급하지 않고 그저 공적 의료보험을 통해 의료서비스의 가격을 통제하고 국민건강공단을 통해 행정비용만을 부담하고 있기 때문이다.181) 참여정부 집권 중반기인 2005년 말 보건복지부가 발표한 「2004년 보건복지백서」에 의하면 국내 공공의료의 비중은 약 20%로 OECD 국가들 중 최하위를 차지하고 있는데, 이는 민간중심 의료체계를 운용하고 있는 미국(33.2%)과 일본(35.0%)보다도 매우 낮은 수준이다.182) 이러한 가운데, 중산층 이상의 많은 국민들이 주요 재벌 계열 민간생명보험회사에 이중 삼중으로 가입함에 따라 민간 의료보험제도가 과잉발달하고 있는 실정이다.

또한 서구 복지선진국에서 오래전 도입된 가족수당과 상병수당 및 주택수당과 같은 제도들은 그 도입 여부에 대한 논의조차 없었다. 결과적으로 이와 관련한 국내 정부의 지출수준은 OECD 국가들 중 최하위를 달리고 있다.183)

국민기초생활보장제도는 종전의 생활보호법과 달리 근로능력 유무에 관계없이 빈곤선 이하의 국민에게 최저생활을 보장하고는 있지만, 이 제도의 수급자 선정기준은 부양자가 없거나 부양의무자가 있어도 부양능력이 없거나 부양을 받을 수 없는 자라야 하고 개별가구의 소득인정액이 최저생계비 이하에 해당되어야 하는 등 매우 까다롭다.184) 이러한 복잡하고 까다로운 수급자 선정기준은 기초생활

---

181) 선학태, "한국 민주주의 공고화의 가능성과 한계: 김대중 정부의 사회복지개혁," 「한국정치학회보」 제39집 제5호(2005), p.189.
182) 보건복지부, 「2004년 보건복지백서」 (서울: 보건복지부, 2005), pp.375~6.
183) 보건복지가족부, 「2009 OECD 사회통계지표」(서울: 보건복지가족부, 2009).
184) 보건복지부(2005), p.69.

보장제도 이전의 생활보호제도와 거의 다를 바 없다. 또한 근로능력이 있는 수급자가 국가의 보호에만 안주하는 것을 미리 방지하기 위해 '조건부 생계급여제도'를 제도적 보완장치로서 도입하였는데, 자활이나 자조를 강조·강요하는 이 제도는 궁극적으로 노동의 재상품화를 더욱 가속화시킨다는 점에서 잔여적 성격이 매우 강하다 할 수 있다.

결론적으로, 기초생활보장제도의 낮은 급여수준, 급여와 자활프로그램의 엄격한 연계 등은 영국과 미국의 사회부조제도 개혁에서 나타난 근로복지와 다름없다.[185] 이러한 결과는 국민기초생활보장법의 제정과정에서 공공부조의 확대가 근로의욕을 해치고 국가재정의 증가를 가져올 수 있다는 정부 관료들, 특히 경제부처 관료들의 강한 보수적인 인식이 실제 시행령의 제정과 집행 과정에서 강력하게 반영되었기 때문이다.[186]

치매노인이나 장애인과 같은 사회적 약자들이 가장 필요로 하는 다양한 사회복지서비스에 대한 필요성과 수요 또한 급증하고 있으나, 이를 충족시킬만한 국내 공공사회복지 인프라와 전달체계의 구축은 여전히 미흡한 상태이다. 예를 들어, 국내 사회복지 담당 공무원(일반직+복지전담공무원)은 2000년 10월 기초생활보장제도 시행 이후 2000년 600명, 2001년 700명, 2002년 1,700명 등 총 3,000명의 증원이 있었으나, 그 이후 '작은 정부'라는 정책기조로 현실적인 증원 필요에도 불구하고 증가하지 않았으며, 노무현 정부에 들어서

---

185) 정무권(2002b), pp.417~8.

186) 안병영, "국민기초생활보장법의 제정과정에 관한 연구," 「행정논총」 제38집(2000), pp.1~50. 정무권(2002b), p.416에서 인용.

는 아예 추가적인 인원충원을 하지도 않았다.187)

2004년 현재, 시군구의 사회복지과 및 읍면동에서 근무하는 사회복지 담당 공무원 수는 약 12,300명 수준으로 이는 복지후진국으로 간주되는 일본과 호주와 같은 국가들 수준에 비해서도 상당히 낮은 수준이다(표 3). 이러한 점에서 볼 때, 아무리 정부가 '찾아가는 복지행정'을 외치더라도 사회복지 담당 공무원 한 사람이 관리하는 복지대상자가 4,000명에 달할 때에는 그러한 구호가 현실성 없는 메아리로 끝날 것이라는 것은 자명하다.

〈표 3〉 주요국별 인구대비 사회복지분야 공무원 수 비교, 2004년(단위: 명)

구분	한국	일본	영국	호주
인구수	48,199,000	127,546,000	59,164,000	19,880,000
복지 분야 공무원 수	12,300	61,842	208,000	24,640
공무원 1인당 담당 인구	3,919	2,062	284	806

출처: 빈부격차·차별시정위원회(2005), p.9.

과거 가족은 한국 사회복지체제에서 가장 중요한 위치를 차지하고 있었는데, 외환위기 이후 김대중 정부하에서 이루어진 사회보험의 확대·적용에도 불구하고 이러한 가족 간 사적인 소득이전 규모는 여전히 공적 이전을 압도했다. 2000년 기준으로, 사적 소득이전액은 18조 3,150억 원(GDP의 3.5%)으로 당해 연도 노령, 유족, 무능력 관련 급여, 고용보험의 실업급여를 합한 국가의 소득보장관련 지출 11조 8,890억 원보다 훨씬 많았다.188) 이러한 사적 이전과 보

---

187) 빈부격차·차별시정위원회, 「사회복지전달체계 개선방안」(2005), p.8.

188) 김진욱, "한국 복지혼합의 구조: 2000년도 지출추계를 중심으로," 「사회보장연구」, 제21권, 제3호 (2005), p.40.

살핌 노동의 경제적 가치를 모두 합한 가족의 복지공급 지출규모는 국내 총 사회복지지출의 37.4%를 차지했는데, 이는 국내 사회복지 체제에서 가족이 여전히 가장 중요한 복지공급원임을 말해준다.[189]

국내 사회복지제도가 이처럼 지극히 미성숙한 가운데 갈수록 가족해체가 급속히 진행됨에 따라 이러한 가족 중심의 상호부조 문화도 빠르게 해체되고 있는바, 이는 곧 고령층의 빈곤을 더욱 악화시키는 결과를 초래하고 있는 것으로 나타났다. 2008년 11월에 국내 통계청과 OECD가 발표한 통계자료에 의하면, 국내 65세 이상 고령자 가구의 상대적 빈곤율(2006년 기준)은 OECD 국가 중 최고인 45%로서 OECD 평균인 13%(2005년 기준)보다 무려 3.5배 정도 높은 수준이었다.[190]

그리고 오랫동안 국가복지를 대체하는 기능을 수행해 왔던 기업복지는 외환위기 이후 공공복지의 확대에도 불구하고, 여전히 그 비중(약 22%)이 높다.[191] 이러한 가운데, 1990년대 말 이후 국내 사회복지체제 전반에 걸쳐 민간시장에 대한 의존도가 더욱 증가하여 사회복지제도의 상품화가 빠르게 진행됨에 따라 국내 사회복지에서의 국가-시장 상호 간 상대적 영향력의 수준 비교에서 시장지배력이 다른 국가들에 비해서 상당히 높아진 것으로 나타났다.[192] 예를 들어, 1990년대 이후 민간보험회사의 개인연금이나 생명보험을 비롯한 민간보험 시장의 규모는 꾸준한 성장세를 보여 현재에는 GDP대비 규

---

189) 김진욱(2005), p.43.

190) 연합뉴스, "불쌍한 한국 노인, 상대적 빈곤 OECD 최고" (2008. 11. 08).
　　　http://media.daum.net/breakingnews/view.html?newsid=20081108084005124(검색일 2009. 01. 27).

191) 김진욱(2005), p.40.

192) 조영훈(2002b), p.259의 〈표 3〉을 참조. 손호철(2005), p.222의 〈표 6〉에서 재인용. 박윤영, "김대중 정부 주거정책의 성격: 대폭적인 시장강화, 제한적인 주거복지," 「사회복지정책」, 제20호(2004), p.319.

모가 다른 선진복지국가들에 비해서도 크다.193)

　이렇듯 사회복지 영역에서 국가가 차지하는 역할과 비중은 극히 미미한 가운데, 세계화와 탈산업화 과정에서 급증하는 사회복지서비스에 대한 욕구를 여전히 가족과 공동체에 그리고 최근에는 민간시장에 전가하는 정책이 활용되고 있는데, 이는 '낙후된 국가-성장한 시장(기업)-선택된 공동체(가족)'라고 하는 한국 사회복지체제의 전형적인 잔여적 특성이 여전히 지속되고 있음을 의미한다.194)

　사회복지 영역에서의 한국 국가의 이러한 미약한 역할과 개입은 궁극적으로 낮은 공공사회복지지출 수준을 의미하는바, OECD 회원국들의 GDP 대비 공공사회복지지출비율 비교가 이를 잘 입증한다. 한국은 이 비교에서 거의 매년 항상 일관되게 최하위를 달리고 있다. 2005년 기준으로 GDP대비 공공사회복지지출 비율의 OECD 평균은 20.5% 정도인 데 반해 한국은 6.9%로 최하위를 기록하고 있는데, 이 수치는 복지후진국으로 분류되는 미국(15.9%)과 일본(18.6%)에 비해서도 크게 낮은 수준이고 스웨덴(29.4%)과 같은 스칸디나비아 복지국가들 수준의 1/4~1/5 수준에 불과한 것으로 국내 공공사회복지지출 규모가 다른 OECD 국가들에 비해 크게 낮은 수준에 머물러 있음을 보여준다(제6장의 표 5 참조).

　물론 공공사회복지지출 수준의 단순 국제비교는 각 국가의 복지지출의 세부적인 성격을 전혀 알 수 없다는 한계를 가지고 있고, 따라서 공공사회복지지출 수준이 각 국가 사회정책의 수준을 가늠하는 유일하고 결정적인 척도가 될 수는 없을 것이다.195) 그럼에도 불

---

193) 조영훈(2002a: 2002b: 2002c).

194) 홍경준(1999). 홍경준·송호근(2003), p.227.

구하고, 공공사회복지지출 수준의 변화 분석과 국제비교는 한 국가의 사회복지 발달 수준과 미래 정책방향을 가늠할 수 있는 매우 중요한 기준이 된다.[195]

일반적으로 GDP 대비 공공복지지출율은 사회복지에 대한 국가책임의 정도를 나타내는 대리지표로 간주된다.[197] 이 지표의 값이 클수록 사회복지서비스 제공자로서 국가책임과 역할이 큰 것이고, 작으면 그 반대로 판단할 수 있는 것이다. 대체로 사회복지서비스 제공에 대한 국가의 역할이 클 경우, 우리는 흔히 복지선진국, 즉 서구 복지국가의 유형에 가까운 것으로 판단하고, 그 반대로 국가의 역할이 작고 시장의 역할이 클 경우에는, 즉 민간시장에 대한 의존도가 높을 경우에는 복지후진국으로 간주한다.[198]

이러한 전제하에, 몇몇 국내 학자들은 최근 국제비교에서 공공사회복지지출 수준이 최하위를 기록하고 제3세계 국가들의 평균 수준에도 못 미치는 한국은 아예 이러한 복지국가에 속하지 않는다고 단언한 바 있다.[199] 물론 이러한 주장은 극단적인 면이 없지 않지만,

---

196) Pierson, Christopher, *Beyond the Welfare State?* (Pennsylvania State University Press, 1991), pp.106~7. 김미혜・정진경(2003), p.2에서 재인용. Huber and Stephens(2001), p.57. 손호철(2005), p.219에서 재인용. 안종범・김을식, "복지지출수준의 국제비교," 「재정논집」, 제19집, 제1호(2004), p.2. 공제욱 외, "한국의 사회복지재정 추계와 국제비교에 관한 연구," 「한국사회정책」, 제6집, 제1호(2000), pp.1~39. 최희경(2003).

197) 홍경준(2002), p.184.

198) Ibid.

199) 고세훈, 『국가와 복지: 세계화 시대 복지한국의 모색』(서울: 아연출판부, 2003), p.87, p.102. 홍경준・송호근(2003), p.206. 손호철(2005), p.219. 한편 김태성・성경륭도 최소한 사회복지에 GNP의 10% 이상을 사용하는 국가들을 복지국가라고 보는바, 이 요건을 한국에 적용하면 한국은 분명 복지국가가 아니라고 할 수 있다. 김태성・성경륭(2003), p.165. 반면, 다른 몇몇 국내 논객들은 조세부담률과 연금의 성숙도, 노년부양비, 실업률 등을 통제하는 시차적 비교에 의하면 한국의 공공사회복지 수준이 지출이나 내용 면에서 다른 OECD 국가들에 비해 결코 낮지 않다고 주장한다. 문형표 외, "우리나라 복지지출수준의 평가와 전망," 「2000년도 국가예산과 정책목표: 재정운영의 현안과제와 개선방향」(한국개발연구원, 2000). 안종범, 「복지재정확충과 사회보장제도 개혁의 과제」, 안민정책포럼・나라발전연구회 주최

국내의 현재 경제규모에 비해 지나치게 미미한 사회복지서비스 제공에 대한 국가의 역할, 기여도 및 비용부담 수준으로 볼 때, 과연 한국이 복지국가인지에 대해 의문을 제기해보는 것은 일면 당연하다고 할 수 있다.

서구 복지선진국들은 한국의 현 경제수준과 비슷했던 1980년대 초반에 이미 GDP 대비 20% 이상의 국가 재정을 사회보험과 복지서비스에 투입했지만, 한국은 사회복지 분야에 대해 20년 전이나 지금이나 거의 비슷한 수준의 재정을 투입하고 있다. 이러한 낮은 수준은 50~70년 전 서구 복지 선진국들의 수준에도 미치지 못한다. 따라서 김대중 정부 이후 사회보험과 공공부조에 대한 외형적인 차원의 제도적 확대 노력은 있었다지만, 국가재정 투입을 통한 실질적인 국가책임의 증가는 거의 없었다고 해도 과언이 아니다. 특히 국내 사회보험은 대부분 국가재정이 아닌 보험 가입자들의 보험료와 고용주의 부담만으로 운영되기 때문에 이러한 사회보험에 가입하기 어려운 처지에 있는 비정규직 노동자들과 그 외 다양한 취약계층들은 사회보험에서 완전히 배제되는 상황이 지속되고 있다. 이러한 취약계층의 수가 급증하고 있는 현실에 비추어 볼 때, 앞으로 사회복지서비스의 양극화가 더더욱 심화될 것이라는 것은 의심의 여지가 없다.

종합하면, 사회복지 분야에 대한 한국의 국가재정의 책임과 개입은 최소 수준으로 제한되어 왔고, 사회복지체제가 가족이나 시장과 같은 사회의 정상적인 기제들에 부수적이며, 사회복지 프로그램들

2001년도 공동심포지엄 발표논문(2001). 안종범·김을식(2004).

중 공공부조에 대한 의존성이 상대적으로 크고, 공공부조를 비롯한 대부분의 사회복지 프로그램이 까다로운 자산조사와 같은 치욕적인 과정을 거쳐 제공되는바, 이는 국내 사회복지체제가 사회복지서비스의 제공을 하나의 시민권으로 인정하여 시민들이 자본주의 시장기제에 예속되는 것을 가능한 한 탈피시키는 것을 목표로 하는 제도적 유형과는 거리가 멀다는 것을 암시한다.

국가 개입과 역할은 여전히 미미한 가운데, 전통적으로 가장 중요한 복지공급원으로서의 기능을 해왔던 가족이 국내 사회복지에서 여전히 가장 중요한 공급원으로 남아 있고, 최근 들어 민간 시장경제 분야는 급속하게 확대되어 왔으며, 특히 그간 국내 국가복지를 대체하는 기능을 수행해 왔던 기업복지는 더더욱 빠르게 확대되었다. 이러한 점에서 볼 때, 한국의 사회복지체제는 사회복지 제공을 일차적으로 가족과 시장에서의 소득에 전적으로 맡겨두는 한편 여기서 배제된 잔여적 집단만을 대상으로 하는 전형적인 잔여적 유형에 속한다고 할 수 있다.

한편, 그간 많은 국별 경험연구에서 입증되었듯이 잔여적 유형의 복지국가는 대체로 소득불평등과 사회 양극화를 수반하는 경향이 있는데, 한국도 여기서 예외가 아니다.[200] 특히 1997년 경제위기 이후 나타난 양극화 현상은 국내 경제구조에서 더욱 뚜렷해지고 있다.[201] 2004년 말 기준으로, 한국의 1인당 국민소득은 14,162(미)달

200) 이정우·이성림. "경제위기 이후 빈부격차: 1997년 전후의 소득분배와 빈곤." 「국제경제연구」, 제7권, 제2호 (2001), pp.79~109. 최기춘(2003), pp.510~511.

201) 이내황 외. "경제양극화의 원인과 정책과제." 「금융경제연구」, 제14호. 삼성경제연구소, 「2005년 경제전망」 (2004). 한국개발연구원, 「KDI 경제전망2004 2/4」 (2004). 유철규. "국민경제 해체의 위기구조." 최장집 편, 「위기의 노동」 (후마니타스, 2005), p.41에서 재인용.

러로 20년 전인 1985년의 2,309달러보다 약 6.1배 증가하는 등 전
반적으로 상승했지만, 국내 경제활동인구조사 부가조사에서 하위
10% 대비 상위 10% 임금배율은 2000년 4.9배에서 2001년 5.2배,
2002년 5.5배, 2003년 5.6배로 빠르게 증가하였는데, 이는 OECD
국가들 중 임금소득 불평등이 가장 심한 미국(4.3배)보다 훨씬 높은
수준으로서 국내 임금소득 분배구조가 OECD 국가 중 가장 불평등
해졌음을 보여준다.202)

　다른 통계에서도 1990년대 이후 국내 도시근로자의 상위 10% 및
20%의 소득 증가율이 하위 10% 및 20%의 소득증가율을 크게 상회
하여 경제성장의 이득이 상위계층에 의해 독점되고 있는 것으로 나
타났다.203) 이처럼 한국 사회는 갈수록 임금소득 불평등이 심화되면
서 저임금 계층의 증가와 노동자 내부적 양극화 문제에 직면하고 있
다. 결과적으로 국내 지니계수(도시 근로자 가구 기준)는 1988~1997
년 중 평균 0.290에서 김대중·노무현 정부가 집권한 1998~2007년
중에는 평균 0.313으로 대폭 증가하였다.204) 이처럼 김대중 정부와
노무현 정부 집권 기간 동안 이루어진 국내 사회복지제도의 외형적
확대에도 불구하고 한국 정부가 사회복지정책의 궁극적인 목표인
사회적 약자 보호와 빈곤 퇴출 및 소득분배의 효과 달성에 모두 실
패한 근본적인 이유는 국내 사회복지체제의 잔여적 성격 그 자체에
서 찾을 수 있다고 할 수 있다.

---

202) 김유선, 『한국노동자의 임금실태와 임금정책』 (후마니타스, 2005a), Idem, "노동시장의 구조변화와 비정
　　규직", 최장집 편, 『위기의 노동』 (후마니타스, 2005b), pp.64~9.
203) 국민경제자문회의, 「한국형 경제발전 모델의 변천과 새로운 모색」 (2005), p.5.
204) 제6장의 〈표 7〉 참조.

평가

　지금까지 전통적인 잔여적 유형 vs. 제도적 유형에 따른 사회복지 체제분석 틀을 가지고 국내 사회복지체제의 유형을 파악해보았다. 국내 사회복지제도는 김대중 정권 이후 급속한 외형적 확대를 이룩 했으나 그 제도적 확대의 내용과 결과론적인 관점에서 고려해볼 때 국내 사회복지체제는 여전히 전형적인 잔여적 유형에 속하는 것으 로 나타났다.

　즉 사회복지 분야에 대한 한국 국가재정의 개입은 최소 수준으로 제한되고, 사회복지체제는 여전히 가족이나 시장과 같은 사회의 정상 적인 기제들에 부수적이며, 사회복지 프로그램들 중 공공부조에 대한 의존성이 상대적으로 크고, 공공부조를 비롯한 대부분의 사회복지 프 로그램은 까다로운 자산조사와 같은 치욕적인 과정을 거쳐 제공된다. 이러한 특징들은 사회복지서비스의 제공을 하나의 시민권으로 인정 하여 시민들이 자본주의 시장기제에 예속되는 것을 가능한 한 탈피 시키는 것을 목표로 하는 제도적 유형과는 거리가 먼 것들이다.

　국가의 재정개입은 미미한 가운데, 전통적으로 가장 중요한 복지 공급원으로서의 기능을 해왔던 가족이 국내 사회복지체제에서 가장 중요한 복지공급원으로 남아 있고 민간 시장경제 분야는 최근 들어 급속하게 확대되어 왔으며 특히 그간 국가복지를 대체하는 기능을 수행해 왔던 기업복지의 역할은 더더욱 빠르게 확대되었다. 이런 점 에서, 국내 사회복지체제는 사회복지 제공을 일차적으로 가족과 시장 에서의 소득에 전적으로 맡겨두는 한편 여기서 배제된 잔여적 집단 만을 대상으로 하는 전형적인 잔여적 유형에 속한다고 할 수 있다.

물론 김대중 정부 집권 이후 획기적인 제도적 확대노력을 통해 국내 사회복지제도의 수준이 과거 권위주의 독재정권에 비해 한 단계 상승했다는 점에 대해서는 의심의 여지가 없다. 특히 사회보험의 적용범위를 전 국민으로 확대함으로써 대한민국 건국 이래 최초로 사회보장제도의 보편주의를 의도했던 점은 의미심장한 변화로 받아들일 수 있다.

그러나 김대중 정부 이후 지속적으로 시행된 노동시장 유연화 정책으로 인해 발생하는 비정규직 임금노동자와 같은 취약계층의 급격한 증가와 이로 인해 초래된 국내 사회보험제도의 심각한 계층화 현상 또는 내부자/외부자 문제를 고려해 볼 때, 김대중 정부하에서 이루어진 대폭적인 사회복지제도의 외형적 확대가 국가책임의 강화 내지 확대라고 주장하는 것에는 많은 문제가 있다고 할 수 있다. 만약 김대중 정부하에서 이루어진 사회보험체계의 외형적 확대가 국가책임의 강화 내지 확대라는 주장이 맞는다면, 최저임금제와 국민연금 및 의료보험의 농어촌지역으로의 확대를 시행했던 전두환·노태우 정권의 복지개혁도 당시의 기준으로 보면 상당히 획기적이고 진보적인 것이기 때문이다.

더욱이 사회복지 향상에 대한 정부의 의지가 진실로 증가되었다는 주장을 펴기 위해서는 무엇보다는 외형적 제도의 도입에만 급급할 것이 아니라 사회복지제도의 파급력을 높이기 위해 국가재정의 획기적인 증대가 뒤따랐어야 했을 것이다. OECD의 평균치에는 못 미치더라도 최소한 복지후진국으로 평가되고 있는 일본이나 미국의 수준 정도는 되도록 특단의 조치를 취했어야 했을 것이다. 하지만 김대중·노무현 두 진보정부 모두 그렇게 하는 데에는 실패했다.

8장

한국 사회복지정책의 경로
의존성

이번 장에서는 김대중 정부 집권 이후 이루어진 국내 사회복지체제에 대한 대대적인 개혁 노력에도 불구하고 국내 사회복지가 여전히 낙후된 체제로 남아 있는 근본적인 원인을 경로 의존 이론을 통해 설명해보도록 한다.

본 연구의 제2장에서 설명된 바와 같이, 경로 의존 개념은 정부 및 제도의 개혁이 원래 기대했던 결과를 달성하지 못하는 이유, 즉 개혁에도 불구하고 제도의 지속성(institutional persistence) 내지 현상유지(status quo) 상황이 지속되는 이유를 파악하는 데에 매우 유용한 설명적 틀을 제공한다. 한마디로 명확하게 정의를 내리기는 어렵지만, '경로 의존'은 일반적으로 나중 사건에 대한 이전 사건의 관련성으로 정의할 수 있으며, 좀 더 구체적으로는 어느 특정한 경로를 따라 일을 진행함에 따라 이익이 크게 증가하거나 그 경로로부터 빠져나오는 대가가 더욱 커지면서 그 경로로 일을 계속 진행시킬 확률이 시간이 지나면서 더욱 증가하는 것을 의미한다. 따라서 경로 의존 이론에 의하면 한 행위자의 선택이 타 행위자들의 선택에 장기간의 변화 경로를 형성하는 방식으로 영향을 미침으로써 변화의 특정 경로를 설정한다. 즉 과거와 현재 형성된 제도적 내지 정책적 틀이 미래의 정책결정과정에 지대한 영향을 미친다는 것이다. 그리고 이러한 경로 의존 현상은 제도와 정책뿐만 아니라, 이데올로기에서부터 정당 및 정부구조에 대한 선호 및 이해와 같은 인식적인 면과 정치문화에도 똑같이 적용된다.

한국의 급속한 경제성장은 국가의 적극적인 시장개입을 통한 전략적 산업 육성과 수출산업화를 효과적으로 추진한 박정희 정부 시기로 거슬러 올라간다. 박정희 정권은 빠른 경제발전을 국가정책의 최우선 사안으로 설정하고 선진국 추격을 짧은 기간 내에 달성하기 위해 몇 개 안 되는 소수의 재벌기업들에는 갖은 혜택과 보조를 제공하였다. 이러한 과정에서 재벌기업들의 대량생산과 수출에 필수적인 저임금과 잘 통제된 노동력을 확보하기 위해 억압적인 노동정책이 병행되었다. 요컨대, 개발연대 박정희 정부하의 발전전략은 시장, 은행 및 재벌에 대한 강력한 국가개입과 규제를 바탕으로 한 것이었다.

하지만, 사회정책과 관련한 박정희 정부의 접근방식은 오히려 경제적 효율성과 생산 및 성과를 우선시하는 신고전적 경제이론에 더욱 가까웠다. 분배를 포함한 사회정책과 사회관련법 규정의 도입을 통한 인위적인 국가개입은 사회적 목표를 달성하는 데에 바람직하지 않은 것은 물론 경제성장을 방해하는 것으로 간주되었다. 가장 합리적인 분배와 사회적 이득, 고용 확대, 노동여건 및 노동자 생활수준의 향상 등과 같은 다양한 사회경제적 목표들은 빠른 경제성장을 통해서 창출되는 낙수효과에 의해 자동적으로 달성될 것으로 믿어졌다.

이러한 당시의 국내 정치적 분위기 속에서 사회정책은 경제정책에 부차적이고 보완적인 문제로만 인식되었다. 이러한 개발연대의 '선성장·후분배' 정책의 영향으로 1960~70년대 산업화 과정에서 경제정책을 추진하는 '경제기획원'과 같은 경제부처는 국가의 모든 정책을 총괄하는 핵심기구로 승격된 반면, 사회복지를 담당하는 정부기관은 경제성장을 위한 주변기구로 전락하였다. 그리고 분배의 평등보다는 경제적 효율성과 빠른 경제성장이 거국적으로 강조됨으로써 국가의 대부분의 자원이 경제부문에 투입되었다.

이러한 개발연대의 성장우선주의 정책은 이후 한국의 핵심적인 경제정책의 틀로 유지되어, 결과적으로 모든 후속 정권들의 사회복지 개선 의지를 체계적으로 약화시켰다. 복지개선에 대한 국내 정부의 상대적으로 미약한 의지는 OECD가 발표한 OECD 국가들의 분야별 일반예산 지출비중 비교에서 잘 나타난다. 한 통계에서 한국의 총재정지출에서 경제업무 부문이 차지하는 비중은 25.5%로 18개 OECD 국가들의 평균 10.2%의 약 2.5배에 달한 반면, 사회복지지출의 비중은 총재정지출 대비 9.4%에 달해 30개 OECD 국가들의 평균 37.4%의 약 1/4에 불과한 것으로 나타났다.205) 이는 한국 정부가 여전히 과거 개발연대의 연장선상에서 사회복지 관련 정책들은 뒷전으로 미룬 채, 얼마나 경제성장만을 지원하고 있는가를 여실히 보여준다.

또한 1인당 국민소득이 1만 (미)달러에 이르렀을 때 각 국가의 GDP대비 사회복지지출 비율을 정태 비교한 또 다른 통계에서도, 스웨덴(24.49%)이나 영국(20.53%)과 같은 유럽 국가들은 1인당 국민

---

205) 박형수, "분야별 재정지출 구조의 국제비교." 「재정포럼」 2월호 (2005), pp.32~4. 최장집, "사회적 시민권 없는 한국 민주주의." 최장집 편, 『위기의 노동』 (서울: 후마니타스, 2005b), p.464에서 재인용.

소득이 1만 달러에 이르렀을 때 GDP대비 20%가 넘는 재원을 사회
복지 분야에 투입한 반면, 한국은 일본(10.42%)의 절반에도 못 미치
는 4% 정도만을 지출한 것으로 나타났다(표 1).

〈표 1〉 1인당 국민소득 1만 달러 시점의 GDP대비 사회복지지출 비율 비교

국가	한국	일본	미국	영국	스웨덴
연도	1995	1984	1978	1987	1977
GDP대비 사회보장지출비율(%)	4.0	10.42	13.62	20.53	24.49

출처: 홍태희, "람페르트 사회정책의 발전조건과 김대중 정부 사회정책의 정체성", 「사회경제평론」, 제19호(2002),
p.340.

요컨대, 한국의 사회복지정책은 애초부터 경제정책에 항상 부차
적이고 시장경쟁에서 낙오된 실패자들을 사후적으로(*ex post*) 보상
하는 시장 보완적 역할에 한정되었으며, 따라서 태생적 한계를 지니
고 있었다.206) 사회복지서비스 제공에 대한 국가책임이 극도로 제한
된 이러한 여건 속에서, 개발연대의 산업화 과정에서 제기되는 복지
요구를 일부는 기업에, 또 다른 일부는 가족이나 자원봉사부문을 비
롯한 공동체에 전가하는 잔여적인 형태의 사회복지체제가 형성된
것은 지극히 당연한 결과였다.

혹자는 비록 서구 복지선진국들에 비해서는 상당히 늦었지만 1960
년대 초반 생활이 어려운 자에 대한 구제를 목표로 한 생활보호법
제정(1961)과 산재보험 도입(1964)을 시작으로 1970년대의 직장의
료보험 실시(1977)와 같은 사회보험의 도입과 1980년대 후반의 국

---

206) 최장집, "사회적 시민권 없는 한국 민주주의." 최장집 편, 『위기의 노동』 (서울: 후마니타스, 2005b),
p.456.

민연금 도입(1988) 및 의료보험 적용의 전 국민 확대(1989)를 거쳐 1990년대 중반의 고용보험 도입(1995)과 1997년 경제위기 이후의 생산적 복지체제 구축을 통해 기본적인 사회안전망 제도를 점진적으로 갖추는 등 외형적으로는 한국 정부가 경제발전과 더불어 사회안전망 구축에도 상당한 노력을 기울여 왔다고 주장할 수 있다.207)

그러나 문제는 국내 사회복지제도가 서유럽 복지선진국들의 경우와 달리 애초부터 빠른 경제성장을 도모하고, 이 과정에서 발생하는 실패자들을 보상하고 안심시키는 데 일조함으로써 더 빠른 경제성장을 추구하는 데에 이용하기 위한 시장경제 보완적 수단으로 기능하였다는 사실이다. 예를 들어, 1973년 제정된 후 제1차 석유위기로 인한 경제위기로 인해 그 시행이 무기한 연기되었던 국민복지연금법은 박정희 정부가 추진한 중화학공업에 필요했던 국내 자본을 동원할 목적으로 계획되었다.208) 1976년 의료보호법 개정을 통해 1977년부터 500인 이상을 고용한 대기업부터 시행하기 시작한 직장의료보험제도도 중화학공업개발정책을 위한 노동력 공급을 확대하는 동시에 정통성이 결여된 군사독재정권의 정당성을 얻기 위한 하나의 수단이었다.209) 1980년 말 전면 시행된 국민연금은 주택건설과 중소기업 지원을 위한 자금 등을 모으기 위한 목적으로 실시되었다.210) 이러한 사실들은 노동자계급으로부터의 저항을 미리 무마하

---

207) 본 연구 제4장의 〈표 3〉을 참조.

208) 박정기, 「한국의 사회보장: 사회경제적 발전 접근」(서울: 한국개발연구원, 1975), 손준규, 「한국의 사회복지 정책결정과정에 관한 연구」(서울대학교 박사학위 논문, 1981), p.81. 신동면, "한국의 생산체제와 복지체제의 선택적 친화성", 「한국정치학회보」 제40집 제1호(2006), p.130.

209) 신동면(2006), p.130. 김영범, "한국 사회보험의 기원과 제도적 특징: 의료보험과 국민연금을 중심으로," 「경제와 사회」, 제55호 (2002a), pp.8~34.

210) 김영범(2002a).

기 위한 당근으로서 사회보험을 도입·시행한 독일과 같은 비스마르크적 보수주의 국가들의 경우와는 전혀 다른 특징이다.[211]

특히 국내 사회복지제도는 역대 군사 독재정권들의 정당성 확보를 위한 정치적 수단으로 활용됨으로써 장기적이고 체계적인 계획 없이 단기적인 고려에 따라 제도가 도입되었다.[212] 예를 들어, 제4차 및 제5차 경제개발 5개년 계획에 사회정책의 중요성이 명시되어 있지만, 그 배경에는 군사정권의 정통성 확보라는 더 중요한 목적이 숨어 있었다.[213] 이러한 가운데, 산업화 과정에서 국가경영에 없어서는 안 되는 직업군인과 국가공무원 및 사립학교 교원과 같은 특수계층들은 매우 관대한 복지제도를 통해 보호된 반면, 노동 계층은 이러한 사회복지 제도에서 의도적으로 배제되었다.[214]

분배가 성장을 저해하고 사회정책은 경제정책에 부수되는 주변적 사안일 뿐이라는 개발연대의 성장우선주의적 시각은 1998년과 2003년 초 김대중·노무현 두 진보정부가 각각 들어선 이후에도 거의 변하지 않고 지배적인 담론으로 이어져 내려왔다. 외환위기 직후 들어선 김대중 정부하에서 제시된 '생산적 복지'(Productive Welfare)라는 정책이념 아래 이루어진 획기적인 복지개혁도 결국은 분배나 사회형평보다는 경제적 효율성을 전제로 하고 경제성장에 기여하는 사회복지만을 강조하기 위한 것이었다. 본 연구의 제5장에서 설명했듯이, 생산적 복지란 "생산에 기여하는 복지" 혹은 "생산에의 참여

---

211) Ibid.

212) 정무권, "김대중 정부의 복지개혁과 한국 복지제도의 성격 논쟁에 대하여: 발전주의 유산과 복지개혁의 한계", 김연명 편, 『한국 복지국가 성격논쟁 I』(서울: 인간과 복지, 2002b), p.441. 권순원, "21세기 한국의 사회복지정책: 지속가능한 복지체계의 구축방안," 「사회과학연구」 제8권 (2002), pp.21~38.

213) 권순원(2002).

214) 정무권(2002b), p.441.

를 통한 복지"로 해석할 수 있는데, 좀 더 자세히 설명하면 "국가는 시장 경제의 활성화에 기여하는 방향으로 복지정책을 추진하며, 개인은 능력 닿는 대로 노동시장에 참여하여 자신과 가족의 복지를 향상시켜야 한다는 것"이다.215) 즉, "개인의 진정한 복지는 국가에 자신의 생활을 의존함으로써가 아니라 자신의 노동에 기초한 시장 소득의 획득을 통해서만 가능하다는 것이다."216)

생산적 복지를 김대중 정부가 제시한 것은 이미 서구 복지국가들이 과도한 복지혜택을 제공함으로써 복지의존층을 양산함과 동시에 국가 경제의 위기를 초래했다는 판단에 기초하였다. 이미 '고부담·고복지'를 특징으로 하는 서구의 복지국가는 실패했으며, 따라서 복지국가 건설의 초기 단계에 있는 대한민국은 이러한 서유럽 국가들이 걸어왔던 길과는 다른 형태의 복지국가 발전경로를 밟아야 한다고 가정한 것이다.217) 여기에 1990년대 초 이후 급속히 확산된 신자유주의 세계화의 여파로 인해 경제 효율성 극대화가 국가 경영의 가장 핵심적인 과제로 부상하면서, 과거와 같이 소모적이고 시혜적인 국가 복지를 대규모적으로 제공하는 것이 더 이상 가능하지 않게 되었다는 현실 인식도 한몫을 하였다.218)

경제 효율성 증대를 선호하는 생산적 복지의 이러한 특징은 김대중 정부하에서 도입된 국민기초생활보장제도의 운영에서 특히 두드러지게 나타나고 있는데, 예를 들면 동 제도의 수급의 요건으로 근

215) 조영훈, "'생산적 복지론'과 한국 복지국가의 미래." 김연명 편. 『한국 복지국가 성격논쟁 I』(서울: 인간과 복지, 2002a), p.83.
216) 조영훈(2002a), p.90.
217) 조영훈(2002a), pp.82~3.
218) 조영훈(2002a), p.83.

로나 직업훈련을 강제하고 '조건부 생계급여제도'라는 보완장치를 도입함으로써 최저소득층에게 자활과 자조를 강요하는 것이 이에 해당한다. 이러한 제도는 이미 미국과 영국에서 저소득층에 대한 최저생활을 보장하기 위한 것이기보다는 경제 효율성 증대를 위한 노동의 재훈련이나 유연성 확보와 같은 경제적 목적으로 도입된 근로연계 복지정책과 거의 다를 바 없다. 그 결과 김대중 정부의 공공부조 제도는 근로능력이 있는 저소득층에게 저임금의 열악한 일자리라도 수용하도록 강제함으로써 저임금 노동시장을 확대했고 이들의 삶은 여전히 개선되지 않았다.[219]

노동을 통한 복지를 강조하는 이와 같은 정책은 국가가 시민권의 일환으로서 모든 시민들의 최저생활을 보장하고 노동의 상품화를 일정 정도 제약한다는 복지국가의 기본이념과 정면 배치되는 것으로서, 일반 시민의 생활보장에 대한 국가의 책임을 포기하는 것으로 볼 수 있다. 이러한 결과는 "국민기초생활보장법의 제정이 비록 시민단체의 주도로 사회운동적 차원에서 관철되었지만, 공공부조의 확대가 근로의욕을 해치며, 국가재정의 증가를 가져올 수 있다"라는 친시장적인 사상을 가진 대부분의 정부 관료들, 특히 경제부처 관료들의 강한 보수적 인식이 실제 시행령의 제정과 집행 과정에서 강력하게 반영되었기 때문이었다.[220] 사회복지제도에 대한 이러한 국내 정책결정자들의 보수적인 인식은 그간 "국가재정운영을 경제투자 중심으로 운영하고, 복지 분야의 투자를 최소화하는 발전주의적 유

---

219) 선학태, "한국 민주주의 공고화의 가능성과 한계: 김대중 정부의 사회복지개혁," 「한국정치학회보」 제39집 제5호(2005), p.188.

220) 안병영, "국민기초생활보장법의 제정과정에 관한 연구," 「행정논총」 제38집 (2000), pp.1~50.

산이 국가기구와 정책결정 과정, 더 나아가서 사회적 전반의 이데올로기로 제도화된 결과"인 것이다.221)

2003년 2월 출범한 노무현 정부하에서 '참여복지와 삶의 질 향상' 이라는 정책슬로건 아래 이루어진 사회복지개혁도 궁극적으로 이전 김대중 정부하에서 강조된 생산적 복지의 연장으로서 사회복지서비스 제공자로서의 정부 역할의 획기적인 확대이기보다는 가족 중심의 자립과 자활 및 근면을 강조하는 전형적인 잔여주의적 형태의 복지정책이라 할 수 있다. 이러한 와중에 노무현 정부 당시 국내 경제정책을 주도해온 재정경제부(지금의 기획재정부)는 "경제가 성장하지 않으면 분배 개선은 어렵다"라는 개발연대의 성장중심주의적 담론을 지속적으로 주도하였는데,222) 이는 사회복지정책이 경제성장을 저해하고 경제위기를 가속화시킬 것이라는 인식, 즉 권위주의 개발연대의 성장우선주의 이데올로기가 여전히 정부 내 특히 경제부처 관료들 사이에 강하게 살아 있음을 단적으로 보여준다.

물론 이전의 권위주의적인 보수정치세력이 퇴각하고 김대중·노무현 두 진보정부가 들어서면서 과거 정책결정과정에서 소외되어온 매우 진보적인 인사들이 정책결정에서 전면에 나서게 되었고, 이들은 정권 초기에 과거 관주도의 정치·경제 및 재벌 중심의 정치·경제제도를 개혁하는 데에 관심을 집중하였다. 그러나 이러한 개혁의지는 실질적인 정책결정 및 실행 과정에서 경제부처 관료들의 보수적인 인식, 즉 사회복지가 국가재정과 성장기조의 발목을 잡아서는 안 된다고 하는 과거 권위주의적 산업화 시기의 발전주의 이데올로

---

221) 정무권(2002b), p.416.

222) 김순영. "한국 민주주의와 빈곤의 문제." 최장집 편, 『위기의 노동』(서울: 후마니타스, 2005), p.261.

기에 의해 곧 시들어갔고, 결국 지속적인 경제성장을 우선적으로 유지하고자 하는 개발연대의 발전전략으로 되돌아갔다.

결론적으로, 이러한 사실은 과거 개발연대 권위주의 시대의 발전국가체제하에서 형성된 성장우선주의 독트린을 바탕으로 구축된 잔여적 사회복지체제 형태가 김대중·노무현 정부 시기에도 여전히 강하게 유지되었음을 단적으로 보여준다. 분배나 사회형평보다는 경제적 효율성을 전제로 하고 경제성장에 기여하는 사회복지만을 강조하기 위한 이러한 사회복지정책은 개발연대의 성장우선주의적 정책과 거의 다르지 않은 것이다. 이러한 사실은 궁극적으로 한국 사회복지정책에 있어서 경로 의존성이 여전히 강력하게 존재하고 있음을 말해준다.

9장

복지국가의 쇠퇴?

개요

　1990년대 이후 국경을 이탈하여 이루어지는 경제활동이 급증하면서 범세계적인 경제통합이 가속화되고 그로 인한 외부압력의 국내 침투가 성행하는 글로벌 경제시대에 진입하고 있다. 이러한 추세와 함께, "세계화"(globalization) 또는 "지구화"가 전 세계적으로 무척이나 자주 사용되는 용어가 되었다.223) 20세기 말 이후 뚜렷하게 나타나고 있는 이러한 경제의 세계화라고 하는 독특한 현상은 사회과학 분야에서 매우 중요한 이슈로 떠올랐는데, 이렇게 된 가장 큰 이유는 아마도 지난 150여 년 동안 지속되어 온 시장과 국가의 역할 간 상호관계에 관한 논의를 다시금 재조명하게 하는 계기를 제공했기 때문일 것이다.

　그간 많은 논객들은 세계화라고 하는 특수한 현상이 민족국가가 가지고 있던 전통적인 중요성이나 의미를 퇴색시키고 있으며 심지

---

223) 세계화는 경제의 세계화, 정치의 세계화, 그리고 문화의 세계화 등으로 구분할 수 있는데, 여기에서는 경제의 세계화에 집중한다.

어 국가의 해체까지도 가져오고 있다고 주장해왔다. 이미 1970년대 중반 이후 시장이 정부정책보다 우선한다는 이념에 근거하는 신자유주의 이데올로기가 전 세계적으로 주도적인 이념으로 부상하였고, 급기야 1990년대 초 이후에는 오마에 겐이치(Ohmae Kenichi)와 같은 부류의 이론가들이 세계화로 인하여 민족국가의 권위가 현저히 축소되거나 또는 국가가 곧 종말을 맞이할 것이라고 예견하기도 했다.[224]

실제로 1990년대 초의 NAFTA와 1995년의 WTO의 출범, 그로 인한 다자무역규범의 국내법으로의 전환, 그리고 2002년 1월 유로화(Euro) 출범과 그에 이은 유럽연합(EU)의 지속적인 확대발전 등과 같은 일련의 변화들로 미루어 볼 때, 그간 전통적으로 중요시 여겨져 오던 국가 주권이 그 의미와 중요성에 있어서 과거에 비해 현저히 퇴색되고 있다는 점에 대해서는 이론의 여지가 없어 보인다. 더욱이 WTO 출범 이후 더욱 원활해진 세계교역과 해외직접투자 및 다국적기업의 활동, 특히 국제 금융거래와 정보통신 교류와 같은 초국적 경제활동이 이제는 개별 국가 정부들의 직접적인 규제와 통제가 거의 불가능할 정도로 팽창된 것 또한 사실이다.

사회정책과 관련하여, 이러한 세계화를 지지·옹호하는 많은 학자들은 개방된 범세계적 시장(특히 금융시장)의 출현으로 인해 국내 경제를 관리하는 국가 정부의 능력이 급격히 감소함에 따라 독자적인 사회정책 운용 역량도 현저히 약화되어 결국 각국의 사회정책이 해체되거나 또는 자유주의 또는 잔여적 모델로 수렴될 것이라고 주

---

224) Ohmae, Kenichi, *The Borderless World: Power and Strategy in the Interlinked Economy* (London, New York: Collins, 1990), Idem, "The Rise of the Region State," *Foreign Affairs* (Spring 1993), pp.78~87, Idem, *The End of the Nation State: The Rise of Regional Economies* (London: Harper Collins, 1995), 오마에 겐이치 지음, 박길부 옮김, 「국가의 종말」 (한국언론자료간행회, 1997).

장해왔다. 다시 말해서, 갈수록 점증하는 경제활동과 세계 시장에서의 경쟁, 특히 금융의 세계화로 인한 자본의 원활한 이동으로 인해 기존 복지국가의 재정적 압박이 증대되고, 이는 국내 사회복지정책 축소의 압력을 증대시킴으로써 사회적 덤핑을 낳게 되어, 결국 복지국가는 정치·사회적 차이에 관계없이 시장중심적 체제로 재편될 수밖에 없다는 것이다. 전후 서유럽 국가들의 사회민주주의의 근간이 되어 온 복지국가의 쇠퇴를 예견하는 이러한 세계화론은 결국 국가(정치)에 대한 시장(경제)의 우위를 상징하는 이데올로기로 볼 수 있다.

신자유주의 세계화가 더욱 거세지는 지금 이러한 복지국가 해체론 또는 수렴론이 상당히 많은 학자들과 정책결정자들의 공감을 얻고 있는 것이 사실이다. 바로 이러한 사실이 왜 국내 정책결정자들이 그토록 국내 사회복지체제의 확대에 소극적인지를 어느 정도 설명해준다고 할 수 있다. 즉 경제세계화로 인해 서구 복지국가들이 급속히 해체되고 있는 이때, 왜 구태여 우리나라가 쇠퇴일로에 있는 서구 복지국가의 모델을 답습해야 하냐는 것이다.

하지만 이러한 복지국가 해체에 관한 주장이나 견해에 대한 검증이 국별 연구를 통해 실증적으로 이루어진 명확한 사례는 사실상 많지가 않다. 그래서 이번 장에서는 1990년대에 시행된 스웨덴 복지국가 구조조정의 실태에 대한 사례분석을 통해 이러한 신자유주의 학파의 복지국가 해체론 내지 수렴론의 유효성을 실증적으로 검증해보고자 한다.

일찍이 1930년대 마르퀴스 차일즈(Marquis Childs)의 저서 『스웨덴: 중도의 길』(*Sweden: The Middle Way*)이 출간된 이후 스웨덴 복지국가는 경제·사회정책에 대한 독특한 접근방식을 대표하는 것으로 여겨져 왔다.225) 이러한 스웨덴의 복지국가는 광범위한 인류 평등주의적(egalitarian) 사회적 합의에 일치되도록 실질 소득의 재분배를 보장하는 데에 상당한 성공을 이룩하여, 스웨덴은 현재 삶의 수준이나 삶의 질에 있어서 세계 최상위에 위치하고 있음은 물론 빈곤수준에 있어서도 세계에서 가장 낮은 수준에 있다.226) 스웨덴의 공공의료 및 사회복지 서비스의 질, 교육의 획득률, 고용율 및 노동 참여율 또한 세계 최고이다.227) 국제투명성기구(TI)의 부패인식지수(CPI) 순위에서도 스웨덴은 매년 세계 최고의 위치를 차지해오고 있고, 대외원조 부문에서도 세계 최고이며, 특히 여성과 아동의 건강, 교육 및 정치적 지위 면에서 94개국 중 최고를 기록하였고, 일본과 함께 빈곤층의 평균수명 면에서도 세계 최고의 위치에 자리 잡고 있다.228) 이러한 이유들로 인하여 복지국가 체제에 대해 전반적으로 비판적이었던 린드벡(Lindbeck)같은 인물조차도 스웨덴 복지국가는 현대 문명의 주요 업적이라고 높이 평가한 바 있다.229)

그러나 1970년대 중반 이후 스웨덴의 생산직 노동자 노조 중앙조직(LO: Landsorganisationen-Swedish Trade Union Confederation)이 임금균등화, 노사공동결정법, 임노동자기금안(wage-earner funds) 등의 급진적인 정치적 노선을 선택하면서 노사 간 갈등이 갈수록 심화되었고,

---

225) Childs, Marquis W., *Sweden: The Middle Way* (Yale University Press, 1961).

226) Thakur, Subhash, Keen, Michael, Horváth, Balázs, and Cerra, Valerie, *Sweden's Welfare State: Can the Bumblebee Keep Flying?* (Washington, D.C.: IMF, 2003), pp.103~4.

227) Ibid.

228) Ibid., pp.38~9.

229) Lindbeck, Assar, *The Selected Essays of Assar Lindbeck, Vol. 2, The Welfare State* (Aldershot, U.K.: Edward Elgar, 1993).

결국 1991년 스웨덴 사용자연합(SAF: Sveriges arbetsgivareförening-Swedish Employers' Confederation)이 이에 대한 반발로 임금단체협의에서의 탈퇴를 천명함으로써 스웨덴 사민주의 모델은 해체의 길로 나아가게 되었다.[230] 이로 인해 제도적·사민주의적 복지체제로 잘 알려진 스웨덴 복지국가는 위기에 빠지는 듯했다. 엎친 데 덮친 격으로 1990년대 초 스웨덴 사상 최악의 금융위기와 경제위기를 겪으면서, 실업급여 및 공공복지서비스 분야에서 노령연금에 이르기까지 복지정책 전반에 대한 대대적인 축소지향적인 구조조정이 시행되었다. 이는 누가 보기에도 세계화론자들이 예측한 복지국가의 쇠퇴 내지 잔여적 모델로의 수렴을 단적으로 입증하는 뚜렷한 증거로 비쳤다.

그러나 후술하는 바와 같이, 1990년대 기간 동안 스웨덴에서 시행된 복지국가에 대한 구조조정은 세계화라고 하는 외부적 압력에 대응하기 위한 전략이었다기보다는 당시 갑자기 불어 닥친 심각한 경제침체에 대응하면서 기존의 사민주의적·제도적 복지체제의 특성을 유지하고자 한 단기적인 시도로 볼 수 있다. 기존 복지체제의 근간을 완전히 해체하려는 것이 아니라 그저 방어적이고 경제위기 기간 동안에 기존의 체제를 어떻게든 유지하기 위한 목적을 가진 구조조정이었던 것이다.

---

230) Martin, Andrew, *The Swedish Model: Demise and Reconfiguration* (Minda de Gunzburg Center for European Studies, Harvard University, 1994). Pestoff, Victor, "Globalization, Business Interest Associations and Swedish Exceptionalism in the 21st Century," *mimeo* (2001). 안재흥, "스웨덴모델의 형성과 쇠퇴: 노동운동을 중심으로 한 통시적 비교", 「국가전략」, 제7권 3호 (2001), pp.135~6. Idem, "생산레짐과 복지국가체제 상호연계의 정치: 이론적 논의와 스웨덴 노사관계 사례의 분석." 「한국정치학회보」, 제38집 5호(2004), p.408. 그러나 월러스타인 외(Wallerstein et al.)가 주장하듯이, 이로 인한 스웨덴 임금교섭의 분산화의 정도는 과장된 면이 없지 않다. Wallerstein, Michael, Golden, Miriam and Lange, Peter, "Unions, Employers' Associations and Wage-Setting Institutions in Northern and Central Europe, 1950~1992," *Industrial and Labor Relations Review*, Vol. 50, No. 3 (1997), pp.379~401.

예를 들어, 구조조정으로 삭감되었던 많은 사회급여나 서비스가 1990년대 중반 이후 스웨덴 경제가 빠르게 회복되면서 이전의 수준으로 곧 회복되었고, 1990년대 초 금융위기 이후 사회지출 예산을 대폭 삭감하라는 국제 경제기구들로부터의 압력에도 불구하고 스웨덴의 소득이전 지출은 지속적으로 급증했다. 결과적으로 경제침체와 구조조정 기간 동안에 스웨덴의 빈곤수준은 오히려 낮았고 소득 불평등 수준도 이전과 비교해 전혀 변하지 않았다. 21세기에 들어서는 스웨덴 복지국가의 독특한 특성들이 어떤 면에 있어서는 더욱 강화되고 있는 추세에 있고, 국정목표 역시 여전히 '복지의 보편성 원리의 성취'에 있다.

이렇듯 스웨덴 복지국가는 위기에도 불구하고 전체적으로 볼 때 여전히 사민주의적 복지체제를 성공적으로 유지해오고 있는 반면, 세계화론은 세계화의 압력으로 복지국가가 쇠퇴 내지는 잔여적 복지체제 유형으로 수렴될 것이라고 주장하여 왔다. 이러한 점에서 1990년대 스웨덴 복지국가의 구조조정에 관한 사례는 기존의 세계화와 복지국가 간의 관계에 관한 논의에 많은 시사점을 제공할 수 있을 것이다.

기존 연구의 검토

20세기 말 이후 세계화의 출현과 관련하여, 그간 많은 논객들이 이데올로기적 정향에 관계없이 절대적이고 영속적인 최고의 권력으

로 여겨져 왔던 민족국가(nation-state)의 주권이 '위로부터의 위협'
과 '아래로부터의 위협'으로 그 개념의 유용성을 잃고 있다고 주장
하였다.231) 하지만 역사적으로 볼 때, 이러한 국가의 쇠퇴나 해체 주
장은 전혀 새로운 것이 아니다. 이미 지난 20세기 초 마르크스 · 레
닌주의자들과 몇몇 자유주의 이론가들이 국가의 궁극적인 종말을
예언한 바 있으며, 유럽지역통합(European regional integration)이
한창 진행되기 시작하던 1940~50년대에 기능주의 통합이론가들도
이와 비슷한 예측을 제시한 바 있다.232)

　일찍이 미국의 저명한 사회학자 다니엘 벨(Daniel Bell)도 1950년
대의 급변하는 국제 정치상황을 논하면서 국가의 힘과 역할이 점점
무기력하고 비효율적으로 되어가고 있다고 지적한 바 있다.233) 1970
년대 초반에 버논(Raymond Vernon)도 다국적 기업들의 위력 앞에
서 국가 주권의 의미가 상실되고 있다고 지적하였다.234) 1990년대
초 스톱포드 외(Stopford et al.)는 초국적 기업들의 급증과 이들에
의한 세계자원의 지배로 인하여 자국의 사회복지와 산업보호를 위

---

231) McGrew, A., "A Global Society," in Hall, S., D. Held and A. McGrew (eds.), *Modernity and Its Future* (Cambridge: The Open University, 1992). Rosenau, James N., *Turbulence in World Politics: A Theory of Change and Continuity* (Princeton: Princeton Univ. Press, 1990). Keane, J., "Introduction," in Offe, C., ed., *Contradictions of the Welfare State* (Cambridge: The MIT Press, 1984). Julius, D., *Global Companies and Public Policy* (London: RIIA, Pinter, 1990). Horsman, M. and Marshall, A., *After the Nation State* (London: Harper Collins, 1994). Robison, O., *The Decline of the Nation State*, Commentary given on Vermont Public Radio on March 21, 1997, Retrieved February 7, 2001, on the Internet at 〈http://www.salsem.ac.at/orcomments/1997/vpr-032197.html〉.

232) Haas, Ernst, *The Uniting of Europe: Political, Social and Economic Forces, 1950-1957* (Stanford: Stanford University Press, 1958). Mitrany, David, *A Working Peace System: An Argument for the Functional Development of International Organization* (Chicago Publication, 1966).

233) Bell, Daniel, *The End of Ideology: On the Exhaustion of Political Ideas in the Fifties: With A New Afterword* (Cambridge, Mass: Harvard University Press, 1990).

234) Vernon, Raymond, *Sovereignty at Bay: The Multinational Spread of U.S. Enterprises* (New York: Basic Books, Inc., 1971), p.3. 윤영관, "세계화와 탈냉전의 국제질서," 윤영관, 배영자 편, 『세계화와 한국』(을유문화사, 2003), p.28에서 재인용.

한 규제에 대한 요구를 만족시킬 수 있는 국가의 전통적인 권위와 역량이 현저히 약화되었다고 주장했다.235)

보수성향의 미 정치학자 새뮤얼 헌팅턴(Samuel Huntington)과 프랜시스 후쿠야마(Francis Fukuyama)도 탈냉전 직후에 출판한 그들의 저서에서 곧 다가올 탈역사세계에서 국가 주권이 대부분 사라지고 시장이 국가를 대체하게 될 것이라고 예언하였다.236) 비슷한 시기에 좌파성향의 영국의 역사학자 에릭 홉스봄(Eric Hobsbawm)도 이와 비슷하게 초국적 경제가 세계를 지배함에 따라 민족국가가 쇠퇴하고 있다고 지적하였고,237) 라이히(Reich)를 포함한 많은 공공정책 분석가들도 초국적 경제가 범세계적으로 확산되면서 국가는 더 이상 고유의 국내정책을 효과적으로 운용할 수 없게 되었다고 주장했다.238) 로버트 커트너(Robert Kuttner)도 경제 세계화로 인하여 개별 국가들의 복지정책의 운용이 더욱 어려워지고 있다고 지적하였고,239) 허츠(Noreena Hertz)는 강력한 초국적 기업들의 부상으로 인한 국가정책의 와해 가능성을 경고하였다.240) 더 나아가 로버트 콕스(Robert Cox)와 같은 비판이론가들은 세계 자본주의체제하에서 초국적 "사회세력"들이 정통적 민족국가를 대체한다고 주장하였

235) Stopford, J., Strange, S., Henley, J. S., *Rival States, Rival Firms: Competition for World Market Shares* (Cambridge: Cambridge University Press, 1991), p.7.

236) 새뮤얼 헌팅턴 지음, 이희재 옮김, 『문명의 충돌』(김영사, 2003), pp.37~8. Fukuyama, Francis, "The End of History?," *The National Interest* 16 (Summer 1989), pp.3~18. Idem, *The End of History and the Last Man* (Penguin, 1992).

237) 에릭 홉스봄 지음, 이용우 옮김, 『극단의 시대: 20세기 역사』(까치글방, 1997), p.583.

238) Reich, R. B., *The Work of Nations* (New York: Vintage, 1992).

239) 로버트 커트너, "세계 자본주의 경제에서의 정부의 역할," 앤서니 기든스 • 윌 허튼 편저, 박찬욱 외 옮김, 『기로에 선 자본주의』(생각의 나무, 2000), pp.290~319.

240) Hertz, Noreena, *The Silent Takeover: The Global Capitalism and the Death of Democracy* (HarperBusiness, 2003).

다.241) 수잔 스트레인지(Susan Strange)는 세계화와 더불어 국가의 힘과 권위가 질과 양적인 면에 있어서 모두 과거에 비해 상당히 위축되었다고 주장하였다.242)

이러한 세계화론의 사상적 근원은 18세기 아담스미스의 야경국가로 거슬러 올라갈 수 있는데, 이미 1970년대 초반 이후 급속히 부상한 일군의 신자유주의(Neo-liberalism) 경제이론가들이 이러한 야경국가로의 회기를 거세게 주장하면서 케인스주의적 복지국가의 종말론과 최소국가 예찬론을 펼쳤다.243) 1970년대 초반 오일쇼크와 그에 이은 세계 경제침체를 배경으로 케인스주의에 대한 직접적 대응의 성격을 띠고 출현한 이러한 신자유주의는 신고전파 경제학의 견해를 계승하면서 탈 국가적 시장중심주의 사상에 입각하여 케인스주의적 복지국가의 종식을 주장했다.

'자유시장이 곧 개인의 자유'이고 자유시장으로부터의 어떠한 이탈도 과거의 '농노제에 이르는 길'(the road to serfdom)이라고 믿었던 신자유주의 학파는 전후 케인스주의적 복지사회 건설 정책이 재

---

241) Cox, Robert W., "Structural Issues of Global Governance," in Gill, S., ed., *Gramsci, Historical Materialism, and International Relations* (Cambridge: Cambridge University Press, 1993), pp.259~89.

242) Strange, S., *The Retreat of the State: The Diffusion of Power in the World Economy* (Cambridge: Cambridge University Press, 1996).

243) Nozick, Robert, *Anarch, State and Utopia* (New York: Basic Books, 1974). Ostrom Elinor, *Governing the Commons: The Evolution of Institutions for Collective Action* (Cambridge: Cambridge University Press, 1991). Mises, Ludwig von, *Money, Method, and the Market Process: Essays by Ludwig von Mises* (Kluwer Academic Pub., 1996). Hayek, Friedrich, *Law, Legislation and Liberty, Vol 1: Rules and Order* (London: Routledge and Kegan Paul, 1973). Bhagwati, J. N., *Foreign Trade Regimes and Economic Development: Anatomy and Consequences of Exchange Control Regimes* (New York: National Bureau of Economic Research, 1978). Friedman, Milton, *Capitalism and Freedom* (Chicago: University of Chicago Press, 1962). Friedman, M. and Friedman, R., *Free to Choose* (Penguin, 1980). Lall, D., *The Poverty of Development Economics* (London: IEA, 1983). Krueger, A. O., *Foreign Trade Regimes and Economic Development: Liberalization Attempts and Consequences* (New York: National Bureau of Economic Research, 1978).

정적자, 공공부문의 비효율성, 도덕적 타락 등을 초래하였다고 비난하고 작은 정부를 주창하며 복지삭감을 포함한 탈규제, 통화주의, 경쟁도입, 조세인하, 민영화, 경제자유화, 임금규제 및 유연화, 반노조정책과 노동탄압 등 급진적이고 과격한 공급우선정책의 실행을 주창했다. 이러한 신자유주의 이데올로기와 정책은 1990년대 초 동구 공산주의가 몰락하면서 더욱 힘을 얻게 되었다.

이러한 신자유주의자들은 세계화가 국가의 사회정책에 주로 다음과 같은 방식으로 부정적인 영향을 미친다고 상정한다. 우선, 금융 세계화로 인해 국내 및 외국 자본에 대한 국가의 의존도가 급속히 증대되면서 각 국가 정부는 자본의 이익에 반하는 사회정책을 수립하고 시행하기가 어렵게 되었다. 좀 더 구체적으로 말하면, 전 세계 대부분의 국가 정부들은 국제 금융시장의 신세를 지고 있는 관계로 심지어 높은 실업률의 손해를 감수하면서라도 반인플레이션 정책과 재정적으로 보수적인 정책을 도입할 수밖에 없는 상황에 놓이게 되었다. 또한 자국 내에 외국인 투자를 유치하고 국내 기업을 묶어두기 위해서 국가 정부들은 그들의 국내 노동시장을 더욱 유연하게 만들도록 강요당해왔다.

더욱이 증대된 금융 및 산업자본의 이동 가능성은 기업들로 하여금 국가 간의 조세 차이에 매우 민감하게 반응하도록 하였는데, 이러한 조세율과 관련한 국제거래 이동의 증대는 국가들로 하여금 경쟁적으로 자국의 조세율 수준을 감소하도록 강요하였고, 이는 결과적으로 국가의 조세소득이 감소되는 경향을 심화시켰다. 예를 들어, 기업과 자영업자 수익에 대한 독일의 평균 실효세율은 지난 1980년 37%에서 1994년 25%로 감소되었는데, 이는 전 세계적으로 거의

같은 추세이다.244)

이처럼 증가된 자본의 이동성으로 인해 높은 수준의 조세를 지속적으로 부과하는 것이 더 이상 가능하지 않게 되었는데, 이것은 곧 재분배정책의 운용이 더 이상 과거와 같이 용이하지 않게 되었다는 사실을 의미한다. 각 국가가 이토록 경쟁적으로 조세율 수준을 감소시키면서까지 금융 및 산업자본을 자국 영토에 유치하려는 이유는 주로 새로운 고용창출에 대한 기대 때문인데, 어쨌든 이러한 '복지국가에서 경쟁국가'로 전환되는 상황은 국가의 사회안전망 프로그램과 재분배정책에 대한 축소압력을 증대시켰고, 결국 복지국가의 쇠퇴를 초래했다는 것이다.

하지만 복지국가에 대한 세계화론의 회의적인 견해는 다음과 같은 몇 가지 심각한 문제점들을 안고 있다. 우선 가장 큰 문제점은 세계화론이 국내 정치, 특히 국내 사회정책 결정과정의 정치를 전혀 고려하지 않았다는 사실에 있다. 세계화론은 근본적으로 국내 수준에서의 행위자들이 선택의 여지가 전혀 없으며 세계화의 압력을 저항하는 데 실패할 것이라고 상정한다. 하지만 많은 경우 현실은 이러한 세계화론의 기대와는 전혀 다르게 노정되어 왔다. 최근 많은 연구들에서 드러난 것과 같이 세계화의 충격에도 불구하고 스웨덴을 비롯한 북유럽 및 서유럽대륙 국가들은 미국, 영국, 호주, 뉴질랜드와 같은 자유주의적 복지정책 유형의 국가들과는 다르게 여전히 안정적인 복지체제를 성공적으로 유지해왔다.245) 이들 국가들은 모

---

244) 한스 페터 마르틴·하랄트 슈만 지음, 강수돌 옮김, 『세계화의 덫: 민주주의 삶의 질에 대한 공격』(영림 카디널, 1997), p.353.

245) Clasen, Jochen and Gould, Arthur, "Stability and Change in Welfare State: Germany and Sweden in the 1990s," *Policy and Politics*, Vol. 23, No. 3 (1995), pp.189~201. Ploug, N. and Kvist, J.,

두 비슷한 경제수준에 있는 선진공업국들임에도 불구하고, 몇몇 국가들은 다른 국가군들에 비해 복지체제를 더 성공적으로 운용해오고 있는 이유는 국내 정치에 대한 고려 없이는 전혀 파악할 수 없는 문제이다. 이는 한마디로 정치가 시장의 힘보다 강하다는 사실을 여실히 보여주는 예이다.

특히 세계화는 자주 주장되는 것과 달리 국내 행위자, 특히 정치적 좌파와 노조를 약화시키지 않았다.[246] 대부분의 서유럽 국가들에서 복지국가를 지지하는 노조와 같은 강력한 국내 이익집단들과 행위자들은 사회정책 변화에 대항해서 언제든 항의데모나 실력행사를 할 준비가 되어 있으며 결국에는 선거에서 이를 표출해왔다. 한 예로, 지난 1994년 총선에서 스웨덴 유권자들은 1991~94년 3년간 통치했던 중도우파 연립정부(보수당, 자유당, 중앙당, 기민당)를 거부했는데, 이유는 사회지출과 복지서비스를 더욱 감축할 것이라는 중도우파 정부의 위협 때문이었다. 그리고 1994년 다시 정권을 잡은

Social Security in Europe: Development and Dismantlement? (Hague and London: Kluwer Law International, 1996). Pierson, Paul, "The New Politics of the Western State," *World Politics*, Vol. 48 (Spring 1996), pp.143~79. Esping-Andersen, Gøsta, (ed.), *Welfare States in Transition: National Adaptations in Global Economies* (London: Sage, 1996). Kautto, Mikko *et al.*, *Nordic Social Policy: Changing Welfare States*(London and New York: Routledge, 1999). Kuhnle, Stein, "The Scandinavian Welfare State in the 1990s: Challenged but Viable," *West European Politics*, Vol. 23, No. 2 (2000a), pp.209~28. Idem, *Survival of the European Welfare State* (London: Routledge, 2000b). Saunders, Peter, "Australia Is Not Sweden: National Cultures and the Welfare State," *Policy* (Spring 2001), Retrieved on 15 February 2005, on the Internet 〈http://www.cis.org.au/policy/Spring01/PolicySpring01_6.html〉. Noble, Allan, "Globalization and National Policy: Australia versus Sweden," 2004, Retrieved on 15 February 2005, on the Internet 〈http://mc2.vicnet.au/home/anarcho/web/globalizationandnational...〉. 조영훈, 『변화하는 세계, 변화하는 복지국가』(집문당, 2004). Park, Yong Soo, "The Western European Welfare State in a Time of Globalization and Its Future," Paper presented at 2005 Spring International Symposium of the Korean Society of Contemporary European Studies on the Fifth Enlargement of the EU and Korea's Future Task for Cooperation, Yonsei University, Seoul (May 28, 2005).

246) Garrett, Geoffrey, *Partisan Politics in the Global Economy* (Cambridge: Cambridge University Press, 1998), p.4.

스웨덴 사민당(SAP: Socialdemokratiska Arbetareparti-Social Democratic Party) 정부가 소득연계 실업급여의 소득대체율을 이전소득의 75%로 삭감하고 수급 대기일을 5일에서 6일로 늘리는 등의 실업급여와 관련된 여러 가지 개혁안을 내놓자, 스웨덴 노조는 1996/97년 겨울 기간 내내 스웨덴 역사상 처음으로 사민당 정부에 대항하는 대규모 시위를 공개적으로 벌였다. 결국 페르손 정부는 이 조치가 일시적인 조치라는 공약을 노조에게 한 뒤에야 동 조치를 겨우 시행할 수 있었고, 애초의 약속대로 사민당 정부는 1997년 9월에 소득연계 실업급여의 소득대체율을 이전 소득의 80% 수준으로 회복시켰다.

하지만 이미 사민당 정부의 긴축정책과 복지삭감 정책에 대해 그간 쌓였던 노조와 일반 유권자들의 불만은 1998년 총선에서 표출되었다. 1998년 총선에서 사민당은 1994년 선거 때보다 30석이나 더 적은 131석을 얻어 좌파당과 녹색당과의 지지를 얻어서야 겨우 정권을 유지할 수 있었다.[247] 신민주주의당(New Democracy)도 1991년 선거에서 25명의 의원을 배출하였으나, 복지삭감을 지지하면서 1994년 선거 이후 단 한 명의 의원도 배출하지 못하였다. 이는 복지에 대한 정면공격과 복지삭감이 선거에 얼마나 부정적인 영향을 미치는 매우 위험한 것인가를 잘 보여주는 사례이다. 이러한 이유로 재선을 최대 목표로 삼는 이들 국가들의 정치가들은 대체적으로 대중(특히 노조)에 인기 있는 사회정책에 간섭하기를 꺼려한다. 결론적으로, 세계화의 충격은 국내 행위자들에 의해 강하게 조정되며, 이러한 이유로 국내 사회정책 결정과정에 미미한 영향력만을 행사

247) Möller, Tommy, "The Swedish Election 1998: A Protest Vote and the Birth of a New Political Landscape?" *Scandinavian Political Studies*, Vol. 22, No. 3 (1999), pp.261~76.

한다고 할 수 있다.

많은 논객들은 복지국가 쇠퇴의 근거로 많은 서유럽 국가들에서의 조합주의의 붕괴를 들지만, 조합주의에 근거한 대안적 모델은 세계화 시대에도 아직 경제적으로나 정치적으로 실행 가능하기 때문에 복지국가가 굳이 쇠퇴하거나 또는 자유주의형 복지국가로 수렴될 가능성은 그리 크지 않다고 할 수 있다.248)

가레트(Garrett)는 정부의 광범위한 사회개입이 시행되는 제도적 복지국가들의 경제성과가 세계경쟁의 변화에 더 잘 준비된 자유주의형 복지국가들보다 더 나쁘지 않다는 사실을 입증하였는데, 그에 의하면 세계화로 인하여 국가의 재분배정책이 약화되지 않고 오히려 강화되었는데, 그 이유는 시장의 통합으로 초래된 더 큰 사회불안정이 사회구성원들 사이에 사회안전망에 대한 필요성을 증가시켰기 때문이다.249) 따라서 그의 견해에서 볼 때 세계화로 인한 수렴론은 세계화의 압력에 대한 국내 정치상황의 효과를 과소평가한 것이다.250) 국제 경제에의 개방의 증대와 이로 인한 외부압력에의 취약성이 국가 정부의 사회정책 선택에 큰 영향을 미친 것은 사실이지만, 이것이 곧 복지국가의 쇠퇴나 해체로 볼 수는 없는 것이다. 세계화에도 불구하고, 사회정책을 입안하고 시행하는 국내 정책결정자들과 이들에게 정치적 압력을 행사하는 노조와 같은 강력한 이익단체들의 권력은 여전히 강하기 때문이다. 따라서 경제정책 운영능력에 있어서 제한적이라는 사실이 곧 사회정책 운영능력의 제한을 의미

---

248) Garrett(1998), p.4.

249) Ibid.

250) Ibid., p.3.

하진 않는 것이다. 물론 사회지출에 대한 예산상의 한계가 있는 것은 사실이지만, 지나친 적자지출을 하지 않는 한 GDP에서 상당 부분을 사회정책이나 부의 재분배에 배당하는 것은 여전히 각 국가정부의 자유의지에 달린 것이다.

이러한 점에서, 세계화의 압력이 강한 것은 사실이지만, 이러한 세계화의 압력이 국내 사회정책에 미치는 영향은 지나치게 과장되었다고 보는 것이 옳다. 실제로 최근 많은 연구들에서 세계화가 선진국의 사회정책 변화에 미치는 영향은 세계화론이 주장하는 것보다 더 적은 것으로 드러났다.[251] 결론적으로, 세계화와 국가의 자율성은 상호 배타적인 관계에 있지 않으며, 국내 정치가 오히려 복지국가의 변화를 설명하는 데에 더욱 중요한 요인이라고 할 수 있다.[252]

세계화론이 안고 있는 두 번째 문제는 사용자 및 자본의 힘과 이들의 복지축소에 대한 지지성향을 지나치게 과대평가했다는 데에 있다. 현실은 세계화가 자본의 힘을 급격하게 향상시키지도 않았으며, 기업과 사용자들로 하여금 복지체제에 적대적으로 만들지도 않았다는 것을 명확하게 보여준다. 자본가들의 이동성이 예전에 비해

---

251) Hicks, A., *Social Democracy and Welfare Capitalism* (Ithaca, NY: Cornell University Press, 1999). Ferrera, M and M. Rhodes, "Recasting European Welfare State: An Introduction," in Ferrera, M and M. Rhodes (eds), *Recasting European Welfare State* (London: Frank Cass Publishers, 2000a). Idem. "Building A Sustainable Welfare State," in Ferrera, M and M. Rhodes (eds), *Recasting European Welfare State* (London: Frank Cass Publishers, 2000b). Leibfried, S. and H. Obinger, "Welfare State Futures: An Introduction," in Leibfried, S. ed., *Welfare State Futures* (Cambridge: Cambridge University Press, 2001). Pierson, P., "Post-industrial Pressures on the Mature Welfare States," Pierson, P. ed., *The New Politics of the Welfare State* (Oxford: Oxford University Press, 2001). Cochrane, A., Clarke, J., and Gewirtz, S., "Looking For A European Welfare State," in Cochrane, A., Clarke, J., and Gewirtz, S. (eds) *Comparing Welfare States* (London: Sage, 2001). Myles, John and J. Quadagno, "Political Theories of the Welfare State," *Social Service Review*, Vol. 76, No. 1 (2002), pp.34~57. Ferguson, I. et al., *Rethinking Welfare: A Critical Perspective* (London: Sage, 2002). Sawnk, D., *Global Capital, Political Institutions, and Policy Change in Developed Welfare States* (Cambridge: Cambridge University Press, 2002).

252) Garrett(1998), p.6.

강해진 것은 사실이지만, 이것이 곧 이들이 항상 값싼 저임금 국가로 이동한다는 것을 의미하지는 않는다. 실제로 1990년대에 들어 스웨덴의 주요 기업들이 자신들의 본부를 해외로 이전시킨 경우는 거의 없었다. 만약 이것이 일어날 것이었다면, 이미 오래전에 일어났었어야 할 것이었다. 왜냐하면 스웨덴은 이미 상당히 오래전부터 대외무역에 개방적이었으며, 법인세 또한 그 어느 국가들에 비해 지속적으로 낮은 수준으로 유지해 왔기 때문이다.

더욱이 스웨덴 기업들과 기업단체연합들은 세계화로 인해 사회정책 축소를 요구하지도 않았다. 예를 들어 1990년대 구조조정 기간 중 스웨덴 사용자연합(SAF)은 결코 스웨덴 복지체제의 대수술을 요구하지 않았다. 민간 기업들은 원칙적으로 더 낮은 세금과 더 유연한 노동법률 등을 선호할지 모르지만, 이들도 작금의 포괄적이고 보편적인 스웨덴 복지서비스와 교육시스템을 지지했다. 이유는 이들도 이러한 시스템으로부터 큰 혜택을 보고 있었기 때문이다. 앞으로는 기술집약적인 기업들이 경쟁에서 유리할 것인데, 스웨덴의 제도적 복지체제는 이러한 기술집약적 노동력을 쉽게 생산·유지할 수 있다는 장점을 가지고 있다. 이러한 이유로 스웨덴 민간 기업들의 입장에서 볼 때, 구태여 스웨덴 모델을 와해시킬 동기가 거의 없는 것이다. 결과적으로, 스웨덴 사용자들로부터 사회지출 또는 조세 삭감에 대한 야단스러운 요구가 거의 없었으며, 더욱이 스웨덴 국내 기업들이 임금이 싼 해외지역으로 집단 대이동하는 징후는 거의 찾아볼 수 없었다.[253]

세계화론이 안고 있는 또 다른 문제는 세계화론이 주장하는 복지

---

253) Ibid.

국가의 쇠퇴나 해체를 보여주는 명확한 '경험적 증거'를 그 어디에서도 찾아볼 수 없다는 사실이다. 1980년대 이후 신자유주의 세계화, 특히 상기한 금융 세계화의 영향으로 인해 국가의 복지정책이 축소압력에 직면해 오고 있는 것은 사실이지만, 그것이 곧 복지정책의 쇠퇴나 와해로 이어졌다는 경험적 증거는 찾기 힘들다.254)

예를 들어, 대부분의 서방국가 정부들의 사회복지 지출은 신자유주의정책이 활개 치던 1980년대는 물론 1990년대를 통해서도 계속 증가한 것으로 나타났다. 유엔(UN)의 한 통계에 따르면, 1972년에 14개 선진국들(호주, 뉴질랜드, 미국, 캐나다, 오스트리아, 벨기에, 영국, 덴마크, 핀란드, 독일(서독), 이탈리아, 네덜란드, 노르웨이, 스웨덴)은 평균적으로 중앙정부 예산의 48퍼센트를 사회보장제도, 복지, 보건 및 주택공급에 지출했는데, 이는 1990년에 51퍼센트로 증가했다.255) 또 OECD 회원국들을 상대로 한 다른 연구결과에서도 GDP 대비 사회안전망에 대한 정부지출액의 평균비율도 1980년 19.3%에서 1990년 22.1%, 그리고 1997년에 23.5%로 꾸준히 증가한 것으로 나타났다.256) EU 15개 회원국들의 경우에도, EU 통합이 가속화되는 와중에서도 평균적인 사회복지지출 수준이 1990년의 25.4%에서 1998년의 27.7%로 오히려 2.3% 증가한 것으로 나타났다.257) 쿤(Kuhnle)의 2000년 연구에서도 서유럽 복지국가가 와해되

---

254) Jackson, Andrew, "Globalization and Progressive Social Policy," Paper presented to the 10th Biennial Conference on Canadian Social Welfare Policy, Calgary (June 18, 2001), p.4.

255) UN, *World Development* (1992)의 (Table 11). 에릭 홉스봄 지음, 이용우 옮김, 『극단의 시대: 20세기 역사』 (까치글방, 1997), p.561에서 재인용.

256) Arjona, Roman, Maxime Ladaique and Mark Pearson, "Growth, Inequality and Social Protection," Draft OECD paper presented to the IRPP-CSLS Conference on Linkages between Economic Growth and Inequality, Ottawa (Jan. 26-27, 2001).

257) Eurostat, "Social Protection in the EU-Decreasing Share of Social Contributions in Funding of Social

었다고 주장되던 1980년부터 1995년까지 대부분의 유럽 복지국가들의 GDP 대비 사회지출비율이 오히려 꾸준한 증가 추세에 있었음을 보여주고 있다(표 1). 다음 절에서 설명되는 스웨덴의 사례연구에서도 나타나듯이, 스웨덴의 경제위기가 한창 진행되는 1990년대 이후에도 스웨덴 정부의 소득이전 지출과 사회보험 재정투입율은 꾸준한 상승세를 보여주었다.

〈표 1〉 GDP 대비 사회지출비율(%) 추이 비교

구분	1980년	1990년	1995년
유럽대륙 국가	28.1	30.1	30.1
스칸디나비아 국가	25.6	28.1	32.1
남부유럽 국가	15.0	8.0	22.2
영국	21.5	24.3	27.7

출처: Kuhnle, Stein, *Survival of the European Welfare State* (London: Routledge, 2000b). 이혜경, "한국 복지국가 성격 논쟁의 함의와 연구방향." 김연명 편, 『한국 복지국가 성격논쟁 I』(서울: 인간과 복지, 2002), p.473에서 재인용.

이러한 사실은 결국 세계화로 인한 각국 경제의 개방으로 소득분배에 부정적인 결과가 초래됨에 따라 국내적으로 정치적인 압력이 증가하여 오히려 사회보장제도의 상승효과가 난다는 국내 복지정치론적 견해를 입증하는 것이다.[258] 즉 세계화가 진전됨에 따라 세계화의 부정적인 영향을 완화시키기 위한 정부개입과 사회지출 증가에 대한 국내적 요구가 증대되면서 정부의 개입과 사회지출이 감소

Protection," *News Release* (June 2001).

258) Garrett(1998), Rodrik, D., "Has Globalization Gone Too Far?", *Institute for International Economics* (1997a), Idem, "Trade, Social Insurance, and the Limits to Globalization," NBER Working Paper No. 5905 (Cambridge, Mass., 1997b), Idem, "Why Do More Open Economies Have Bigger Governments?" *Journal of Political Economy*, Vol. 106 (1998), pp.997~1032.

되기 보다는 오히려 더욱 증가한 것이다. 결론적으로, 오늘날 서유럽 복지국가들의 현실은 대체적으로 복지국가가 세계 시장의 변화와 세계화의 압력과 같은 거시적 압력으로 인해 쇠퇴 내지 해체될 것이라는 세계화론의 예견과는 전혀 다르게 노정됨을 보여준다. 이런 점에서 왜 퍼거슨(Ferguson)과 같은 일련의 학자들이 세계화론을 그저 하나의 과장된 신자유주의 이데올로기의 한 부분이라고 주장했는지 조금은 이해할 수 있다.259)

사례연구: 1990년대 스웨덴 복지국가의 구조조정

우선 1990년대에 시행되었던 스웨덴 복지국가의 구조조정에 대해 살펴보기 전에, 스웨덴 복지체제 유형의 특징에 대해 명확하게 파악해볼 필요가 있다. 복지국가 연구의 전문용어는 광범위하며 서로 중복되는 경우가 많은데, 스웨덴이 속한 복지체제의 유형은 주로 사민주의적, 제도적, 또는 보편적 유형으로 불린다. 이 연구의 제7장에서 설명된 바와 같이, 오늘날 복지체제의 유형분류에 있어서 가장 대표적인 학자는 에스핑-안데르센(Esping-Andersen)을 들 수 있는데, 그는 자본주의 국가들에서 존재하는 복지체제를 시민생활에서의 국가 개입의 정도와 복지제도의 탈 상품화의 정도에 따라 사민주의 모델, 조합주의·보수주의 모델, 그리고 자유주의 모델 등 크게 세 가지 유형으로 분류했다.260)

259) Ferguson et al.(2002), p.136.
260) 이 연구 제7장의 〈표 1〉 참조.

사민주의 모델은 국가개입의 정도와 복지제도의 탈 상품화 효과가 모두 큰 반면, 시장의 역할이 작고 사회보장 프로그램의 제공이 보편성을 띤다. 스웨덴, 노르웨이, 핀란드, 덴마크 등의 스칸디나비아 국가들이 이러한 사민주의 모델에 속하는 대표적인 국가들이다. 조합주의·보수주의 모델은 국가개입의 정도가 크고 시장의 역할이 최소화되기는 하지만, 기여에 기초하여 보상을 제공하는 사회보험이 발달되어 있어 탈 상품화 정도가 제한적이다. 오스트리아, 벨기에, 독일, 네덜란드, 프랑스, 이탈리아 등의 유럽대륙 국가들이 이러한 조합주의·보수주의 모델에 속한다. 마지막으로 자유주의 모델은 국가개입의 정도와 탈 상품화 효과가 모두 작고, 사회보장지출 수준이 낮으며, 사회 불평등에 허용적이고, 주로 자산조사를 동반하는 공공부조에 의존한다. 미국, 캐나다, 영국, 호주, 뉴질랜드 등의 앵글로·색슨 국가들이 이러한 자유주의 모델에 속한다.

한편 윌렌스키와 르보(Wilensky and Lebeaux)[261] 그리고 코르피(Korpi)[262]와 같은 학자들은 복지체제를 크게 제도적(institutional) 모델과 잔여적(residual) 모델 등 크게 두 가지로 구분하였다. 여기서 제도적 모델의 분류는 광범위하게 볼 때 에스핑-안데르센의 사민주의 모델과 겹치고, 잔여적 모델은 에스핑-안데르센의 자유주의 모델과 일치한다고 볼 수 있다. 에스핑-안데르센과 코르피는 제도성 및 연대성 또는 보편성으로 특징지어지는 복지체제를 일컫기 위해 '포괄적'(encompassing)이라는 용어를 사용하였는데,[263] 이는 국민들의

---

261) Wilensky, Harold, and Charles Lebeaux (eds.), *Industrial Society and Social Welfare* (New York: Russell Sage, 1958).

262) Korpi, Walter, *The Democratic Class Struggle* (London: Routledge and Kegan Paul, 1983), pp.191~2.

263) Esping-Andersen, Gøsta and Korpi, Walter, "From Poor Relief to Institutional Welfare States: The

사회안전망이 대부분 국가에 의해 제공된다는 것을 의미한다. 국민들의 이러한 광범위한 사회보장 서비스와 소득이전에 대한 권리는 제도적으로 보장되어 있는바, 이는 모든 시민들이 소득이나 자산에 관계없이 누구에게나 적절한 생활 수준을 보장하기 위해 국가가 제공하는 다양한 사회급여와 사회보장 서비스를 제공받을 기본적인 권리를 누린다는 것을 의미한다. 제도적 복지체제는 또한 최빈곤층만이 아닌 전 거주민들을 대상으로 한다는 점에서 연대적이고 보편적이다. 모든 시민들을 위한 이러한 광범위한 사회보장 제공의 주요 목적은 기회와 결과의 평등 면에서 좀 더 인류 평등주의적인 사회를 실현시키기 위함이다.

경제위기 전 1980년대 말까지의 스웨덴의 복지정책은 상기한 사민주의적·제도적 또는 포괄적인 모델에 매우 근접해 있었다고 볼 수 있다. 그러나 1990년대 초 사상 최악의 금융위기와 경제위기에 직면하면서 스웨덴 복지국가는 재정적인 압박과 세계 금융시장에의 통합에 따른 세계화의 압력에 대응하지 않으면 안 되는 상황에 놓이게 되었다. 이 당시 스웨덴이 겪었던 경제침체는 다른 북유럽 국가들에 비해서는 덜 심각한 것이었지만, 스웨덴 역시 1991~93년 기간 동안 마이너스 성장을 경험하였다.

비록 스웨덴은 1990년대 초에 비교적 낮은 부채와 건전한 예산수지를 가지고 있었지만, 1991~93년 3년 동안에 깊은 재정위기에 빠졌다. 스웨덴의 부채와 재정적자는 위험수준으로 급상승했으며,264)

Development of Scandinavian Social Policy," in Erikson, Robert *et al.* (eds.), *The Scandinavian Model: Welfare States and Welfare Research* (New York: M. E. Sharpe, 1983), pp.42~3.

264) 1980년대 대부분의 기간 동안 스웨덴의 GDP 대비 부채비율은 EU 평균을 넘어서긴 했지만, 1994년에는 80%를 넘었다. 1993년 스웨덴의 재정적자는 GDP 대비 12.3%에 달했다.

GDP 및 일인당 GDP 수준은 OECD 회원국들의 평균치보다 낮게 떨어졌다.265) 스웨덴의 실업률은 제조업에서 시작하여 사회복지서비스 분야 등 전 부문에 걸쳐 치솟았는데, 1990년 1.8%에서 1993년 9.5%, 1994년 9.8%, 1995년 9.2%, 1996년의 10.0%로 급증했다.266) 1960년에서 1990년까지 스웨덴의 실업률은 거의 2%를 넘은 적이 없었으므로 1993년 이후 기록된 8%를 넘는 실업률은 스웨덴 국민들에게는 하나의 윤리적, 정치적 충격으로 받아들여졌다.

이에 따라 재정균형의 회복과 공공부채의 감축을 요구하는 스웨덴 국내 각계의 요구가 증대되면서, 스웨덴 복지체제는 보수연정 내각(1991~3)과 1994년에 다시 집권한 사민당 정부에 의해 대대적인 구조조정을 겪게 되었다.267) 이러한 사태와 관련하여 많은 비평가들은 스웨덴의 사민주의 복지체제의 쇠퇴 또는 자유주의 내지 잔여적 복지체제 모델로의 전환 등 스웨덴 모델에 대해 전반적으로 회의적인 전망을 내놓았다.268) 이들은 무모한 공적 지출을 권장하고 신중

---

265) Thakur et al.(2003), p.2.

266) OECD, *Employment Outlook* (Paris: OECD, 1996, 1997).

267) 1990년대 초 경제위기 이후 스웨덴을 포함한 북유럽 국가들의 복지개혁에 관해서는 다음을 참조. Kvist, Jon, "Welfare Reform in the Nordic Countries in the 1990s: Using Fuzzy-Set Theory to Assess Conformity to Ideal Types," *Journal of European Social Policy*, Vol. 9, No. 3 (1999), pp.231~52. Aaberge, Rolf, Björklund, Anders, Jäntti, Markus, Pedersen, Peder, Smith, Nina and Wennemo, Tom, "Unemployment Shocks and Income Distribution: How the Nordic Countries Fare During Their Crisis?" Discussion Paper 201, Statistics Norway (1997). Clayton, Richard and Pontusson, Jonas, "Welfare-State Retrenchment Revisited: Entitlement Cuts, Public Sector Restructuring and Inegalitarian Trends in Advanced Capitalist Countries," *World Politics*, Vol. 51 (1998), pp.67~98. Kautto, Mikko, "Welfare State Development in the Nordic Countries between 1980 and 1995 and Development in Financing from a Comparative Perspective," Paper presented at the Turku Summer School, University of Turku (20 May 1999).

268) Pontusson, Jonas, "At the End of the Third Road: Swedish Social Democracy in Crisis," *Politics and Society*, Vol. 20 (1992a), pp.305~332. Idem, *The Limits of Social Democracy: Investment Politics in Sweden* (Ithaca: Cornell University Press, 1992b). Clement, Wallace, "Exploring the Limits of Social Democracy: Regime Change in Sweden," *Studies in Political Economy*, Vol. 44 (1994), pp.95~123. Agell, Jonas, "Why Sweden's Welfare State Needed Reform," *The Economic Journal*, Vol. 106

한 경제운영을 방해하는 스웨덴의 독특한 사회정책과 정치제도들이 경제위기를 유발했으며 결국 이에 대한 근본적인 개혁이 일어나지 않는 한 격렬해지는 범세계적 경쟁의 세계에서 몰락할 수밖에 없다고 주장하였다.

한 국가의 사회정책 모델이 다른 모델로 변화했다는 주장이 경험적으로 입증되기 위해서는 그 국가의 중심적인 사회복지체제의 근본적인 원리를 바꾸는 매우 광범위한 본질적인 변화가 이루어지는 것이 요구되는데, 예를 들어 보편적인 급여에서 소득연계 급여로, 또는 소득연계 급여에서 자산조사를 동반하는 일률적인 공공부조로의 변화가 이에 속한다.

실제로 1990년대에 스웨덴에서 목격된 몇몇 변화들은 확실히 스웨덴 모델의 변화를 초래하기 위해 기획된 것으로 비친다. 우선, 1974년 폐지되었던 실업보험에 대한 피고용자의 기여금 제도가 1993년 중도우파 정부에 의해 재도입되었는데, 당시 사용자 기여금의 부담을 부분적으로 피고용자에게 전환시키는 것이 경제를 회생시키는 데에 있어서 가장 중요한 수단으로 간주되었다.[269] 경제위기

(1996), pp.1760~71. Lane, Jan-Erik, "The Decline of the Swedish Model," *Governance*, Vol. 8, No. 4 (1995), pp.579~90. Lindbeck, Assar, Molander, Per, Persson, Torsten, *Turning Sweden Around* (Cambridge, MA and London: MIT Press, 1994). Kjellberg, Anders, "Sweden: Restoring the Model?" in Ferner, Anthony and Richard Hyman (eds), *Changing Industrial Relations in Europe* (Oxford: Blackwell, 1998). Vartiainen, J., "Understanding Swedish Social Democracy: Victims of Success?" *Oxford Review of Economic Policy*, Vol. 14, No. 1(1998), pp.19~39. Stephens, John D., "Is Swedish Corporatism Dead? Thoughts on Its Supposed Demise in the Light of the Abortive 'Alliance for Growth' in 1998," 12th International Conference of Europeanists, Chicago (March 30-April 1, 2000). Pestoff(2001). Huber, E. and Stephens, J. D., "Internationalization and the Social Democratic Model: Crisis and Future Prospects," *Comparative Political Studies*, Vol. 21 (1998), pp.353~397. Idem, *Development and Crisis of the Welfare State: Parties and Policies in Global Markets* (Chicago and London: The University of Chicago Press, 2001).

269) 그러나 이러한 실업보험 기여 법률(1994년: 임금의 1%, 1995년: 임금의 2%)은 1994년 당선된 사민당 정부에 의해 다시 폐지되었다.

가 한창일 때 병가와 실업수당 혜택을 받는 사람들에게 책임성을 부과하려는 광범위한 조치들도 만들어졌다. 실업급여 수급자들이 고용과 직업훈련을 거부하면 상당한 급여를 상실할 위험에 처하게 되었으며, 경제침체로 인해 발생한 다수의 장기 실업자들은 노조가 관리하는 소득비례 급여에서 제외되면서 점점 마지막 수단의 급여인 공공부조에 의존하는 경향이 증가하였다. 1990년대에만 사회복지서비스와 같은 공공부문에서 5만 명 이상의 일자리가 사라졌으며, 사회복지서비스의 사용료도 이전에 비해 대폭 상승되었다. 한편 보편적인 기초연금(AFT)과 부가연금인 소득비례연금(ATP)으로 구성된 기존의 연금체제는 1999년 1월을 기해 보편적인 요소를 포함하지 않은 신 연금체제로 전환되면서 최저보상연금과 소득비례연금 및 민영화된 적립연금으로 구성된 신연금체제로 바뀌었다.[270] 이로써 더 길어진 기여기간이 요구되었고 연금액은 실질적인 기여금액에 더욱 연계되었으며, 보편적인 미망인 연금은 완전히 폐지되었다.

상기한 구조조정에도 불구하고, 만약 복지지출 수준의 저하, 사회보장 급여수준의 삭감, 복지제도의 합리화, 복지체제의 최신화 등 네 가지 요소 중 어느 한 가지만이라도 발견될 경우 복지체제 모델이 변했다고 가정한다면[271], 스웨덴 복지체제의 근간은 구조조정 이

---

270) 1990년대 스웨덴 연금개혁에 관해서는 다음을 참조. Myles, John and Pierson, Paul, "The Comparative Political Economy of Pension Reform," in Pierson, Paul, (ed.), *The New Politics of the Welfare State* (Oxford: Oxford University Press, 2001), pp.305~67. Settergren, Ole, *The Automatic Balance Mechanism of the Swedish Pension System,* (Stockholm: National Insurance Board of Sweden, 2001). Anderson, Karen M. and Traute Meyer, "New Social Risks and Pension in Germany and Sweden: The Politics of Pension Rights for Childcare," Paper prepared for Conference of Europeanists, Palmer House Hilton, Chicago (March 11-13, 2004). "Social Security Programs Throughout the World: Europe, 2002-Sweden," Retrieved on 15 February 2005, on the Internet 〈http://www.ssa.gov/policy/docs/progdesc/ssptw/2002-2003/europe/...〉.

271) 조영훈, "유교주의, 보수주의, 혹은 자유주의? 한국의 복지유형 검토," 김연명 편. 『한국 복지국가 성격

후에도 근본적으로 변한 것이 거의 없었다고 판정할 수 있다. 1990
년대 구조조정 기간 동안에 시행된 여러 가지 삭감조치들에도 불구
하고 스웨덴 복지체제가 가지고 있는 독특한 특성들이 극적으로 변
화했다고 단정할 만한 명백한 증거를 거의 찾아볼 수 없기 때문이다.

1990년대 초 경제위기 이후 사회지출에서의 예산을 삭감하라는
국제 경제기구들로부터의 압력에도 불구하고, 스웨덴 정부는 소득이
전 지출을 오히려 급격히 증가시켰다(표 2). 이러한 대량의 소득이
전(특히 장기 실업자들에 대한)의 결과로 인해, 1990년대 경제침체
와 구조조정 기간 동안에 스웨덴의 빈곤수준은 낮았고 소득 불평등
수준도 이전과 비교해 전혀 변하지 않았다.

〈표 2〉 스웨덴과 15개 EU 회원국들의 소득이전 비교(GDP 대비율: %)

연도	스웨덴	EU-15
1990	19.5	17.1
1991	21.1	18.0
1992	23.4	18.8
1993	25.0	19.7
1994	24.8	19.7
1995	23.4	20.4

출처: OECD, *Historical Statistics 1960-1995* (Paris: OECD, 1997).

더군다나 스웨덴의 사회지출 추이를 보여주는 각종 통계에서 드
러나듯이, 1990년대 중반 이후 스웨덴 경제가 빠르게 회복되면서
1990년대 초중반에 삭감되었던 많은 사회 급여와 서비스가 이전 수
준으로 곧 회복되었다. 1990년대 말 이후에는 사회지출액이 오히려

논쟁 I」(서울: 인간과 복지, 2002b), p.266.

급증한 것으로 나타났다(표 3). 물론 높은 수준의 사회지출액이 스웨덴 복지체제의 건재함을 나타내는 결정적인 지표는 아니지만, 이는 적어도 표면적으로 스웨덴 복지체제가 사민주의적·제도적 모델에서 잔여적 모델로의 구조적 변화를 겪지 않았다는 것을 보여주는 한 가지 지표일 수 있다.

〈표 3〉 스웨덴의 사회보험 지출액* 추이

(단위: 억 크로나**)

연도	1980	1985	1990	1992	1995	1998	1999	2000	2001
액수	2,398	2,615	3,271	3,360	3,181	2,975	3,266	3,411	3,525

*여기서 사회보험 지출액은 의료서비스, 사회서비스, 실업보험을 제외하고 연금, 질병 급여, 산재급여, 장애인급여, 주택급여, 아동급여 등에 사용된 정부지출액을 의미.
**1크로나(kronor) = 약 0.15(미)달러.
***2000년과 2001년은 추정치임.
****1999년 화폐가치를 기준으로 함.
출처: RFV(National Social Insurance Board in Sweden), *Social Insurance Expenditure in Sweden 1997-2000* (Stockholm, 2000), p.12. 조영훈(2004), p.67에서 재인용.

좀 더 세부적으로 구조조정으로 삭감되었던 질병수당의 소득대체율은 1998년부터 이전의 75%에서 80%로 상향 조정되었다.[272] 16세 이하의 아동에게 지급되는 아동수당도 1997년까지 지급되던 아동 1인당 월 640크로나에서 1998년에 다시 750크로나로 원상 복귀되었으며, 2000년에는 850크로나, 그리고 2001년에는 1,000크로나로 크게 증가하였다.[273] 아동출산 시 양육을 위해 부모가 휴가를 얻을 경우 받게 되는 부모수당의 소득대체율도 1998년 1월을 기해 이전의 75%에서 80%로 증가했으며, 최대 급여액이 한 달에 1만

---

272) Ibid., p.68.

273) 이와 함께 1996년 폐지되었던 누진 아동수당(아동이 3인 이상일 경우 한 아동 증가할 때마다 아동수당 액수가 누진적으로 증가)도 1998년 재도입되었다. Ibid.

7,000크로나로 조정되었다.[274]

이전에는 노조원들에게만 적용되던 실업급여는 1998년부터는 기초부분과 소득비례 부분으로 분리되어 기초부분은 비노조원들에 대해서도 강제 적용되었고, 실업수당의 소득대체율도 75%에서 80%로 늘어나 하루 최고 580크로나까지 받을 수 있게 되었다.[275] 1999년 1월 대대적인 연금개혁으로 인해 연금급여 수준이 삭감되고 수급이 노동과 연계되는 등 수급조건이 강화되고 수급기간이 단축되는 등의 변화가 있기는 했지만, 부족한 실업연금을 받는 시민들에게 비교적 높은 보증연금(guarantee pension)을 제공하고 있으며, 연금조달에 임노동자가 기여하는 몫도 유럽대륙의 보수주의적 국가들에 비해 훨씬 낮게 책정되었다.

이렇듯 스웨덴 복지국가의 구조조정은 1990년대 초중반에는 축소 지향적으로 나아가다가 1990년대 후반 이후부터는 다시 확대 지향적으로 전환되었다. 이러한 추세의 원인은 스웨덴 국내 경제상황과 밀접한 관계가 있었다. 경제위기가 한창이던 1990년대 초중반기에는 정부의 긴축정책이 시행되다가, 1990년대 후반기부터는 경제가 회복되기 시작하면서 1990년대 초중반기에 삭감되었던 급여와 서비스가 이전 수준으로 회복된 것이다. "이것은 곧 경제여건이 갖추어지고 재정문제가 심각하지만 않는다면 스웨덴에서는 언제든지 복지확대정책이 재시행될 수도 있음"을 입증하는 것이었다."[276]

여기서 중요한 점은 세계화론의 예상과 달리 스웨덴 복지국가는

---

274) RFV(2000), pp.15~18. 조영훈(2004), p.68에서 재인용.

275) RFV (National Social Insurance Board in Sweden), *Social Insurance in Sweden 1999* (Stockholm, 1999), p.87. 조영훈(2004), p.69에서 재인용.

276) 조영훈(2004), p.70.

세계화의 영향력이 커진 1990년대 기간 동안 결코 쇠퇴하거나 몰락하지 않았다는 사실이다. 현재 스웨덴의 공적 사회보장 서비스 지출은 아직도 그 어느 보수주의 복지체제 유형의 국가들보다 높으며, 최빈곤층만이 아닌 국내 모든 거주자들을 대상으로 하는 복지제도의 보편적이고 포괄적인 성격, 그리고 사회급여와 사회복지 서비스의 상대적으로 긴 혜택기간 및 관대함 등 아직도 많은 탈 상품화 특성들이 강하게 살아 있다.

이러한 점에서 볼 때, 현재 스웨덴의 전통적인 사민주의 복지체제의 특질은 여전하다고 보는 것이 옳다. 더욱이 스웨덴 사회복지체제에 대한 스웨덴 대중의 신뢰와 믿음은 여전히 강하며, 비록 의료보건 서비스와 조세정책에 대한 불만 요소가 다소 있긴 했지만 그렇다고 민간적인 대안을 지지하거나 찾는 빈도는 거의 증가하지 않은 것으로 나타났다. 21세기에 들어서면서 스웨덴의 사회보장체제는 완전한 회복단계에 들어섰으며, 1990년대에 비해 더 나은 상태에 있다.

요약하면, 1990년대의 구조조정을 통해 초래된 스웨덴 복지체제의 상기한 변화들은 의미심장한 것들인 반면, 그 정도에 있어서는 과장하지 않는 것이 중요하다. 1990년대의 구조조정은 기존의 사민주의 복지체제를 위협할 정도가 결코 아니었으며, 다만 경제위기에 대응하면서 동시에 기존의 복지체제를 유지하기 위해 시도된 작은 수술에 불과한 것이었다고 보는 것이 옳다. 경제위기에 대응하여 어느 정도의 변화를 수용해야 했지만, 약간의 보수적이고 자유주의적 사회정책들의 특징들을 임시적으로 수용한 것뿐이지 결코 스웨덴의 독특한 복지체제 모델을 해체하기 위한 것은 아니었다. 따라서 보편성·포괄성의 원칙을 자랑하는 스웨덴의 사민주의 복지모델이 쇠퇴

했다거나 잔여적 모델로 변화하였다고 하는 것은 너무 성급한 주장
이다. 결론적으로, 세계화론의 예상과 달리 스웨덴의 사민주의 복지
체제는 세계화의 압력에도 불구하고 결코 쇠퇴하거나 잔여적 복지
체제로 전환되지 않았다.

결론

그간 세계화를 지지하는 많은 논객들은 복지국가 체제가 경제세
계화라고 하는 외부적 압력으로 인해 쇠퇴 내지는 잔여적 복지모델
로 수렴될 것이라고 예견해왔다. 실제로 지나칠 정도로 국가의 개입
이 심했던 스웨덴 복지국가가 1990년대 초 사상 최악의 경제위기에
직면하면서 여러 차례의 축소 지향적 구조조정을 경험했는데, 이러
한 사태는 의심할 바 없이 세계화 학파의 복지국가 쇠퇴론 내지 수
렴론을 입증하는 것으로 비쳤다.

하지만 이번 장에서 설명하였듯이, 오늘날 스웨덴의 사민주의 복
지체제는 전체적으로 세계화의 외부적 압력에도 불구하고 잘 방어
되고 있는 것으로 나타났다. 1990년대 초중반 기간 동안 삭감되었던
다양한 사회급여나 서비스는 경제상황이 호전되기 시작한 1990년대
중반 이후 다시 이전 수준으로 회복되었고 전체적인 사회지출 수준
도 급증하였다. 전체적으로 볼 때, 1990년대 축소 지향적 구조조정
에도 불구하고 스웨덴 복지체제의 전통적인 특징인 포괄성·보편성
은 전혀 변화한 것이 없었다. 따라서 1990년대의 구조조정은 스웨덴

복지체제의 근간을 완전히 해체하려는 것이기보다는 그저 방어적이고 경제위기 기간 동안 기존의 체제를 어떻게든 지속시키기 위한 한시적인 목적을 가진 것으로 해석할 수 있다.

결론적으로, 스웨덴의 사민주의 복지체제는 1990년대의 대대적인 구조조정에도 불구하고 결코 쇠퇴하지 않았고, 잔여적 복지체제로 전환되지도 않았다. 이러한 점에서 세계화론은 스웨덴 복지국가의 경우에 적용되지 않는다는 것을 알 수 있다. 이는 결국 세계화의 압력은 실질적이지만 세계화에 대응하기 위해 국내 사회정책이 변화되는 정도는 신자유주의 세계화를 지지·옹호하는 관료들과 학자들에 의해 터무니없이 과장되어 왔으며, 따라서 외부적 압력으로 인해 제도적이고 보편적인 성격의 복지국가가 쇠퇴하거나 또는 잔여적 유형의 복지국가로 수렴될 것이라고 상정하는 세계화론은 유효성이 전혀 없는 주장이라는 점을 시사한다.

10장

세계화의 도전과 국가의 역할

이번 장의 목적은 20세기 말 이후 나타나고 있는 세계화된 자본주의 경제 시대에 있어서 바람직한 국가의 역할 상을 제시하는 데에 있다. 세계화는 양면의 동전과 같다. 한편으로 세계화는 정보통신과 디지털 등의 기술혁신을 통해 세계적 차원에서의 부의 증대와 자유, 인권 특히 여권의 신장과 같은 긍정적인 결과를 가져온 반면, 다른 한편으로는 국가 내부 및 국가들 간 부의 불평등의 초래와 이로 인한 사회·정치적 갈등과 사회불안정의 심화와 같은 불확실하고 잠재적인 위협을 낳았기 때문이다. 필자는 이러한 신자유주의 세계화가 세계화론자들이 예견하는 민족국가의 종말은 아직 가져오지는 않았지만, 다른 한편으로는 이러한 세계화가 고삐 풀린 망아지처럼 지속된다면 결국은 민주주의에 심각한 위협이 될 수 있다고 생각한다.

1990년대 이후 세계 자본주의의 급속한 발달과 글로벌 시장의 등장으로, 전 세계 개별 국가 정부들은 선-후진국, 좌-우파 정권을 막론하고 해외 자본을 유치하고 국내 산업 경쟁력을 제고시키기 위해 규제를 완화하고 노동임금과 조세를 경쟁적으로 낮추는 등 경쟁적 자본유치국가로 급속하게 전환되고 있다. 문제는 이러한 상황이 국내 각종 예산 항목의 감소를 초래하고, 궁극적으로 국가 정부가 대다수의 국민들(특히 사회적 약자들)에 대한 책임을 회피하도록 한다는 데에 있다. 장기적인 안목에서 볼 때, 이는 결국 자본주의의 근간이 되는 사회적 질서 그 자체를 파괴할 수 있는 불확실성과 잠재성을 가지고 있다는 점에서 매우 위험한 상황이 아닐 수 없다. 따라서 필자는 21세기 초두의 기로에 서 있는 지금, 국가 정부는 재분배적 적극국가 또는 복지국가의 역할을 재정립하고 혼합경제 체제가 세계적 차원에서 번창할 수 있도록 현 세계 자본주의체제를 변화시켜 나가야 할 필요성이 있다는 사실을 제시한다.

민족국가의 종식?

지난 1990년대 초중반 경제세계화가 한창 맹위를 떨치고 있을 때, 오마에 겐이치(Ohmae Kenich)라고 하는 당시 유명한 경영컨설턴트는 20세기 말 세계화와 함께 민족국가는 드디어 "종언"을 고할 때가 왔다고 선언하였다.[277] 그에 의하면, 이제 국가는 전후 1950~60년대 케인스주의적 정책집행자의 지위를 스스로 포기하고 최소국가의 지위를 자발적으로 받아들일 때에 가장 효과적이고 성공적인 국가가 될 수 있다는 것이다. 오마에 겐이치의 시각에서는 범세계적으로

---

277) Ohmae, Kenichi, *The Borderless World: Power and Strategy in the Interlinked Economy* (London, New York: Collins, 1990). Idem, "The Rise of the Region State," *Foreign Affairs* (Spring 1993), pp.78~87. Idem, *The End of the Nation State: The Rise of Regional Economies* (London: Harper Collins, 1995). Naisbits, J., *Global Paradox: The Bigger the World Economy, the More Powerful Its Smaller Players* (London: Brealey, 1994).

통합된 글로벌 시장에서 국경을 초월하여 활동하는 기업들이 급증함에 따라 이들을 통제할 수 있는 국가의 힘과 역량이 급속히 저하되었고, 이러한 상황에서 가장 바람직한 국가의 역할은 그저 범세계적 시장에서 초국적 기업들이 필요로 하는 인프라와 공적서비스를 가능한 한 최소의 비용으로 제공하는 페낭이나 홍콩 또는 싱가포르와 같은 소규모 "지역국가"(region state) 내지 도시국가의 역할로 축소되는 것이다. 요컨대, 세계화 시대에 가장 바람직한 국가체제는 시장이 사회·정치적 관계를 지배하고 국가의 권위와 역할이 최소로 축소되거나 해체된 상태인 것이다. 바로 이러한 곳에서만이 초국적 기업들이 가장 효율적으로 활동할 수 있기 때문이다.

이러한 오마에 겐이치의 주장은 시장에 최소로 개입하는 작은 정부, 즉 방위와 법 그리고 질서를 위한 최소한의 법적 틀만을 제공하는 19세기의 야경국가의 시대로 되돌아가자는 것으로 요약할 수 있다. 지난 반세기 이상 꾸준히 발전해온 대부분의 서구 선진국들의 사회민주주의 근간이 되어 온 케인스주의적 복지국가 또는 "시빌 미니멈"(Civil Minimum)[278]의 완전한 종식을 요구하는 이러한 주장은 결국 국가에 대한 시장의 완전한 승리를 상징하는 것으로 이해할 수 있다. 이러한 신자유주의적 탈국가상을 지지하는 주부류는 정부규제를 원치 않는 대기업가와 금융자본가(특히 환투기꾼들), 그리고 슘페터적 경제원리와 경제효율을 신봉하는 이론가와 경제 관료 및 보수적 정치가들이다. 이들은 한결같이 국내적으로 정부개입과 규제로부터의 해방 그리고 국제적으로는 WTO, EU, NAFTA와 같은 통일

---

278) Ibid.

된 국제 무역규범이나 지역통합의 확립 등으로 창출되는 경제적 효율성과 이익을 우선적으로 강조한다.279)

   그러나 세계화의 출현으로 민족국가가 자신의 역할을 자발적으로 축소시켜야한다는 오마에 겐이치의 이러한 주장은 곧이어 많은 학자들에 의해 반박되었다.280) 예를 들어, 던닝과 나룰라(Dunning & Narula)281) 그리고 오자와(Ozawa)282) 같은 경영이론가들은 산업화 및 세계화 과정에서 정부정책이 더욱더 중요해짐을 강조했고, 디켄(Dicken)283)도 글로벌 시장에서 다국적 기업의 전략을 세우고 이행하는 데 있어서 정부의 역할이 더욱 중요해짐을 강조하였다. 인류학자 잘룸(Caitlin Zaloom)은 세계화된 금융시장에서 여전히 정부규제와 개입이 중요한 역할을 하고 있음을 지적하였다.284)

---

279) 지난 1997년의 IMF 사태 이후 김대중 정부가 시행한 재벌, 금융, 노동 및 공기업 등 4대 부문에 대한 구조조정을 거치면서 한국의 대다수의 자본가와 정치지도자 및 학자(주로 경영학과 경제학)들도 자유화, 탈규제화, 민영화, 개방화, 경쟁도입, 노동 유연성 등의 신자유주의 세계화 정책을 적극 지지해오고 있다. 수출이 국내 GDP의 65퍼센트 이상을 차지하는 한국의 특수한 경제구조로 미루어 볼 때, 공급자 측을 우선시하는 이러한 정책은 경제 효율성과 국가경쟁력을 효율적으로 제고시킬 수 있다는 점에서는 일면 최선의 정책으로 보일 수 있다.

280) Ruigrok, W. and R. van Tulder, *The Logic of International Restructuring* (London: Routledge, 1995). Zysman, J., "The Myth of A 'Global' Economy: Enduring National Foundations and Emerging Regional Realities," *New Political Economy* 1 (July 1996), pp.157~84. Boyer, R. and D. Drache, eds., *States against Markets: The Limits of Globalization* (London: Routledge, 1996). Hirst, P. and Thomson, G., *Globalization in Question: The International Economy and the Possibilities of Governance* (Cambridge: Polity Press, 1996).

281) Dunning, J. H. and Narula, R., "The Investment Development Path Revisited: Some Emerging Issues," in Dunning, J. H. and Narula, R. (eds), *Foreign Direct Investment and Governments: Catalysts for Economic Restructuring* (London and New York: Routledge, 1996), pp.1~41.

282) Ozawa, T., "Japan: The Macro-IDP, Meso-IDPs and the Technology Development Path (TDP)," in Dunning, J. H. and Narula, R. (eds), *Foreign Direct Investment and Governments: Catalysts for Economic Restructuring* (London and New York: Routledge, 1996), pp.142~173.

283) Dicken, P., *Global Shift: Industrial Change in A Turbulent World* (London: Paul Chapman, 1992), p.95, pp.149~150.

284) Zaloom, Caitlin, "Information Technology and Global Finance: The View from the Pits," Berkely: University of California, Ph.D. Dissertation in Anthropology (in progress). 매뉴얼 캐스텔스, "네트워크 경제와 정보자본주의," 앤서니 기든스·윌 허튼 편저, 박찬욱 외 옮김, 『기로에 선 자본주의』(생각의 나무, 2000), p.132에서 재인용.

이러한 국가 중심적 사상은 초기 국제관계이론의 전통적 현실주의 시각을 이론화한 러시아 태생의 미 경제사학자 거쉔크론(Alexander Gerschenkron)과 크라스너(Stephen Krasner)로 거슬러 올라간다. 크라스너(Stephen Krasner)는 1990년대 초 발간된 그의 논문에서 "20세기 후반에 국가의 주권은 약화되기 보다는 실질적으로 강화되었다"라고 주장한 바 있다.285) 린다 웨이스(Lynda Weiss)도 세계화에도 불구하고 국가의 힘은 달라진 것이 전혀 없으며 오히려 강화되고 있다는 현실주의적 견해를 부각시켰다.286) 김재철과 박용수는 각각 중국과 한국의 세계화 대응전략에 관한 경험적 사례분석을 통해 국가의 권위와 역할이 이들 동아시아 국가들에서 오히려 커지고 있음을 실증적으로 보여주었다.287)

이는 결국 애덤 스미스(Adam Smith)적 시장의 "보이지 않는 손"(invisible hand)보다 국가의 힘과 역량에 대한 신뢰가 아직도 강하다는 것을 반증하는 것인데, 현재 대부분의 선진국과 개도국들에서 운용되고 있는 반독점법 및 공정거래법과 같은 경쟁정책이나 외국인투자에 대한 규제 및 투기적인 자본에 대한 정부개입, 특히 1990년대 말 동아시아 금융위기 이후 칠레,288) 말레이시아,289) 홍콩

---

285) Krasner, S. D., "Economic Interdependence and Independent Statehood," in Jacson, R. H., and A. James (eds), *States in A Changing World: A Contemporary Analysis* (Oxford: Clarendon, 1993), p.318.

286) Weiss, Lynda, *The Myth of the Powerless State: Governing the Economy in a Global Era* (Ithaca: Cornell University Press, 1998), p.13. 윤영관, "세계화와 탈냉전의 국제질서," 윤영관 · 배영자 편, 『세계화와 한국』(서울: 을유문화사, 2003), p.33에서 재인용.

287) 김재철, "세계화와 국가 주권," 「국제정치논총」 제40집 3호(2000), pp.63~80. 박용수, "세계화와 국민국가: 한국의 경제 · 통상정책 운용 사례로 본 세계화와 국민국가간의 관계," 「국제정치논총」 제41집 1호(2001), pp.49~68.

288) 칠레 정부는 자본이탈에 대한 보험으로 자국에 투자되는 외국의 단기자본에 대해 30퍼센트를 1년 동안 칠레 중앙은행에 예치하도록 규정하는 정책을 성공적으로 운용하였으나, 1998년 해외 자본의 급격한 유출이 다른 남미 국가들에서 시작되자 이 규정을 철회하였다.

등이 시행했던 단기성 유동자본에 대한 통제와 규제는 이러한 국가 역할의 건재함을 실증하는 것들이다.

이러한 현실주의적 분석을 종합해 보면, 경제 운용에 있어서 국내 적 틀과 국제적 틀 간의 경계가 엄연히 존재하는데, 모스(Morse)가 주장한 당구공 형태의 상호작용이 여전히 세계 정치·경제 체제를 지배하고 있다는 것이다.[290] 즉 오늘날 세계 정치·경제 상호작용이 과거에 비해 높아진 것은 사실이지만, 그것이 곧 민족국가의 종말을 의미하는 것은 아니며, 국가는 여전히 국내정치라는 완충장치를 통 해 당구공이 부딪히듯 외부충격에 의해 직접적으로 영향을 받거나 잠식당하지 않고 언제든지 이러한 외부충격을 굴절시킬 수 있다는 것이다.

한편, 민족국가 역할의 축소, 더 나아가 민족국가의 종식을 지지 하는 주장들은 공정한 성장과 분배정의를 지지하는 학파와 이론가 들에 의해서도 강하게 반박되곤 하는데, 주된 이유는 이들의 시각에 서 볼 때 시장은 결코 자기 규제적이지 않을뿐더러, 시장보다는 국 가가 부의 재분배에 있어 더 적합하다고 판단되기 때문이다. 이들은 세계화와 복지국가 간의 관계에 대해 논의하면서 국가개입은 여전 히 중요하며, 특히 사민주의적 복지정책과 분배정책을 위한 적극적 국가개입은 향후 세계 자본주의와 자유무역의 건전한 발전을 위해 서도 중요하다고 강조한다.[291] 이러한 논리는 결국 시장이 공정하며

---

289) 말레이시아 정부도 자국 통화인 링깃을 불환통화로 지정하는 동시에 해외 자본에 의한 금융 거래에 엄 격한 통제를 가했으나, 1999년 중반 최악의 외환위기가 지났다는 판단 아래 대부분의 규제를 풀었다.

290) Morse, E. L., *Modernization and the Transformation of International Relations* (New York: Free Press, 1971).

291) Esping-Andersen, Gosta, *Social Foundations of Post-industrial Economies* (Oxford University Press, 1999). Rodrik, D., "Has Globalization Gone Too Far?" *Institute for International Economics* (1997a).

스스로 정돈되는 경향이 있다는 시각을 거부하고 대신 연대, 사회정의, 약자보호 그리고 이러한 것들을 성취하기 위해서 적극적 국가가 절대적으로 필요하다는 신념을 지지하는 전통적 좌파 사상에 속한다고 할 수 있다.

이들이 주장하는 국가개입이 필요한 이유는 크게 두 가지로 나누어 볼 수 있다. 우선 구조개혁과 시장개방으로 초래되는 계층 간 사회갈등을 그대로 방치할 경우 사회·정치적 갈등이 커지고 결국 시장경제의 기초가 되는 사회·제도적 근간을 파괴할 수 있기 때문이고, 둘째 시장 중심의 논리에 의해 진전되고 있는 세계화가 국내적 부의 불평등은 물론 국제적으로 빈국과 부국 간 격차를 넓히면서 궁극적으로 국제적 갈등과 긴장, 나아가 전쟁과 같은 군사적 충돌을 야기할 수 있기 때문이다.

이러한 견해는 이미 1930~40년대에 존 케인스(John M. Keyens)나 칼 폴라니(Karl Polanyi)와 같은 일련의 개혁적 이론가들에 의해 지적된 바와 일치한다.[292] 이들은 당시 20세기 전반기의 사회·정치적 대변동이었던 두 번의 세계대전과 러시아 혁명 및 대공황 등의 원인을 19세기 영국의 주도로 진행된 자유방임적(laissez faire) 경제자유주의(economic liberalism) 정책 추진에서 찾고 있는데, 시장경

Idem, "Trade, Social Insurance, and the Limits to Globalization," *NBER Working Paper No. 5905* (Cambridge, Mass., 1997b). Idem, "Why Do More Open Economies Have Bigger Governments?" *Journal of Political Economy*, Vol. 106 (1998), pp.997~1032. 로버트 커트너, "세계 자본주의 경제에서의 정부의 역할," 앤서니 기든스·윌 허튼 편저, 박찬욱 외 옮김, 『기로에 선 자본주의』(서울: 생각의 나무, 2000), pp.290~319. 에단 B. 캡스타인 지음, 노혜숙 옮김, 『부의 분배』(서울: 생각의 나무, 2002).

292) Keynes, John Maynard, *The General Theory of Employment, Interest, and Money* (Prometheus Books, 1997). Polanyi, Karl, *The Great Transformation: The Political and Economic Origins of Our Time* (New York: Farrar & Rinehart, Inc., 1944).

제에 의해 파괴된 사회적 질서가 장기적으로 자본주의 시장경제의 기초가 되는 사회·제도적 기반들을 파괴시킬 수 있다고 보고, 따라서 시장경제에 대한 공공계획과 국가관리의 필요성을 역설하였다. 그러므로 이들이 대량실업의 재발을 억제하기 위해 시장경제에 대한 국가개입의 필요성을 역설한 것은 바로 상기한 사회·정치적 이유 때문인 것이다.

세계화와 국가의 역할 간의 관계에 관한 논의, 즉 최소국가냐 아니면 복지국가(적극적 분배국가)냐의 논쟁은 서구 유럽에서 산업혁명이 한창이던 19세기 중반의 공산주의와 자유주의 이념 간 갈등으로 거슬러 올라갈 수 있다. 당시 마르크스는 이미 국경을 초월하여 운동하는 자본의 본질과 이로 인한 자본의 집중과 세계지배에 대해 경고하면서 시장에 적극적으로 개입하는 국가에 대한 이론적 근거를 마련한 바 있다. 이후 20세기 초 독일이나 영국 등 서유럽 국가들에서 자본주의와 마르크스 공산주의 간의 갈등은 온건 사회주의인 사민주의로 귀착되었고, 상기한 것과 같이 2차 세계대전 후 30여년 동안 고용주와 노동자조직 두 계층 간의 암묵적이고 명시적인 그리고 정치적인 대타협을 바탕으로 국가개입에 의한 수요창출을 통한 완전고용, 국유화, 사회복지 확대를 목표로 하는 케인스 모델이 서구 선진들의 사회·경제정책의 근간이 되어왔던 것이다.

결국 케인스주의적 혼합경제는 경제적이기보다는 정치적인 구조물인 것이다. 즉 전후 서구 복지국가는 경제 자유주의와 개인주의적인 자유방임적 자본주의로부터 필연적으로 초래되는 부정적 결과들(이를테면 대량해고, 노동 불안, 가족공동체 붕괴, 사회 불평등 심화, 이로 인한 계층 간 갈등 심화와 사회·정치 불안, 폭동·소요, 혁명,

나아가 국가 간 전쟁과 같은 참극)을 미연에 막기 위해서 경제운용에서의 정부개입을 증대해야 한다는 사실에 대한 서구 정치지도자들의 확고한 인식을 반영한다.

결론적으로, 상기한 국가 중심적 현실주의나 분배국가 이론가들이 주장하는 바는 국가에 의한 가버넌스는 자본주의의 지속적인 발전을 위해서 매우 중요하다는 것으로 요약할 수 있다. 이는 곧 자본주의 사회가 더욱 발달함에 따라 자유방임주의적 정책이 아닌 케인스주의적 혼합경제 정책이 더욱 절실히 요구된다는 것을 의미한다.

국가에 대한 새로운 도전

자본주의 경제의 발달과 세계화의 급진전은 자칫하면 우리가 그간 수백 년 동안의 오랜 세월에 걸쳐 어렵게 발전시켜온 민주주의 시스템에 하나의 커다란 위협이 될 수 있다. 이미 앞에서 1990년대 이후 전 세계적인 망으로 연결된 글로벌 시장(Global Market)의 등장은 글로벌 자본주의의 형성을 가속화시켰고 이러한 가운데 개별 국가정부들은 해외자본을 유치하고 자국 기업들의 경쟁력을 제고시키기 위해 조세를 경쟁적으로 낮추는 추세에 있다는 점을 설명했다.293) 이러한 상황은 국가의 사회안전망 프로그램과 재분배정책에 대한 축소압력을 증대시키고, 따라서 정치적으로 전통적 형태의 사

---

293) 예를 들어, 기업과 자영업자 수익에 대한 독일의 평균 실효세율은 1980년 37%에서 1994년 25%로 감소되었는데, 이는 전 세계적으로 거의 같은 추세이다. 한스 페터 마르틴 · 하랄트 슈만 지음, 강수돌 옮김, 『세계화의 덫: 민주주의의 삶의 질에 대한 공격』 (영림 카디널, 1997), p.353.

회민주주의가 약화될 수밖에 없다. 각 국가가 이렇게 갖은 조세혜택을 주면서까지 국내 기업체들을 육성하거나 외국기업들을 자국에 유치하려는 이유는 새로운 고용창출에 대한 기대 때문이다. 하지만 이러한 정책은 궁극적으로 각종 예산 항목의 감소를 가져오고 결국 정부가 사회적 약자들에 대한 책임을 회피하도록 하는 중대한 요인이 될 수 있는 것이다.[294]

뉴욕 타임스지의 칼럼니스트인 토머스 프리드먼(Thomas Friedman)이 묘사하듯이, 오늘날과 같은 글로벌 자본주의 시대에서는 경제를 자유화하고, 민영화를 활성화하고, 관료주의를 후퇴시키고, 정부규제를 없애고, 인플레이션을 감축시키는 등의 신자유주의 정책이 모든 국가들에 강요되고 있는데, 특히 경제가 성장하고 평균임금이 상승한 선진 산업 국가일수록 이러한 정책에서 벗어날 수 있는 정부의 여지가 더더욱 줄어든다.[295] 이유는 어느 한 국가가 이러한 신자유주의 정책(그의 용어로 "황금 구속복": golden strait-jacket)을 포기하거나 거부할 경우 환투기꾼과 다국적 기업과 같은 국제 금융 자본가들의 자본이탈이 초래될 수 있기 때문이다. 바로 이러한 "복지국가에서 경쟁국가"로 전환되는 상황이 국내 혼합경제를 파괴시키고, 이에 따라 사회민주주의의 위기가 증대되는 주원인이 되고 있는 것이다.

---

294) 초국적 자본(특히 선진 금융자본)이 어떻게 전 세계적으로 통합된 금융시장을 통해 민족국가의 사회복지 프로그램을 유지하기 위한 조세와 같은 국가 재정조달 정책에 압력을 가함으로써 사회복지 프로그램의 축소압력이 증대되어 왔는지는 다음을 참조. Cerny, P. G., *The Changing Architecture of Politics: Structure, Agency and the Future of the State* (London: Sage, 1989). Bowles, C. P., and B. Wagman, "Globalization and the Welfare State: Four Hypotheses and Some Empirical Evidence," Paper presented to the Annual Convention of the International Studies Association, Toronto (March 1997). Scholte, Jan Aart, "Global Capitalism and the State," *International Affairs*, Vol. 73, No. 3 (1997), pp.427~52. 한스 페터 마르틴·하랄트 슈만(1997).

295) Friedman, Thomas, *The Lexus and the Olive Tree* (New York: Anchor Books, 2000).

그러므로 한 국가의 경제정책의 운용범위가 범지구적 자본의 힘에 의해 위축되는 현 상황에서는 정부도, 야당도 경제 우선적인 정책을 바꾸거나 거부하려고 하는 위험한 일은 좀처럼 감행하지 않게 된다. 바로 이러한 점 때문에 주요 정당들 간의 정책적, 이념적 차이가 점차 사라지고 있는 것이 작금의 현실이다.296) 1990년대 중반 인간의 얼굴을 가진 자본주의 내지 자본주의에 대한 "제3의 길" 그리고 "신중도" 이념을 내걸고 정권을 잡은 유럽의 좌파 정당들(영국 노동당, 독일 사민당 및 프랑스 사회당 등)의 경우를 보더라도, 이들이 보여 준 행적은 신자유주의적 관점과 정치에 대한 새로운 극복 대안이라기보다는 이전 우파정권의 신자유주의 정치의 또 다른 변형이라는 공통점을 드러냈다.297) 전통적 좌파 정당들조차도 우파 정당처럼 행동한 것이다. 시장의 탈규제 및 자유화, 공공자산의 지속적인 민영화, 저과세, 시장 유연성 강화를 위해 각종 금지조항의 해체, 기업가 정신과 같은 가치 중시 등 초국적 자본 축적을 도모하는 이전의 우파 정권이 지지했던 슘페터적, 공급위주의 신자유주의 정책을 좌파정권이 도용했던 것이다. 이렇듯 20세기 후반 이후 세계화에 대한 각국의 대응은 선·후진국, 좌·우파 정당 간 큰 차이 없이 엇비슷한 신자유주의 양상을 보여주는 것이 일반적인 특징이라고 할 수 있다.

---

296) Ibid., pp.104~6.

297) 에릭 홉스봄 외 지음, 노대명 옮김, 『제3의 길은 없다』(도서출판 당대, 2000), Callinicos, A., *Equality* (Cambridge, 2000), 김수행 외, 『제3의 길과 신자유주의』(서울대학교출판부, 2003).

자본주의와 국가

역사적으로 볼 때, 국가의 역할은 자본주의와 떼려야 뗄 수 없는 상관관계를 맺고 있다. 이러한 점에서 볼 때, 슘페터적 경제 합리성 실현과 경제의 신자유화 추세라는 現 세계화의 흐름은 1648년의 베스트팔렌 조약 이후 국내 및 세계 정치의 중심 틀이 되어왔던 당구공 국가에 있어서 하나의 커다란 독립변수라 할 수 있다. 1990년대 초 미국 정치학자인 후쿠야마(Francis Fukuyama)는 동구 공산주의의 몰락은 자유민주주의와 자본주의가 인류사회 진화의 최종단계의 정치·경제 체제라는 것을 입증하는 것이며, 따라서 인류의 역사는 이제 마지막 단계에 도달했다고 선언하였다.[298] 요는 세계적으로 보편적인 체제로 굳어지고 있는 영·미식 자유민주주의와 자본주의보다 더 좋은 체제는 앞으로 더 이상 있을 수 없으며, 미래의 인류역사는 영미식 자본주의의 역사가 될 것이라는 것이다. 실제로 동구 공산주의의 몰락 이후 지금에 이르기까지 자본주의는 후쿠야마의 주장을 입증이라도 하듯 기존의 자유세계와 동구 구공산권은 물론, 중국, 베트남 등 아직 공산주의가 남아 있는 국가들에서조차 승승장구하며 전 지구적 체제의 보편적 형태로 굳어지고 있다. 아마도 이러한 추세는 이변이 없는 한 앞으로도 장기간 지속될 것으로 보이는 것이 사실이다.

---

298) Fukuyama, Francis, *The End of History and the Last Man* (Penguin, 1992). 후쿠야마의 이러한 역사관은 그 후 에릭 홉스봄과 같은 많은 좌파적 시각을 가진 역사학자들에 의해 받아들일 수 없는 것으로 비난받았으나, 어쨌든 후쿠야마의 이 같은 주장은 이미 1950년대 말 프랑스의 레이몽 아롱(Raymond Aron)이나 1960년 미국의 다니엘 벨(Daniel Bell) 등에 의해 제기된 "이데올로기의 종언" 주장과 매우 흡사한 것이다.

상기한 후쿠야마의 탈역사 세계를 상징하는 슘페터적 자유민주주의와 자본주의의 사상적 기원은 18세기 서구 계몽시기의 정치자유화와 순수 자유시장 이데올로기로 거슬러 올라간다. 당시 자유주의자인 애덤 스미스(Adam Smith)는 1776년 발간된 자신의 저서 『국부론』(The Wealth of Nations)에서 개인이 자신의 욕심과 이익을 추구하는 이기적이고 자발적인 행위가 "보이지 않는 손"(invisible hand)에 의하여 공공선을 성취한다고 주장하며, 중상주의의 지나친 중금주의사상을 반대하고 또 이에 따른 국가간섭을 비난하였다.

그는 국부론에서 생명, 신체, 재산의 안전도모, 질서유지 등 최소한의 임무만 부여하는 "야경국가"에 대한 개념을 최초로 제시하였는데, 이러한 최소국가론은 제2차 세계대전 후 30여 년간의 짧은 자본주의의 "황금시대"(Golden Age)를 지나 1970년대 중반 이후 신자유주의란 이름하에 다시금 지배적인 이데올로기로 부상하였다.[299] 신자유주의 이데올로기는 1973년 제1차 오일파동에 이은 세계 경제 침체를 타고 급부상하였는데, 당시 대부분의 서구 국가정부는 물론 대다수 국민들까지도 기존의 케인스주의적 국가정책을 경제침체의 주요 원인으로 간주했다. 1970년대 중반의 이러한 급변한 정치적 분위기는 결국 "극단적인 형태의 상업이기주의와 자유방임주의에 전념한 [신자유주의] 이데올로기적 우파정권"이 등장하는 데 결정적인 역할을 했다.[300]

하이에크(Friedrich von Hayek), 프리드먼(Milton Friedman), 노지크(Robert Nozick) 등이 바로 이러한 신자유주의 경제이론을 구체

---

299) Marglin, S. and J. Schor (eds). *The Golden Age of Capitalism* (Oxford, 1990).

300) 에릭 홉스봄 지음, 이용우 옮김. 『극단의 시대: 20세기 역사』(서울: 까치글방, 1997), p.348.

화시킨 대표적 학자들이며, 영국의 대처 수상(1979~90년 재임)과 미국의 레이건 대통령(1980~88년 재임)은 이러한 신자유주의 이론을 국가정책으로 옮긴 대표적 정치 지도자들이다. 이들은 "자유시장이 곧 개인의 자유"라는 등식의 신봉자였고, 따라서 자유시장으로부터의 어떠한 이탈도 과거의 "농노제에 이르는 길"(the road to serfdom)이라고 비난했다.301)

이들은 한결같이 전후 케인스주의적 복지사회 건설 정책이 재정적자, 공공부문의 비효율성, 도덕적 타락 등을 초래하였다고 비난하고 작은 정부를 주창하며, 통화주의, 탈규제화, 경쟁도입, 조세인하, 민영화, 자유화, 반복지주의, 임금규제 및 노동시장 유연화, 반노조주의 내지 노동탄압 등의 급진적이고 과격한 공급우선정책을 펼쳤다. 이러한 신자유주의 이데올로기와 정책은 1990년대 초 동구 공산주의가 몰락함에 따라 더욱 힘을 얻게 되었다. 현재 이러한 신자유주의는 초국적 경제의 승리와 함께 개별 국가들의 국내정책 수단들을 약화시키거나 제거하기까지 하는 것으로 간주되고 있으며, 심지어는 국가의 해체까지도 초래하는 것으로 여겨지고 있다.

하지만 과연 국가역할의 축소 그리고 국가의 종말이라고 하는 단계적 등식을 상정하고 있는 이러한 신자유주의식 사고가 타당한가? 우선 이 문제의 논의에 앞서, 국가는 고대에서 현대에 이르기까지 지속적으로 발전해온 전 인류공동체의 역사적 산물로서, 신자유주의 이론가들이 주장하는 바와 같이 사회주의나 공산주의와 같이 그렇게 쉽사리 사라질 수 있는 정치이념이 결코 아니라는 점을 인식할

---

301) Hayek, Friedrich von, *The Roads to Serfdom* (University of Chicago Press, 1994).

필요가 있다. 근대국가가 성립된 것은 자본주의가 싹트기 시작한 봉건제 말기, 정확히 30년 전쟁 이후 베스트팔리아 조약(Treaty of Westphalia)[302] 이 체결된 1648년으로 볼 수 있으나, 이미 고대 그리스에서 홉스의 중세 시기와 같은 전근대국가 시대에서조차 정부 내지 정부 역할의 필요성에 대한 인식은 보편적으로 수용되었다.[303]

특히 근대에 와서 국가의 기능과 역할은 자본주의의 발달과 함께 비례적으로 점증적인 확대를 이루어 왔는데, 그간 서구는 물론 전 세계 국가들의 행정기구의 팽창과 행정규모의 확대, 공무원 수의 급증, 그리고 행정부의 자유재량권이 증대된 것이 이를 입증한다. 자본주의의 생성 이후 현재에 이르기까지 국가는 조세, 관세, 화폐유통과정의 총괄, 예산편성, 자본주의적 생산에 필요한 물질적·비물질적 조건들의 창출, 노동력의 재생산, 자본축적전략의 강구 등 다양한 경제적 기능은 물론, 사유재산권 보호를 위한 일탈행위의 제재, 질서유지, 사법체계의 강권적 보호, 사회구성원 결속, 사회갈등 규제, 안보 등과 같은 여러 가지 사회·정치적 기능을 수행해왔다.

이러한 국가의 경제·정치적 기능은 자본주의 축적방식에 수반하는 계급갈등이 시장경제 근간을 파괴하는 것을 막고 부르주아 계층의 보호와 그들의 자본증식 유지를 위한 필수적인 역할들이다. 또한 대기업의 독점 및 과점, 불완전정보, 외부효과 등과 같은 시장실패를 보정하고 시장경제의 사회적, 환경적 폐해를 막음으로써 자본주의 경제체제를 원활하게 작동시키는 데에 더욱 필요한 존재가 되었

---

302) 신성 로마 제국의 구질서를 와해시키고 군주 국가 중심의 새로운 국제 질서를 낳은 조약으로, 스페인-네덜란드 전쟁과 독일의 30년 전쟁이 끝난 뒤 대부분의 유럽 국가들이 참여한 가운데 체결되었다.

303) 홉스(Thomas Hobbes)는 *Leviathan*에서 "만인 대 만인의 투쟁"을 막기 위해 정부의 필요성을 강조하는 "사회계약설"을 제시하였다. Hobbes, Thomas, *Leviathan* (Penguin Books, 1982).

다. 자본주의 경제체제가 지속되는 한 이러한 국가개입은 시장실패를 보정하기 위해서 항상 필요하며, 따라서 자본주의가 지속되는 한 국가개입은 항상 존재할 수밖에 없는 것이다.

특히 분배의 불평등을 시정하기 위한 국가개입은 1980년대 초 이후 우파 정권에 의한 신자유주의정책의 추진에도 불구하고 증대되어 온 것으로 경험적으로 확인된다. 이는 결국 명목상으로만 신자유주의일 뿐 실질적으로는 1980년대 초 이후에도 줄곧 케인스주의적 정책이 지속되어왔다는 사실을 입증한다. 또한 현재 금융세계화를 지지하는 선진국들의 자유방임 지지자들조차도 자국 내에서의 증권거래와 은행들에 대한 통제와 감독을 아직까지 포기하지 않고 있고, 멕시코와 동아시아 금융위기 직후에는 중앙은행들과 IMF와 같은 국제기구에 구조 요청을 한 사실들은 시장보다는 국가개입에 대한 신뢰가 여전히 강하다는 사실을 반증한다. 특히 1990년대 말 아시아 금융위기로 인한 실물경제에 악영향을 미치는 것을 막기 위해 금융시장에 대한 국가개입의 확대를 요구하는 목소리가 강했던 예도 이와 비슷한 경우이다. 이렇듯 국가의 개입과 역할은 여전히 그리고 앞으로도 계속해서 중요하고, 따라서 국가의 역할과 자본주의는 서로 떼려야 뗄 수 없는 상호 불가결한 관계에 놓여 있는 것이다. 더욱이 최근 세계화 추세에 따른 시장경쟁력 제고를 위한 반독점법 및 반트러스트법이 대부분의 국가에서 더욱 강화되고 있고 9.11테러 이후 국가의 무력행사 및 방위능력이 더더욱 강조되고 있는 현실로 볼 때, 신자유주의 이론가들이 주장하는 국가 쇠퇴론이나 해체론은 현실성이 없거나 아직 시기상조인 견해라고 볼 수 있다.

결론적으로, 아직도 국가가 해야 할 과제가 산적해 있음을 고려해 볼 때, 세계화가 진행되면서 국가의 역할이 감소가 아니라 더욱 확대되어야 할 필요성이 있는 것은 확실하다. 더욱이 상기한 다양한 국가의 기능과 역할은 결코 민간기업이나 NGO가 대신하여 수행할 수 있는 것들이 아니다. 따라서 국가권력의 축소 내지 종식을 지지하는 신자유주의 이론가들의 주장은 국가가 그간 수행해 오고 있는 기능과 역할의 중요성을 무시하는, 현실성이 결여된, 주장이라 할 수 있다.

사회 불평등의 사회 · 정치적 의미와 국가의 역할

대체적으로 우파 내지 신자유주의 이데올로기를 지지하는 보수적 이론가들은 세계화를 환영하는 동시에 하나의 거스를 수 없는 대세로 받아들이는 반면, 전통적 좌파 시각을 가진 비판적 이론가들은 세계화를 상당히 부정적으로 바라보는 동시에 세계화를 공적인 메커니즘을 통해 필히 규제되어야 할 대상으로 간주한다. 또한 우파적 시각을 가진 이론가들은 세계화가 20세기 말 이전의 자본주의와는 불연속적인 성질을 갖는 아주 새로운 신기원적인 현상으로서, 인류역사의 창조적 전환의 계기를 제공할 수 있는 것으로 간주한다. 이들은 현재의 세계화된 자본주의, 즉 탈규제적인 시장의 급속한 전 지구적인 확장을 공정하다고 보는데, 그 이유는 통합된 세계시장이 더 많은 교역과 투자를 창출함으로써 성장을 촉진시키고 가난을 없앤다고 보기 때문이다. 또한 세계화 과정에서 전 세계적으로 인권 및 여권 신장이 급속하게 이루어진 사실을 들어 세계화를 인류 역사에 있어서 사회·문화의 진보적 변동의 원동력으로 본다. 따라서 우파적 시각에서는 세계화로 인한 여러 가지 혜택으로 인하여 세계화에 필연적으로 수반되는 사회 불평등과 같은 사회적 비용과 고통이 정당화된다. 우파적 시각에서는 세계화가 필연적으로 다수의 패자를 만들어내지만 소수의 승자들이 패자들을 위한 사회안전망을 더 효율적으로 그리고 더 많이 제공해줄 수 있기 때문에 세계화는 복지를 위한 최선의 길이기도 한 것이다.

반면, 좌파적 시각에서 세계화는 과거의 자본주의와 연속적인 성격을 가진 것으로 주로 서구 자본주의 특히 미국의 이익에만 세계를 개방하는 것과 연관이 있는 것으로 이해되는 경향이 있다.[304] 특히 1990년대 말 이후 반세계화적 경향이 더욱 심화되고 있는데, 이는 많은 국가들(특히 개발도상국들)에서 급속한 경제개방 내지 구조조정으로 인해 발생한 대량해고, 노동 불안, 자아 및 정체성 상실, 빈부격차 심화, 가족·공동체 붕괴, 그리고 이로 인한 사회·정치적 불안 등과 같은 다양한 문제들 때문이다.

좌파적 시각을 가진 많은 논객들이 세계화를 부정적으로 바라보는 데에는 바로 이러한 세계화의 사회·정치적 여파 때문인데, 예를 들어 대표적 좌파 사회학자인 마누엘 카스텔스(Manuel Castells)는 사회 불평등과 소외의 증폭을 세계화의 대표적 특성으로 규정하면서, 세계 자본주의의 발달과 함께 근본주의의 출현, 새로운 전염병

---

304) 구춘권은 세계화를 초국적 자본 측에 유리한 경제정책을 일상화하려는 일종의 정치적 프로젝트로 간주하는데, 이는 최근 미국주도의 신자유주의 세계화에 대한 부정적 시각을 반영한다. 구춘권, 『지구화, 현실인가 또 하나의 신화인가』 (세상문고·우리시대, 2000).

의 확산, 전 지구적인 범죄경제의 확대, 생물학적 및 핵 테러리즘, 환경파괴, 인간성 상실 등과 같은 문제들이 더욱 빈번하게 발생할 것이라고 예측했다.305) 영국 좌파를 대표하는 윌 허튼(Will Hutton) 도 이와 비슷하게 20세기 말 세계화 현상이 착취, 사적 소유, 불안정 성과 같은 자본주의의 문제점들을 초래했다고 지적했다.306) 세계화 를 "초고속 자본주의"(turbo-capitalism)307)로 지칭한 미 보수주의자 에드워드 루트워크(Edward Luttwak)조차도 빠른 템포의 영·미식 의 세계화된 자본주의는 1940~80년대 초반까지 잘 통제되고 규제된 케인스주의적 자본주의와 달리 구조조정이라는 이름하에 대량실업, 빈부격차, 범죄를 초래하면서 궁극적으로 대규모의 사회적 혼란을 야기할 것이라고 예측했다.308)

이렇듯 많은 좌파적 또는 비판적 시각의 이론가들이 바라보는 세계화는 "공동체보다는 개인, 분배보다는 생산, 평등보다는 자유, 국가보다는 시장의 방향으로 국내 정치·경제의 변화를 요구하는 신자유주의적 개혁의 요구"로 단축해서 요약할 수 있다.309) 현재 이러한 세계화를 부정하려는 움직임이 범세계적으로 확산되고 있는데, 이는 상기한 신자유주의적 세계화가 초래하는 여러 가지 폐해에 대

---

305) 매뉴얼 캐스텔스(2000).

306) 앤서니 기든스·윌 허튼. "대담·세계화 시대의 자본주의는 어디로 갈 것인가?" 앤서니 기든스·윌 허튼 편저, 박찬욱 외 옮김, 『기로에 선 자본주의』(생각의 나무, 2000), pp.24~121.

307) 한편, 스트레인지(Susan Strange)와 호프만 외(Hoffmann et al.)는 세계화 과정을 일종의 "카지노 자본주의"(casino capitalism)로의 이행으로 빗대어 표현한 바 있다. Strange, Susan, Casino Capitalism (Manchester University Press, 1997). Jürgen Hoffmann·Reiner Hoffmann, "Globalisierung-Risiken und Chancen für gewerkschaftliche Politik in Europa," Rolf Simons·Klaus Westermann(Hrsg.), Standortdebatte und Globalisierung der Wirtschaft (Marburg: Schüren, 1997).

308) Luttwak, Edward, Turbo-Capitalism: Winners and Losers in the Global Economy (HarperCollins, 1999).

309) 이호철. "신자유화의 정치·경제," 윤영관, 배영자 편, 『세계화와 한국』(을유문화사, 2003), p.66.

한 거부감이 범세계적으로 증대된 데에 따른 당연한 결과로 볼 수 있다. 그럼 이러한 신자유주의적 세계화에 수반하는 문제들을 세계화론자들이 주장하듯이 국가가 그냥 뒷짐만 지고 바라보고만 있을 경우 어떠한 결과가 초래될 것인가? 이러한 문제는 21세기 초두를 살고 있는 우리 모두에게 매우 중요한 이슈가 아닐 수 없다.

우리는 이미 제2차 세계대전 이후 대다수 서구 선진 국가들이 계층 간의 대타협을 이룩하고 인류 역사상 처음으로 노동운동을 공산주의적이 아닌 한 적극 지원하면서 다양한 형태의 사회보험으로 사회 안전망을 넓히고, 노동자들의 교육훈련 지원을 증대하는 등의 여러 가지 방식을 통해 "자유방임 자본주의의 야수적인 힘"을 완화시켜 온 사실을 잘 알고 있다.310) 몇몇 스칸디나비아 국가들의 경우, 복지 정부기능이 최근에는 한계를 넘는 과잉팽창 상태에 와 있을 정도로 국가개입이 심하게 증대되기도 했지만, 이러한 혼합경제 체제는 슘페터와 같은 순수경제학자들의 예상을 뒤엎고 자본주의의 극단적인 현상인 변동성과 불평등을 완화시키면서 사회적으로 더욱 수용되고 경제적으로 더욱 효율적인 자본주의를 만들어냈다.311) 전후 혼합경제는 높은 경제성장과 완전고용을 가능케 하였으며,312) 자본주의 역사상 처음으로 노동자들의 생활 수준이 이들에 대한 사회적 지원과 경제적 안정과 함께 제2차 세계대전 이전에 비해 놀랄 정도로 향상되었다.313)

---

310) 로버트 커트너(2000), p.301.

311) Ibid.

312) 1960년대 서유럽의 평균 실업률은 1.5퍼센트에 불과했다. 에릭 홉스봄(1997), p.361.

313) 로버트 커트너(2000), pp.308~9.

이렇듯 제2차 세계대전 이후 서구 국가들은 원시적인 자본주의를 사회적으로 용인되는 자본주의로 변화시키기 위한 시도를 해왔는데, 이는 당시 19세기부터 당시까지 "정통교리"로만 여겨지던 "순수자유시장"이 더 이상 신뢰될 수 없는 것으로 받아들여졌기 때문이다.314)

그 이유는 무엇일까? 이유는 다름 아닌 19세기 자유방임적 경제세계화가 궁극적으로 가져온 파국적 결과에 기인한다. 영국 주도로 추진된 19세기의 자유방임적 경제세계화는 유럽 전 지역에 걸쳐 경제적 급변동은 물론 농어촌의 몰락, 도시 노동자의 실업률 급증, 극빈자 층의 증가, 계층 간의 갈등의 심화 등의 부정적 결과를 낳았으며, 이는 결국 전 유럽의 사회·정치적 불안을 야기한 직접적 요인이 되었다. 상대적 빈곤에 허덕이는 영농인들과 도시노동자들은 경기침체가 이어지면서 귀족 및 부르주아 등 기득권 계층의 타파를 외치는 극단적인 혁명적 또는 극우적 정치세력에 휩쓸리게 되었고, 이는 결국 유럽은 물론 전 세계가 31년 동안의 짧은 기간 동안에 두 차례의 세계전쟁과 볼셰비키 혁명 및 경제대공황과 같은 파국으로 치닫게 하는 데에 직접적인 요인이 되었다.

바로 이러한 아픈 경험들이 제2차 세계대전 이후 서구의 많은 학자들과 정치 지도자들로 하여금 사회민주주의 시스템의 구축과 국가의 적극적인 역할을 강조하는 혼합경제체제를 본격적으로 모색하게 만든 직접적인 배경이었다.315) 그리하여 전후 국제적으로는 브레턴우즈 체제를 바탕으로 한 자유무역이 적극 시행되었고, 국내적으로는 완전고용을 목표로 하는 복지국가 내지 적극적 분배국가가 거

---

314) 에릭 홉스봄(1997), p.148.
315) Ibid., pp.374~5.

의 모든 서구 국가들에서 발달하게 된 것이다. 또한 전후 거의 대부분의 자본주의 국가들의 경제적 성공과 완전고용은 유럽의 프랑스에서 동아시아의 한국에 이르기까지 정부의 적극적 개입과 통제와 긴밀하게 연결되어 있었다.316) 이처럼 전 세계 대부분의 국가들은 전후 공정성과 성장이 나란히 추진되는 세계 경제체제를 수립하는 동시에 자유방임의 불안정성으로 인한 폐해를 막기 위해 적절한 국가개입을 시행하였고, 이러한 새로운 국가규제는 자본주의의 건전한 발전을 도모한다는 차원에서도 보편적인 것으로 받아들여졌다.

이러한 추세는 반케인스주의적 신자유주의 이데올로기가 급부상한 1980~90년대를 통해서도 별반 차이가 없었다. 정부의 기능과 역할 증대를 나타내는 가장 대표적인 것은 정부지출 규모인데, 로드릭(Rodrik)이 지적한 대로 전후 50여 년 동안 서구 선진국들과 개도국들의 정부지출 규모는 꾸준히 증가하였으며, 이러한 양상은 대외교역 개방이 많이 이루어진 국가일수록 더욱 뚜렷하게 나타났다.317) 이는 곧 세계경제와 밀접하게 연결된 자본주의 국가일수록 국가의 역할과 개입이 더욱 증대되어왔다는 것을 의미한다.

이미 전 장에서 설명된 바와 같이, 실제로 대부분의 서방국가 정부들의 사회복지지출은 신자유주의정책이 활개 치던 1980년대는 물론 1990년대를 통해서도 계속 증가한 것으로 나타났다. 예를 들어, 1972년에 14개 선진국들(호주, 뉴질랜드, 미국, 캐나다, 오스트리아, 벨기에, 영국, 덴마크, 핀란드, 독일(서독), 이탈리아, 네덜란드, 노르웨이, 스웨덴)은 평균적으로 중앙정부 예산의 48퍼센트를 사회보장

---

316) Ibid.
317) Rodrik(1998).

제도, 복지, 보건 및 주택공급에 지출했는데, 이는 1990년에 51퍼센트로 증가했다.[318] 또 OECD 회원국들을 상대로 한 다른 연구결과에서도 OECD 회원국들의 GDP 대비 사회안전망지출 평균 비율이 1980년의 19.3%에서 1990년의 22.1%, 그리고 1997년의 23.5%로 꾸준히 증가한 것으로 나타났다.[319]

신자유주의 이데올로기를 표방하며 탈복지국가, 공급자 우선정책을 적극적으로 추진하였던 레이건 행정부와 대처 정부조차 정부개입을 감소시키지 못했으며 정부의 지출규모를 전면적으로 축소시키는 데에 실패했다.[320] 역사적으로 가장 우파적 정권으로 여겨지는 대처 내각은 이전의 노동당 정부 때보다 더 많은 세금을 거둬들였으며, 레이건 행정부도 집권 후 불황을 극복하는 데에 케인스주의적 경제정책을 운용하였고 막대한 적자재정에도 불구하고 국방예산이 급증하는 등 오히려 국가의 적극적인 개입이 이루어졌다.[321] 이러한 점에서 볼 때, 비록 1980년대 이후 신자유주의적 세계화(특히 금융세계화)의 영향으로 각국의 복지정책이 축소압력에 시달리고 있는 것이 사실이지만, 그것이 곧 복지지출의 실질적인 삭감이나 복지정책의 와해로 이어졌다는 경험적 증거는 찾기 힘든 것이 현실이다.[322] 여전히 국가개입의 지속을 보여주는 단적인 예들이 더 많은

---

318) UN, *World Development* (1992)의 〈Table 11〉, 에릭 홉스봄(1997), p.561에서 재인용.

319) Arjona, Roman, Maxime Ladaique and Mark Pearson, "Growth, Inequality and Social Protection," Draft OECD paper presented to the IRPP-CSLS Conference on Linkages between Economic Growth and Inequality, Ottawa (Jan. 26~27th, 2001).

320) 미국은 레이건 행정부 때 중앙정부 지출이 GDP의 1/4에 달했고, 유럽선진국의 경우에는 GNP의 40%를 상회했다. 에릭 홉스봄(1997), p.566.

321) 미국의 국방예산의 급증추세는 클린턴 행정부를 거쳐 부시 행정부로 넘어 오면서, 특히 9.11 테러 이후 재등장하고 있다. 미국의 2002년 국방 지출액은 3,430억 불로서 이는 전년도보다 434억 불 증가한 액수이다. 이는 연방예산의 60%를 차지하는 액수로서 "악의 축"으로 규정된 북한, 이란, 이라크의 군사비 합계의 약 50배 수준이다. 정욱식, 『미사일방어체제 MD』(살림출판사, 2003), p.69.

것으로 미루어 볼 때, 진정한 의미의 "신자유주의 정책"은 존재하지 않았다고 보는 것이 타당하다.

종합해 볼 때, 지난 1세기 동안 국가의 자본축적 양상은 초기의 자유방임주의에서 점증적으로 적극적 국가로 전환해왔으며 이러한 추세는 현재에도 지속되고 있다. 현재 경제세계화의 영향으로 슘페터적 탈복지국가로의 압력이 높아지고 있는 것은 사실이지만, 전후 지금까지 적극국가가 대다수 선진 산업국들에서 여전히 추진되고 있는 것이 현실이다. 이에 대한 여러 가지 이유가 있겠지만, 주된 이유 중 하나는 자본주의에 필연적으로 수반하는 계층 간 갈등을 적절한 제도적 메커니즘을 통해 해소하지 않을 경우 국내적으로 그리고 국제적으로 되돌이킬 수 없는 갈등과 심지어 인류의 파국으로까지 이어질 수 있다는 전후 세대들의 케인스주의적 사고방식이 아직도 강하게 살아있기 때문으로 볼 수 있다.

전술하였듯이, 자본주의의 본질적인 특성은 사회 불평등을 필연적으로 수반한다는 것인데, 인류는 이미 20세기 중반 이전에 자본주의의 세계화가 가져오는 사회 불평등을 국가가 적절하게 대처하지 못하거나 또는 대처할 의지를 가지지 않았을 때에 어떠한 결과가 초래되는지를 볼셰비키혁명과 세계대공황, 그리고 두 차례의 세계대전 등의 대참사를 통해 경험한 바 있다.[323]

현대 민주주의의 위기가 이러한 파국으로 꼭 치달을 것이라는 것은 아

---

322) Jackson, Andrew, "Globalization and Progressive Social Policy," Paper presented to the Tenth Biennial Conference on Canadian Social Welfare Policy, Calgary (June 18, 2001), p.4.

323) 제1차 세계대전과 제2차 세계대전으로 사망한 인원은 대략 1,000만 명과 5,400만 명으로 추정되며, 세계경제공황기 중 최악의 시기(1932∼33)에 실업률은 영국 22%, 벨기에 23%, 스웨덴 24%, 미국 27%, 오스트리아 29%, 노르웨이 31%, 덴마크 32%, 그리고 독일이 44% 등 전례 없는 규모로 증가하였다. 에릭 홉스봄(1997), p.76, p.134.

니지만, 지난 250여 년 동안 발달해 오고 후쿠야마(Francis Fukuyama)의 주장대로 공산주의의 몰락 이후 전 세계적으로 하나의 보편적인 체제로 자리 잡은 자본주의의 지속적인 발전을 위해서라도 전후 지속적으로 발전해온 적극적 국가, 복지국가의 이념과 정책이 21세기 세계화 시대에도 꾸준히 유지·발전되어야 한다는 것은 아무리 강조해도 지나치지 않다. 그러므로 지난 1세기 동안 어렵게 이루어진 이러한 최소국가에서 적극적 국가로의 역사적 진화·변천과정을 다시금 19세기의 초기 자본주의 단계의 자유방임적 최소국가의 시대로 되돌리려고 하는 신자유주의 이론가들과 정치가들의 시도는 역사적 인식의 부족 내지 결핍에서 연유한 것으로 볼 수 있다.[324]

자본주의가 초래하는 빈부격차, 약자소외, 사회 불평등, 사회통합의 해체, 계층 간 갈등, 사회·정치적 불안정과 같은 문제들을 보정하는 역할은 결코 민간기업, 또는 콕스(Robert Cox)가 주장하는 사회세력이나 NGO가 대신하여 수행할 수 없는 것들이다. 이러한 문제들은 자유시장이 아닌 국가의 고유한 기능의 범주에 속하기 때문이다. 21세기에는 자본주의의 세계화가 더욱 가속화되면서 국내적으로 사회 불평등과 국가 간 부의 편중이 더욱 심화될 것이라는 점은 의심의 여지가 없는 만큼, 이를 해소하기 위한 국가의 적극적 개입과 역할이 더욱 절실히 요구된다.

---

324) Ibid., p.566.

결론: 신자유주의 세계화를 넘어

지금까지 세계화와 국가 간의 관계, 그리고 21세기 세계화 시대의 국가의 바람직한 역할상에 대해서 논의해보았다. 전술하였듯이, 자본주의의 발달은 국가역할의 발달과 확대를 촉진시켜왔다. 최근 많은 논객들이 세계화로 인한 국가의 해체 내지 종식을 주장해왔지만, 실질적으로 이는 현실성이 전혀 없는 주장이다. 20세기 말 이후 국가의 역할을 19세기의 최소국가로 되돌리자는 신자유주의 이론이 전 세계적으로 주도적 이념으로 부상하면서, 전 세계 개별 국가들마다 조금씩의 차이는 있으나 대체적으로 선·후진국, 좌·우파 정권을 막론하고 신자유주의적 공급우선정책이 선호되는 결과를 낳았다. 1990년대 초 후쿠야마(Francis Fukuyama)와 같은 정치학자는 이를 두고 "역사의 종말"이라고 칭한 바 있는데, 어쨌든 이는 슘페터적 최소국가 이념의 부상을 의미하며 현 세계화가 큰 전환이 이루어지지 않는 한 국내 전체 국민들보다는 소수의 환투기꾼이나 다국적 기업과 같은 초국적 자본의 이익만을 위하는 수단이 될 수 있음을 말해준다. 이러한 점에서, 現 신자유주의 세계화는 민주주의에 하나의 커다란 위협이 될 수 있는 가능성을 안고 있다.

경제세계화가 모든 국가 국민들의 복지를 향상시킬 수 있다는 세계화 옹호자들의 주장은 이미 자유방임적 세계화가 초래하는 피해에 대한 많은 증거들(국가 내부에서의 사회 불평등 확대와 세계적 차원에서의 부의 양극화) 앞에서 그 설득력을 잃어버렸다. UNDP의 보고서에 의하면, 한국, 말레이시아, 중국 등 일부 국가들을 제외한 대부분의 국가들이 1980년대보다 1999년에 경제적으로 후퇴했고 부의 불평등이 심화되었다.[325) 세계 경제 대국인 미국에서조차도 1990년대 말 전례 없는 호황에도 불구하고 전체 인구의 15퍼센트가량이 빈곤선 밑에서 살고 있으며, 이 비율은 더 늘어날 것으로 예측되었다.[326) 반면, 미국 내 가장 부유한 1퍼센트는 1977년부터 1995년까지 세전소득이 93퍼센트 증가하였다.[327) 전 세계적 차원에서의 부의 극심한 불평등은 지구촌 억만장자 358명이 전 세계 자산의 반을 소유하고 있다고 보고한 1996년 UNDP는 보고서에도 잘 나타나 있다.[328) 이는 신자유주의적 탈규제와 세계화가 소수의 대자본가, 투기꾼 및 전문가들만 풍요롭게 하고 있다는 점을 입증하는 좋은 예이다.

노동문제와 관련하여 자본의 세계화가 진전되면서 경제개혁 과정에서 전 세계적으로(특히 신흥 경제 국가들에서) 대량의 해고가 발생하였고, 개도국의 취약한 농축산어업 분야가 갑작스러운 경쟁에 직면하면서 농어촌이 붕괴되는 상황이 발생한 것은 세계화의 목적이 전 세계인(특히 사회적 약자)의 복지를 향상시켜줄 것이라는 원래의 목표와 상반되는 것이다. 특히 1994년 후반 페소화 폭락으로 야기된 멕시코 위기, 1997년 동아시아 외환위기와 1998년의 러시아 위기, 그리고 아르헨티나와 브라질 위기와 이로 인한 국민경제의 파탄은 미국 주도의 신자유주의 세계화가 근본적으로 문제가 있음을

325) *New York Times* (13 July 1999).

326) 매뉴얼 캐스텔스(2000), p.147.

327) 제프 폭스, "세계 자본주의 체제에서의 소득 불평등 문제," 앤서니 기든스 · 윌 허튼 편저, 박찬욱 외 옮김, 『기로에 선 자본주의』(생각의 나무, 2000), p.210.

328) 구춘권(2000), p.115.

보여주는 산 증거들이다. 이들 국가들에서는 외환위기 이후 미국 정부와 IMF의 권고에 따라 효율성과 생산성 증대를 위한 대대적인 구조조정과 긴축재정정책을 시행하였으나, 이러한 정책은 곧 대량실업을 낳았고, 이는 상대적·절대적 빈곤의 심화, 나아가 가정과 공동체 붕괴, 그리고 사회·정치적 갈등 격화와 소요사태의 급증 등과 같은 심각한 사회·정치적 문제를 초래했다. 이는 신자유주의 세계화가 분배구조를 더욱 악화시키고 있다는 사실을 드러낸다. 이러한 성질의 세계적 자본주의는 사회 불평등 확대와 같은 그 잠재적인 결과들로 인하여 궁극적으로 사회적·문화적·정치적으로 거부될 수 있는 소지가 더욱 많아지고 있으며, 이러한 이유로 신자유주의 세계화에 대한 대안을 마련하기 위한 정치적인 결단이 없을 경우 이러한 세계적 자본주의도 1990년대 초 몰락한 공산주의와 같이 더 이상 지속될 수 없는 이념으로 몰락될 가능성도 배제할 수 없다.

이미 수많은 사람들을 외면하는 '20대 80의 사회'를 만들고 트리클다운경제(trickled-down economy)를 선호하는 현 신자유주의 세계화에서 탈선하려는 움직임은 세계 곳곳에서 포착되고 있다. 아랍 근본주의(알 카에다와 같은)와 유럽(특히 오스트리아와 스위스에서의)의 극우민족주의 득세를 포함하여, 시애틀과 캔쿤의 WTO 각료회의 및 G-8 정상회의, 그리고 다보스포럼 등에서 보인 폭력적인 대규모 반세계화 폭동, 또는 많은 아시아와 남미 국가들에서 일자리를 잃은 노동자들과 농민들의 폭력시위와 파업 등은 세계화에 대한 불만과 적개심의 항의적 표시이다. 향후 신자유주의 세계화에 대한 무너진 기대가 이처럼 단순한 탈선행위나 소규모 소요로 끝나면 다행이지만, 현재로서는 세계화의 리스크를 대처할 정치적·사회적 장치가 아직 마련되지 않았다는 점에서 20세기 전반기에 경험했던 정치·경제적 격변으로 치달을 가능성도 완전히 배제할 수 없다.

요는 전 세계적으로 점점 더 많은 사람들이 소수 자본가들만 풍요롭게 하는 비인간적인 세계화를 거부한다는 사실이며, 이러한 세계화에 대한 도전은 더욱 험난한 미래를 예고한다. 전술하였듯이, 이미 1930~40년대 케인스(John M. Keynes)나 폴라니(Karl Polanyi), 그리고 90년대의 로드릭(Dani Rodrik)과 같은 많은 개혁적 이론가들이 경제세계화로 초래되는 사회 불평등과 계층 간 갈등의 심화를 정부가 그대로 시장의 힘에 의해 해결되도록 방치할 경우 어떤 결과가 초래되었는가에 대한 역사적 사실을 지적한 바 있다. 즉 국가개입을 최소화하는 자유방임주의정책으로 인하여 자본주의 체제의 근간이 거의 무너질 뻔한 20세기 전반기의 역사적 경험을 우리에게 각인시켜주고자 한 것이다.

결론적으로, 이제 각 국가 정치지도자들이 해야 할 일은 신자유주의 세계화의 물결 속에서 잠시 잃어 가고 있었던 국가의 권위와 역할을 재탈환하고 새로운 차원의 혼합경제체제를 구축하는 것이라고 할 수 있다. 이는 21세기 세계 자본주의로 초래될 계층 간 사회분열을 규제하고 사회통합을 이룩하기 위한 매우 필수적인 조치이며, 자유민주주의를 전 세계적 차원에서 더욱 확산·발전시키기 위한 요건이기 때문이다.

11장

결론-경로 의존 이론은 한국
사회복지정책에 적실성이
있는가?

지금까지 김대중 정부와 노무현 정부의 사회복지제도 개혁 및 정책을 구체적으로 알아보고, 이러한 두 진보정부의 사회복지 개혁노력에도 불구하고 국내 사회복지의 수준이 서구 선진 복지국가는 물론이고 한국과 경제 수준이 비슷한 다른 국가들에 비해서도 훨씬 뒤떨어져 있는 이유를 경로 의존 이론의 관점에서 알아보았다.

대한민국 건국 이후 사상 최악의 외환위기와 경제위기를 배경으로 취임한 김대중 정부는 '민주주의'와 '시장경제'의 확립과 함께 '생산적 복지체제'의 구축을 국정지표 중 하나로 내세우고 그간 국내 정책에서 소홀히 여겨져 왔던 사회복지를 대폭 확대·개혁하고자 했다. 구체적으로 국민연금의 도시지역으로의 확대, 고용보험과 산재보험의 5인 미만 사업장으로의 확대, 그리고 의료보험의 통합 등 4대 사회보험의 확대 개편을 성공적으로 이룩했다. 김대중 정부에 이어 취임한 노무현 정부도 김대중 정부하에서 구축된 제도적 인프라 위에서 사회복지 개혁을 더욱 가속화시키는 정책을 추진했다.

하지만 10년에 걸친 두 진보정부의 이러한 사회복지 개혁노력에도 불구하고, 여전히 사회복지서비스 제공 및 사회복지에 대한 국가

재정의 책임과 역할은 최소한의 수준으로 제한되어 있고, 개인 및 가족, 민간시장과 기업이 국가가 떠맡아야 하는 사회복지 제공에 관한 책임과 역할을 대부분 떠맡고 있다. 사회복지에 대한 국가의 획기적인 재정부담 증대가 없이는 시민생활에 대한 국가의 책임과 역할이 증대되지 않는다는 사실에서 볼 때, 김대중·노무현 정부의 사회복지 개혁은 그저 외형적이고 형식적이었다고 판단할 수 있다. 이는 서유럽 선진복지국가들의 제도적 유형과는 거리가 먼 유형으로서 노동의 상품화와 계층화 정도가 매우 심한 전형적인 잔여적인 복지유형이다.

그렇다면 과연 국내 사회복지체제가 두 진보정부의 10년간에 걸친 통치와 이들의 사회복지 개혁노력에도 불구하고 여전히 낙후된 복지유형으로 남아 있는 원인은 무엇인가? 그리고 이러한 원인을 설명하기 위해 활용할 수 있는 이론적 틀은 어떤 것이 있을까? 역으로, 국내 사회복지체제의 낙후성으로부터 우리는 어떤 이론적 함의를 이끌어낼 수 있을까?

전술하였듯이, 경로 의존 이론은 정부의 개혁정책이나 제도적 개혁이 성과를 제대로 거두지 못하거나 변화가 거의 없을 때, 즉 제도의 영속성 내지 현상유지가 지속되는 원인을 고찰하는 데 유용한 설명적 틀을 제공한다. 이러한 경로 의존 이론은 진보적 성향이 강했던 김대중·노무현 두 정부가 국내 사회복지기반을 획기적으로 개혁하려 했음에도 불구하고, 국내 사회복지가 다른 OECD 회원들에 비해서 여전히 후진적이고 낙후된 체제로 남아 있는 이유를 설명하는 데에도 유효한 것으로 본 연구에서 밝혀졌다.

한국 자본주의의 제도적 특질은 이른바 발전국가로 상정된다. 이는 개발연대에 경제발전을 가장 중요한 국가정책으로 삼아 시장, 은행 및 재벌에 대한 강력한 국가개입과 규제를 바탕으로 국가가 전략산업부문을 선정하여 집중적으로 보호·육성하는 반면, 사회경제적목표들은 시장순응적인 정책을 통해 달성하려 하는 상당히 이중적인 시스템이었다. 한국의 사회복지제도는 애초부터 그저 빠른 경제성장을 도모하고 자본주의 사회의 시장 기제를 유지하기 위한 하나의 부차적이고 시장 보완적인 수단으로 기능하여 왔으며, 따라서 경제수준에 비해 상당히 불균형적으로 발달해 왔다. 이는 인류 평등주의적 가치를 실현하기 위해 사회적 약자들은 물론 전 국민들을 대상으로 하는 보편적이고 광범위한 사회복지체제의 구축을 위해서 복지제도를 입안·시행해 온 스웨덴, 노르웨이, 핀란드 및 덴마크와 같은 제도적 유형의 스칸디나비아 국가들의 경우와는 거리가 먼 것이다.

분배가 성장을 저해하고 사회정책은 경제정책에 부수되는 주변적사안일 뿐이라는 개발연대의 성장우선주의적 견해는 진보적인 김대중 정부와 노무현 정부가 들어선 이후에도 거의 변하지 않고 지배적인 담론으로 이어져 내려왔다. 전통적으로 한국 정부는 개발연대 이후 국가의 경영을 위해 국가에 대한 충성심이 요구되는 직업군인, 공무원, 교원과 같은 상위 계층들부터 사회복지체제의 보호대상에 포함시키는 한편, 노동자와 비정규직 노동자 그리고 영세사업장 근로자 및 영세 상인들과 같은 노동시장에서 그 지위가 불확실한 하위계층들은 의도적으로 보호대상에서 배제시키는 매우 계층 차별적인 정책을 운용해왔는데, 이러한 계층 차별적 사회복지 정책은 김대중정부가 들어선 이후에도 변함없이 지속되었다.

더욱이 김대중 정부 이후 외형적으로는 사회복지제도에 대한 개혁이 획기적으로 이루어졌지만, 사회복지에 대한 국가재정의 책임은 여전히 미미한 가운데, 전통적으로 가장 중요한 복지공급원으로서의 기능을 해왔던 가족과 기업 및 민간시장이 국내 사회복지체제에서 가장 중요한 복지공급원으로 남아 있다. 사회복지 분야에 대한 국가재정의 개입과 역할은 최소 수준으로 제한하는 대신 사회복지 책임을 가족이나 기업 및 민간시장 기제에 떠맡기는 한편, 근로복지와 노동상품화 정책을 그대로 유지하고 있다. 또한 사회복지 프로그램들 중 공공부조에 대한 의존성이 지나치게 높고, 공공부조를 비롯한 대부분의 사회복지 프로그램은 여전히 까다롭고 치욕적인 자산조사와 같은 복잡한 과정을 거쳐 제공되는바, 이는 김대중 정부 이후의 사회복지개혁이 노동의 상품화와 근로복지를 강조하는 자유주의적 요소를 강조해왔던 발전주의적 특성을 그대로 유지하고 있다는 사실을 잘 보여준다.

요컨대, 그간 개발연대의 급속한 산업화 과정에서 구축·형성된 발전주의적 유산, 즉 성장우선주의적 사상과 정책이 여전히 김대중 정부 이후의 사회복지정책 결정과정에 지대한 영향력을 미쳤으며, 그 결과 김대중·노무현 두 진보정부의 사회복지 개혁도 그 내용과 결과적인 측면에서 볼 때 과거 개발연대 권위주의적 정권하에서 구축된 사회복지체제의 틀에서 거의 벗어나지 않았다. 이는 결국 김대중·노무현 정부의 사회복지개혁의 성격과 특징이 과거 권위주의 정권하에서 구축된 사회복지체제와 완전히 단절된 것이 아니라, 오히려 이러한 권위주의 정권하의 제도적 유산과 영향력에서 여전히 벗어나지 못했음을 강력하게 시사한다.

결론적으로, 그간 많은 논객들이 김대중·노무현 두 진보정부하에서 이루어진 사회복지 개혁이 과거 권위주의 정부의 사회복지정책과는 완전히 차별화된 패러다임을 보여주고 있다고 진단해왔지만, 본 연구에서 보여준 바와 같이 결국 두 진보정부가 추진했던 사회복지 개혁의 양상은 과거 개발연대 국가주도 산업화 과정에서 구축된 발전국가체제의 영향과 유산으로부터 연속성을 지니고 있다는 사실을 알 수 있다. 이는 궁극적으로 경로 의존성이 한국 사회복지정책에서 강하게 나타나고 있다는 사실을 보여주는 것으로서, 경로 의존 이론의 유효성을 입증하는 사례이기도 하다.

한편, 김대중 정부와 노무현 정부는 신자유주의 정책을 거의 맹목적으로 수용함으로써 국내 노동시장의 유연성은 이전보다 더 유연해지고 대부분의 근로자들은 언제든지 처분이 가능한 기계부품과 같은 존재가 되어버렸다. 특히 대다수 국민들의 완강한 반대에도 불구하고 노무현 정부는 한-미 FTA의 체결을 끝내 성사시킴으로써 친시장적이고 반복지적인 미국식 자본주의체제가 국내 경제를 지배하게 하는 데에 결정적인 역할을 했다. 이렇듯 경제발전을 유일가치로 중시하는 가운데 사회복지를 비생산적인 낭비로 경시하는 이들의 풍조는 국내 정치·경제 엘리트들이 선성장·후분배 원칙에 입각한 개발연대의 권위주의적 복지모델에서 여전히 벗어나지 못하고 있음을 여실히 보여준다. 이러한 국내 여건 속에서 향후 국내 사회복지정책이 최소주의적이고 탈규제적이며 자유시장의 틀을 넘지 않는 기존의 잔여적 유형에 입각하여 도출되는 것은 필연적으로 보인다.

이처럼 사회복지에 대한 국가재정의 역할과 책임을 최소화하려는 국내 정치·경제 엘리트들은 이러한 자신들의 보수적 입장을 정당화하는 핵심근거로서 서구 복지국가의 쇠퇴 경향을 들곤 한다. 즉 고부담·고복지를 특징으로 했던 선진 복지국가들은 이미 오래전에 실패하여 쇠퇴의 길로 급속히 가고 있으므로 이제 사회복지체제 건설의 초기 단계에 서 있는 대한민국은 국가주도 복지제도의 확대를 최대한 지향하고 대신 개인의 자립, 독립 및 노동을 강제해야 한다는 것이다.

사실 1970년대 두 차례에 걸친 오일쇼크에 이은 전 세계적인 경제침체 이후 서구 복지국가들의 쇠퇴담론과 특히 1980년대 이후 신자유주의 이념이 전 세계적으로 급속히 확산되고 급기야 1990년대 이후부터는 신자유주의 경제세계화가 급속히 진전됨 따라 상기한 국내 엘리트들의 견해는 일면 정당화되는 듯 보인다. 즉, 아직 국내의 복지수준이 다른 모든 OECD 국가들에 비해 매우 낮다는 점을 감안하면 보다 적극적이고 과감한 복지지출의 확대가 필요하지만, 한국 정부는 굳이 서구 선진국들이 이미 실패한 길을 다시 밟기보다는 새롭고 보다 확실하고 안전한 길을 가야 한다는 것이다.

그러나 문제는 이 연구에서 보인 바와 같이 국내 정책결정자들이 주장하는 서구 복지국가의 쇠퇴가 경험적으로 증명되지 않았다는 사실이다. 그간 많은 연구자들이 일관되게 복지국가의 비효율성을 제기해왔지만, 이러한 담론이 곧 복지국가의 쇠퇴나 종식으로 이어졌다는 경험적 증거는 그 어디에서도 찾아볼 수가 없다. 국내 보수 언론, 보수 정치세력 및 보수경향의 학자들 모두 한결같이 탈산업화와 신자유주의 세계화로 인해 서구 복지국가가 급격하게 쇠퇴 또는 종식을 고했다고 주장했지만, 오히려 많은 증거들이 그 반대의 추이를 보여주었다. 즉 세계화의 외부적 압력에도 불구하고 서구 복지국가는 꾸준한 성장을 거듭했으며, 이러한 성향은 앞으로도 지속될 가능성이 크다는 것이다.

제9장에서 설명된 바와 같이 1980년대 이후 신자유주의 세계화의 압력이 이전에 비해 급격히 증대되고 이로 인하여 복지국가가 축소의 압력을 받아온 것은 사실이지만, 이러한 변화가 곧 세계화론자들이 주장하는 복지국가의 쇠퇴 내지 잔여적 모델로의 수렴을 의미하지는 않는다. 이유는 세계화가 급속히 진행되는 와중에서도 스웨덴의 예에서 나타나듯이 스웨덴의 사민주의적 복지체제는 여전하며 어떤 면에 있어서는 더욱 강화되었기 때문이다.

하지만 이러한 세계화의 압력 속에서도 자국의 사회복지제도를 어떻게든 지속적으로 유지·확대하려는 이러한 유럽 선진복지국가들의 예와는 달리, 여전히 성장우선주의 이데올로기에 사로잡혀 있는 국내 정치·경제 엘리트들의 보수적 성향으로 볼 때, 사회복지에 대한 국가재정의 책임과 역할을 최소화하려는 기존의 정책기조는 앞으로도 큰 이변이 없는 한 지속될 것으로 보이며, 이는 결과적으로 국내 사회복지체제의 잔여적 특성을 더욱 심화시킬 것이다.

참고문헌

경제기획원, 「주요 경제지표」, 각 연도.

고경환 외, 「한국의 사회복지비 추계: 1990~1999」(서울: 한국보건사회연구원, 2002).

고경환 외, 「한국의 사회보장비 추계: 1990~1997」(서울: 한국보건사회연구원, 1999).

고세훈, 『국가와 복지: 세계화 시대 복지한국의 모색』(서울: 아연출판부, 2003).

공제욱 외, "한국의 사회복지재정 추계와 국제비교에 관한 연구," 「한국사회정책」 제6집 제1호 (2000), pp.1~39.

구춘권, 『지구화, 현실인가 또 하나의 신화인가』(세상문고 · 우리시대, 2000).

국민건강보험공단, 「진료비 본인부담 실태조사」(서울: 국민건강보험공단, 각 연도).
http://www.index.go.kr/egams/stts/jsp/potal/stts/PO_STTS_IdxMain.jsp?idx_cd=2763&bbs=INDX_001(검색일:2009.07.21).

국민경제자문회의, "한국형 경제발전 모델의 변천과 새로운 모색"(2005).

국민복지기획단, 「삶의 질 세계화를 위한 국민복지의 기본구상」(최종보고서) (1996).

국민연금공단, "통계로 보는 국민연금"(서울: 국민연금공단, 2009).
http://www.nps.or.kr(검색일: 2009. 07. 31).

권선주 · 이천우, "우리나라 권력구조의 사회보장정책에 대한 영향: 박정희 대통령에서 노무현 대통령까지," 「산업경제연구」 제18권 제6호(2005), pp.2479~2501.

권순원, "21세기 한국의 사회복지정책: 지속가능한 복지체계의 구축방안," 「사회과학연구」 제8권(2002), pp.21~38.

근로복지공단노동보험연구원, 「2008년도 산재보험·고용징수 실적(요약도표)」(서울: 근로복지공단노동보험연구원, 2009. 07. 03). http://www.kcomwel.or.kr/data/data_03_view.asp?page=1&seq=30&searchtype=&searchkey=(검색일: 2009. 07. 31).

김미원, "사회복지정책의 시장화논리에 대한 비판적 고찰," 「사회복지와노동」 제3호(2001).

김미혜·정진경, "한국의 사회복지비 지출 변화요인에 관한 연구," 「사회보장연구」 제19권 제1호(2003), pp.1~21.

김병국·임혁백, "동아시아 '정실 자본주의'의 신화와 현실," 「계간 사상」 제45권 제1호(2000년 여름), pp.7~74.

김선명, "한국 금융제도의 경로 의존에 관한 연구: 역사적 제도주의 접근법을 중심으로," 「한국정책학회보」 제9권 제3호(2000), pp.187~215.

김세균, "IMF 관리체제, 김대중정권, 그리고 노동운동," 「현장에서 미래를」 제30호(1998).

김세균, 「제3의 길과 DJ노믹스, 그리고 한국사회」, 한국정치연구회학술대회발표문(1999).

김수행 외, 『제3의 길과 신자유주의』(서울대학교출판부, 2003).

김순영, "한국 민주주의와 빈곤의 문제," 최장집 편, 『위기의 노동』(서울: 후마니타스, 2005), pp.254~271.

김연명, "동아시아 복지체제론의 재검토: 복지체제 유형 비교의 방법론적 문제와 동아시아 복지체제 유형화의 가능성," 「사회복지정책」 제20권(2004), pp.133~154.

김연명 편, 『한국 복지국가 성격논쟁 I』(서울: 인간과복지, 2002).

김연명, "김대중 정부의 사회복지정책: 신자유주의를 넘어서," 김연명 편, 『한국 복지국가 성격논쟁 I』(서울: 인간과복지, 2002a), pp.109~141.

김연명, "'국가복지 강화론' 비판에 대한 재비판과 쟁점," 김연명 편, 『한국 복지국가 성격논쟁 I』(서울: 인간과복지, 2002b), pp.351~383.

김연명, "변혁기 한국 사회보험의 현황과 과제," 「사회복지」(2000년 가을), pp.7~21.

김영범, "한국 사회보험의 기원과 제도적 특징: 의료보험과 국민연금을 중심으로," 「경제와사회」 제55호(2002a), pp.8~34.

김영범, "경제위기 이후 사회정책의 변화: 한국과 선진 자본주의 국가들과의 비교," 김연명 편, 「한국 복지국가 성격논쟁 I」(서울: 인간과 복지, 2002b), pp.209~242.

김영범, "한국 복지국가의 유형화에 대한 비판적 검토: 제도의 미숙성과 그에 따른 한계를 중심으로," 김연명 편, 「한국 복지국가 성격논쟁 I」(서울: 인간과복지, 2002c), pp.329~350.

김영범, "경제위기 이후 사회정책의 변화: 한국과 선진 자본주의국가들과의 비교," 「한국사회학」 제35집 제1호(2001), pp.31~57.

김영삼, 「삶의 질의 세계화를 위한 대통령의 복지구상」(서울: 청와대, 1995.03).

김영화·이옥희, "세계화와 한국 사회복지의 비판적 검토," 「한국사회복지학」 통권 제39호(1999), pp.74~101.

김유선, "비정규직 규모와 실태: 통계청, '경제활동인구조사 부가조사'(2009.3) 결과" (서울: 한국노동사회연구소, 2009). http://cafe.daum.net/drchaeco/QdFN/28?docid=1G1Tw|QdFN|28|20090702113059&q=%C7%D1%B1%B9%B3%EB%B5%BF%BB%E7%C8%B8%BF%AC%B1%B8%BC%D2&srchid=CCB1G1Tw|QdFN|28|20090702113059(검색일: 2009. 07. 21).

김유선, "비정규직 규모와 실태: 통계청, '경제활동인구조사 부가조사'(2007.8) 결과" (서울: 한국노동사회연구소, 2007). http://cafe.daum.net/drchaeco/QdFN/28?docid=1G1Tw|QdFN|28|20090702113059&q=%C7%D1%B1%B9%B3%EB%B5%BF%BB%E7%C8%B8%BF%AC%B1%B8%BC%D2&srchid=CCB1G1Tw|QdFN|28|20090702113059(검색일: 2009. 07. 21).

김유선, 「한국노동자의 임금실태와 임금정책」(서울: 후마니타스, 2005a).

김유선, "노동시장의 구조변화와 비정규직," 최장집 편, 「위기의 노동」(서울: 후마니타스, 2005b), pp.54~71.

김유선, "비정규직 노동자규모의 실태" (서울: 한국노동사회연구소, 2001).

김인영, "한국의 발전국가론 재고: 1997년 외환위기 이후 발전국가의 변화와 특질," 「한국동북아논총」 제47집(2008), pp.183~204.

김재철, "세계화와 국가 주권" 「국제정치논총」 제40집 3호(2000), pp.63~80.

김종건, 「한국의 복지체제 형성과 변천에 관한 연구」(중앙대학교 박사학위논문, 2004).

김진욱, "한국 복지혼합의 구조: 2000년도 지출추계를 중심으로," 「사회보장연구」 제21권 제3호(2005), pp.23~54.

김태룡·안희정, "효과적인 복지정책을 위한 생산적 복지와 참여복지의 탐색," 「한국사회와 행정연구」 제15권 제2호(2004), pp.427~445.

김태성·성경륭, 『복지국가론』(서울: 나남출판, 2003).

김태일·김선희, "의료보험 급여제도의 경로 의존에 관한 연구," 「한국정책과학회보」 제10권 제4호(2006), pp.41~64.

나병균, 『복지국가와 사회』(서울: 을유문화사, 1996).

남찬섭, "경제위기 이후 복지개혁의 성격," 김연명 편, 『한국 복지국가 성격논쟁 I』(서울: 인간과복지, 2002a), pp.143~174.

남찬섭, "'신자유주의론'의 내용과 평가," 김연명 편, 「한국 복지국가 성격논쟁 I」(서울: 인간과복지, 2002b), pp.297~319.

남찬섭, "한국 복지체제의 성격에 대한 경험적 연구," 김연명 편, 『한국 복지국가 성격논쟁 I』(서울: 인간과복지, 2002c), pp.557~592.

노동세상, "IMF 10년, 농락당한 애국심"(2007a). http://laborworld.co.kr/home2007/bbs/board.php?bo_table=section2&wr_id=21&page=2(검색일: 2009. 09. 02).

노동세상, "외국 투기자본은 먹튀(먹고튀는)자본"(2007b). http://laborworld.co.kr/home2007/bbs/board.php?bo_table=section2&wr_id=22&page=2(검색일: 2009. 09. 02).

로버트 커트너, "세계 자본주의 경제에서의 정부의 역할," 앤서니 기든스·월 허튼 편저, 박찬욱 외 옮김, 『기로에 선 자본주의』(서울: 생각의 나무, 2000), pp.290~319.

류정순, "신용불량 신빈곤층: 실태와 대안," 최장집 편, 『위기의 노동』(서울: 후마니타스, 2005), pp.139~187.

매뉴얼 캐스텔스, "네트워크 경제와 정보자본주의," 앤서니 기든스·윌 허튼 편저, 박찬욱 외 옮김, 『기로에 선 자본주의』(서울: 생각 의 나무, 2000), pp.122~159.

문형표·오영주·이희숙, "우리나라 복지지출수준의 평가와 전 망," 「2000년도 국가예산과 정책목표: 재정운영의 현안과제와 개선방향」(서울: 한국개발연구원, 2000).

박영수, "경로 의존성과 체제전환," 「산업경제연구」 제19권 제1호(2006), pp.27~48.

박용수, "세계화와 국민국가: 한국의 경제·통상정책 운용 사례로 본 세계화와 국민국가간의 관계," 「국제정치논총」 제41집 1호(2001), pp.49~68.

박윤영, "김대중 정부 주거정책의 성격: 대폭적인 시장강화, 제한적인 주거복지," 「사회복지정책」 제20호(2004), pp.297~321.

박정기, 「한국의 사회보장: 사회경제적 발전 접근」(서울: 한국개발연 구원, 1975).

박형수, "분야별 재정지출 구조의 국제비교," 「재정포럼」 2월호 (2005).

백화종·최병호·김수봉·김태완, 「사회보장발전의 중장기 전망과 방 향」(서울: 한국보건사회연구원, 2003).

보건복지부, 「보건복지통계연보」(서울: 보건복지부, 각 연도).

보건복지부, 「2004년 보건복지백서」(서울: 보건복지부, 2005).

보건복지가족부, 「2009 OECD 사회통계지표」(서울: 보건복지가족부, 2009).

보건복지가족부, 「보건복지가족통계연보 2007년」(서울: 보건복지가족 부, 2008).

보건복지가족부, 「국민기초생활보장급여지급현황」(서울: 보건복지가족 부, 각 연도).
http://211.34.86.121:8092/nsieu/view/tree.do?task=branch View&hOrg=117&id=117_11708*MT_OTITLE(검색일: 2009. 07. 21).

빈부격차·차별시정위원회, 「사회복지전달체계 개선방안」(2005).

삶의 질 향상기획단, 「새천년을 향한 생산적 복지의 길」(1999).

삼성경제연구소, 「2005년 경제전망」(서울: 삼성경제연구소, 2004).

새뮤얼 헌팅턴 지음, 이희재 옮김, 『문명의 충돌』(서울: 김영사, 2003).

선학태, "한국 민주주의 공고화의 가능성과 한계: 김대중 정부의 사
　　회복지개혁," 「한국정치학회보」 제39집 제5호(2005), pp.179~198.

성경륭, "민주주의의 공고화와 복지국가의 발전: 문민정부와 국민의
　　정부 비교," 김연명 편, 『한국 복지국가 성격논쟁 Ⅰ』(서울: 인간
　　과복지, 2002), pp.487~523.

손열, "기술, 제도, 경로 의존성: 정보화시대 벤처지원정책의 한·일
　　비교연구," 「한국정치학회보」 제40집 제3호(2006), pp.237~261.

손준규, 「한국의 사회복지 정책결정과정에 관한 연구」(서울대학교 박
　　사학위 논문, 1981).

손호철, "세계화와 한국국가의 성격 변화," 「동아연구」 제51집 (2006),
　　pp.5~33.

손호철, "김대중정부의 복지개혁의 성격: 신자유주의로의 전진?" 「한
　　국정치학회보」 제39집 제1호(2005), pp.213~398.

손호철, 『신자유주의시대의 한국정치』(서울: 푸른숲, 1999).

손호철, 『전환기의 한국정치』(서울: 창작과 비평, 1993).

신동면, "한국의 생산체제와 복지체제의 선택적 친화성," 「한국정치
　　학회보」 제40집 제1호(2006), pp.115~138.

심상용, "과거 성장전략의 경로 의존성과 혁신주도 동반성장의 과제에
　　대한 연구," 「한국정책학회보」 제14권 제4호(2005), pp.223~248.

심창학, "동아시아 복지모델의 유형화 가능성 탐색: 담론과 실증분석
　　을 중심으로," 「사회복지정책」 제18호(2004), pp.55~81.

안병영, "국민기초생활보장법의 제정과정에 관한 연구," 「행정논총」
　　제38집 (2000), pp.1~50.

안재홍, "스웨덴모델의 형성과 쇠퇴: 노동운동을 중심으로 한 통시적
　　비교," 「국가전략」 제7권 3호 (2001), pp.107~146.

안재홍, "생산레짐과 복지국가체제 상호연계의 정치: 이론적 논의와
　　스웨덴 노사관계 사례의 분석," 「한국정치학회보」 제38집 제5

호 (2004), pp.391~416.

안종범, 「복지재정확충과 사회보장제도 개혁의 과제」, 안민정책포럼·나라발전연구회 주최 2001년도 공동심포지엄 발표논문 (2001).

안종범·김을식, "복지지출수준의 국제비교," 「재정논집」 제19집 제1호 (2004), pp.1~27.

안흥순, "사회정책의 경제와 사회 통합효과," 「한국사회정책」 제3집 (1996).

앤서니 기든스·윌 허튼, "대담·세계화 시대의 자본주의는 어디로 갈 것인가?" 앤서니 기든스·윌 허튼 편저, 박찬욱 외 옮김, 『기로에 선 자본주의』(서울: 생각의 나무, 2000), pp.24~121.

양재진, "한국의 대기업중심 기업별 노동운동과 한국복지국가의 성격," 「한국정치학회보」 제39집 제3호 (2005), pp.395~412.

양재진, "노동시장유연화와 한국복지국가의 선택: 노동시장 복지제도의 비정합성 극복을 위하여," 「한국정치학회보」 제37집 제3호 (2003), pp.403~428.

에단 B. 캡스타인 지음, 노혜숙 옮김, 『부의 분배』(서울: 생각의 나무, 2002).

에릭 홉스봄 지음, 이용우 옮김, 『극단의 시대: 20세기 역사』(서울: 까치글방, 1997).

에릭 홉스봄 외 지음, 노대명 옮김, 『제3의 길은 없다』(서울: 도서출판 당대, 2000).

연합뉴스, "불쌍한 한국 노인, 상대적 빈곤 OECD 최고"(2008. 11. 08). http://media.daum.net/breakingnews/view.html?newsid=20081108084005124(검색일 2009. 01. 27).

오마에 겐이치 지음, 박길부 옮김, 『국가의 종말』 (서울: 한국언론자료간행회, 1997).

왕윤종, "적대적 M&A의 위협과 대책," 이찬근 외 편, 『한국 경제가 사라진다』(서울: 21세기북스, 2005), pp.180~199.

유인학, 『한국 재벌의 해부』 (서울: 풀빛, 1991).

유철규, "국민경제 해체의 위기구조," 최장집 편, 『위기의 노동』 (서

울: 후마니타스, 2005), pp.35～53.

윤영관, "세계화와 탈냉전의 국제질서," 윤영관·배영자 편, 『세계화와 한국』(서울: 을유문화사, 2003).

윤영관, 『21세기 한국정치·경제모델』(서울: 신호서적, 1999).

이강국, "자본자유화와 경제성장 그리고 위기-한국의 경험을 중심으로," 이찬근 외 편, 『한국 경제가 사라진다』(서울: 21세기북스, 2005), pp.52～73.

이근, "우파의 정권재창출, 그리고 권력의 trilemma"(서울: 미래전략연구원 개인칼럼, 2007).

이내황·하준경·강태수, "경제양극화의 원인과 정책과제," 『금융경제연구』 제14호(2004).

이상호·최효미, "가구주의 취업형태와 빈곤의 구조"(서울: 한국노동연구원 보고서, 2004).

이연호·임유진·정석규, "한국에서 규제국가의 등장과 정부-기업관계," 『한국정치학회보』 제36집 3호(2002), pp.199～222.

이용표, "정신장애인 직업재활정책의 경로 의존에 관한 연구: 역사적 제도주의 관점을 중심으로," 『직업재활연구』 제15집 제2호(2005), pp.25～44.

이정우·이성림, "경제위기 이후 빈부격차: 1997년 전후의 소득분배와 빈곤," 『국제경제연구』 제7권 제2호(2001), pp.79～109.

이찬근, "투기자본에 짓눌린 실물경제," 이찬근 외 편, 『한국 경제가 사라진다』(서울: 21세기북스, 2005), pp.15～31.

이찬근 외 편, 『한국 경제가 사라진다』(서울: 21세기북스, 2005).

이철우, "한국의 사회복지정책과 경제성장: 사회복지제도의 긴요성과 그 효율성에 대하여," 『평화연구』 제11권 제4호(2003), pp.5～44.

이혜경, "한국 복지국가 성격 논쟁의 함의와 연구방향," 김연명 편, 『한국 복지국가 성격논쟁 I』(서울: 인간과복지, 2002), pp.449～484.

임혁백, "신자유주의? 질서자유주의? 제3의길?," 『계간 다리』(2000).

이호철, "신자유화의 정치·경제," 윤영관·배영자 편, 『세계화와 한국』(서울: 을유문화사, 2003).

장상환, "계급론적 시각에서 본 좌우대립," 「사회비평」(2001).

정무권, 「한국 발전주의적 생산레짐과 복지체제의 형성: 동아시아 복지국가 유형화를 위한 모색,」 한국정치학회 춘계학술대회 발표논문, 서울 (2004. 03).

정무권, "'국민의 정부'의 사회정책: 신자유주의 확대? 사회통합으로의 전환?" 김연명 편, 『한국 복지국가 성격논쟁 I』(서울: 인간과복지, 2002a), pp.29~80.

정무권, "김대중 정부의 복지개혁과 한국 복시세도의 성격 논쟁에 대하여: 발전주의 유산과 복지개혁의 한계," 김연명 편, 『한국 복지국가 성격논쟁 I』(서울: 인간과복지, 2002b), pp.385~448.

정무권, "'국민의 정부'의 사회정책: 신자유주의로의 확대 사회통합으로의 전환," 안병영·임혁백 편, 『세계화와 신자유주의: 이념·현실·대응』 (서울: 나남출판, 2000), pp.319~370.

정승일, "주주이익 극대화의 함의," 이찬근 외 편, 『한국 경제가 사라진다』 (서울: 21세기북스, 2005), pp.350~374.

정욱식, 『미사일방어체제 MD』 (서울: 살림출판사, 2003).

정준호, "경로 의존성과 지역발전경로: 안산을 사례로," 『한국경제지리학회지』 제9권 제3호(2006), pp.410~430.

제프 폭스, "세계 자본주의 체제에서의 소득 불평등 문제," 앤서니 기든스·윌 허튼 편저, 박찬욱 외 옮김, 『기로에 선 자본주의』 (서울: 생각의 나무, 2000), pp.194~227.

조선일보, "[시론] '진보' 주문 외우며 빈부차만 더 키웠다"(2007.10.21). http://news.chosun.com/site/data/html_dir/2007/10/21/2007102100697.html(검색일: 2007. 10. 25).

조영훈, 『변화하는 세계, 변화하는 복지국가』(서울: 집문당, 2004).

조영훈, "'생산적 복지론'과 한국 복지국가의 미래," 김연명 편, 『한국 복지국가 성격논쟁 I』(서울: 인간과 복지, 2002a), pp.81~108.

조영훈, "유교주의, 보수주의, 혹은 자유주의? 한국의 복지유형 검토," 김연명 편, 『한국 복지국가 성격논쟁 I』(서울: 인간과 복지, 2002b), pp.243~271.

조영훈, "현 정부 복지정책의 성격: 신자유주의를 넘었나?" 김연명 편, 『한국 복지국가 성격논쟁 I』(서울: 인간과 복지, 2002c), pp.275~295.

조영훈, "신자유주의에 갇힌 복지정책," 한국사회보장학회 2001년도 추계학술대회 (2001).

조원희, "신자유주의 질서-세계경제 번영의 길인가 투기의 세계화인가," 이찬근 외 편, 『한국 경제가 사라진다』 (서울: 21세기북스, 2005), pp.315~333.

중앙일보, "의료 질 상승 vs 의료비 상승"(2009. 03. 10). http://article.joins.com/article/article.asp?total_id=3524089(검색일: 2009. 07. 20).

중앙일보, "[시론] 복지정책, 새 청사진 필요하다"(2008. 06. 04). http://article.joins.com/article/article.asp?total_id=3170242(검색일: 2009. 07. 20).

청와대 경제보좌관실, "투기성 외국자본 유입의 영향과 대응방향"(서울: 청와대, 2005).

청와대 경제정책비서관실, "지출예산으로 본 역대정부 성격비교"(서울: 청와대, 2007. 01. 29).

최기춘, "세계화와 복지국가 변화의 다양성: 미국, 유럽과 한국의 경우," 「사회경제평론」 제21호(2003), pp.495~526.

최장집, "한국 민주주의의 취약한 사회경제적 기반," 최장집 편, 『위기의 노동』(서울: 후마니타스, 2005a), pp.13~34.

최장집, "사회적 시민권 없는 한국 민주주의," 최장집 편, 『위기의 노동』(서울: 후마니타스, 2005b), pp.444~487.

최태욱, "한국의 FTA 보상책 II: 한일 FTA 체결의 예상 피해"(서울: 미래전략연구원, 2006). http://www.kifs.org/new/Dbview.html?sec_sort=7&no=1861(검색일: 2006. 05. 05).

최희경, "OECD 국가들의 사회복지지출 유형과 한국의 복지체제," 「한국행정논집」 제15권 제4호(2003), pp.835~858.

한겨레신문, "1,000명당 의사 수 OECD 꼴찌수준"(2009. 07. 03).

http://media.daum.net/breakingnews/view.html?newsid=200907
03193008498(검색일: 2009. 07. 20).

한국개발연구원, 「KDI 경제전망 2004 2/4」(서울: 한국개발연구원, 2004).

한국경제연구원, 「한국의 기업집단」(서울: 한국경제연구원, 1995).

한국보건사회연구원, 「제1차 사회보장발전계획(안)에 대한 공청회」(서
　　울: 한국보건사회연구원, 1998. 07. 31).

한스 페터 마르틴·하랄트 슈만 지음, 강수돌 옮김, 『세계화의 덫:
　　민주주의의 삶의 질에 대한 공격』(서울: 영림 키디널, 1997).

홍경준, "복지국가의 유형에 관한 질적 비교분석: 개입주의, 자유주
　　의, 그리고 유교주의 복지국가," 김연명 편, 『한국 복지국가
　　성격논쟁 I』(서울: 인간과복지, 2002), pp.177~207.

홍경준, 『한국의 사회복지체제 연구』(서울: 나남출판, 1999).

홍경준·송호근, "한국 사회복지정책의 변화와 지속: 1990년 이후를
　　중심으로," 「한국사회복지학」 제55권(2003), pp.205~230.

홍태희, "람페르트 사회정책의 발전조건과 김대중 정부 사회정책의
　　정체성," 「사회경제평론」 제19호(2002), pp.333~366.

Aaberge, Rolf, Björklund, Anders, Jäntti, Markus, Pedersen, Peder,
　　Smith, Nina and Wennemo, Tom, "Unemployment Shocks and
　　Income Distribution: How the Nordic Countries Fare During
　　Their Crisis?" Discussion Paper 201, Statistics Norway (1997).

Abrahamson, P., "The Welfare Modelling Business," Social Policy
　　and Administration, Vol. 33, No. 4 (1999), pp.394~415.

Abrahamson, P., "Welfare Pluralism: Towards a New Consensus for
　　a European Social Policy?" in Hantrais, L., S. Mangen and
　　M. O'Brien (eds), Mixed Economy of Welfare, Cross-National
　　Research Paper No. 6 (Loughborough University, 1992).

Agell, Jonas, "Why Sweden's Welfare State Needed Reform," The
　　Economic Journal, Vol. 106 (1996), pp.1760~71.

Almond, Gabriel A. and Verba, Sidney, The Civic Culture: Political
　　Attitudes and Democracy in Five Nations (Princeton, NJ: Princeton

University Press, 1963).

Amsden, Alice, *Asia's Next Giant* (Oxford: Oxford University Press, 1989).

Anderson, Karen M. and Traute Meyer, "New Social Risks and Pension in Germany and Sweden: The Politics of Pension Rights for Childcare," Paper prepared for Conference of Europeanists, Palmer House Hilton, Chicago (March 11-13, 2004).

Antonelli, C., "The Economics of Path-Dependence in Industrial Organization," *International Journal of Industrial Organization*, Vol. 15 (1999), pp.643~675.

Arjona, Roman, Maxime Ladaique and Mark Pearson, "Growth, Inequality and Social Protection," Draft OECD paper presented to the IRPP-CSLS Conference on Linkages between Economic Growth and Inequality, Ottawa (Jan. 26-27, 2001).

Arthur, Brian (ed.), *Increasing Returns and Path Dependency in the Economy* (Ann Arbor: University of Michigan Press, 1994).

Arthur, Brian, "Positive Feedbacks in the Economy," *Scientific American*, Vol. 262 (1990), pp.92~99.

Arthur, Brian, "Competing Technologies, Increasing Returns, and Lock-in by Historical Events," *Economic Journal*, Vol. 99 (1989), pp.116~131.

Arts, Wil and Gelissen, John, "Three Worlds of Welfare Capitalism or More? A State-of-the-Art Report," *Journal of European Social Policy*, Vol. 12, No. 2 (2002), pp.137~158.

Ashford, D. E., *The Emergence of Welfare States* (Oxford: Blackwell, 1986).

Bank of Korea, *Economic Statistics System*. http://ecos.bok.or.kr (검색일 2009.01.09).

Bell, Daniel, *The End of Ideology: On the Exhaustion of Political Ideas in the Fifties: With A New Afterword* (Cambridge, Mass:

Harvard University Press, 1990).

Berman, S., "Path Dependency and Political Action: Re-examining Responses to the Depression," *Comparative Politics*, Vol. 30 (1998), pp.379~400.

Bhagwati, J. N., *Foreign Trade Regimes and Economic Development: Anatomy and Consequences of Exchange Control Regimes* (New York: National Bureau of Economic Research, 1978).

Biggart, Nicole W. and Hamilton, Gary G., "On the Limits of a Firm-based Theory to Explain Business Networks: The Western Bias of Neoclassical Economics," in Orru, Marco, Biggart, Nicole W., and Hamilton, Gary G. (eds.), *The Economic Organization of East Asian Capitalism* (London: Sage Publications, Inc., 1997), pp.33~54.

Bowles, C. P., and B. Wagman, "Globalization and the Welfare State: Four Hypotheses and Some Empirical Evidence," Paper presented to the Annual Convention of the International Studies Association. Toronto (March 1997).

Boyer, R. and D. Drache (eds), *States against Markets: The Limits of Globalization* (London: Routledge, 1996).

Castles, F. G. and Mitchell, D., "Worlds of Welfare and Families of Nations," in Castels, F. (ed.), *Families of Nations: Patterns of Public Policy in Western Democracies* (Aldershot: Dartmouth, 1993).

Cerny, P. G., *The Changing Architecture of Politics: Structure, Agency and the Future of the State* (London: Sage, 1989).

Childs, Marquis W., *Sweden: The Middle Way* (Yale University Press, 1961).

Chu, Yin-wah, "Eclipse or Reconfigured? South Korea's Developmental State and Challenges of the Global Knowledge Economy," *Economy and Society*, Vol. 38, No. 2 (2009), pp.278-303.

Chu, Yun-han, "Re-engineering the Developmental State in An Age of Globalization," The Sixth International Conference on Korean Politics: Refining Korean Politics, Seoul, Korea (August 2001).

Clasen, Jochen and Gould, Arthur, "Stability and Change in Welfare State: Germany and Sweden in the 1990s," *Policy and Politics*, Vol. 23, No. 3 (1995), pp.189~201.

Clayton, Richard and Pontusson, Jonas, "Welfare-State Retrenchment Revisited: Entitlement Cuts, Public Sector Restructuring and Inegalitarian Trends in Advanced Capitalist Countries," *World Politics*, Vol. 51 (1998), pp.67~98.

Clement, Wallace, "Exploring the Limits of Social Democracy: Regime Change in Sweden," *Studies in Political Economy*, Vol. 44 (1994), pp.95~123.

Cochrane, A., Clarke, J. and Gewirtz, S., "Looking For A European Welfare State," in Cochrane, A., Clarke, J., and Gewirtz, S. (eds), *Comparing Welfare States* (London: Sage, 2001).

Corsetti, Giancario, Pesenti, Paolo A., and Roubini, Nourie, "What Caused the Asian Currency and Financial Crisis? Part I: A Macroeconomic Overview," *NBER Working Paper No. W6833* (Cambridge, MA, December 1998).

Cowan, Robin, and Philip Gunby, "Sprayed to Death: Path Dependence, Lock-in and Pest Control Strategies," *Economic Journal*, Vol. 106 (1996), pp.521~42.

Cox, Robert W., "Structural Issues of Global Governance," in Gill, S. (ed.), *Gramsci, Historical Materialism, and International Relations* (Cambridge: Cambridge University Press, 1993), pp.259~89.

Cumings, Bruce, "The Origins and Development of the Northeast Asian Political Economy: Industrial Sectors, Product Cycles, and Political Consequences," in Deyo, Frederic C. (ed.), *The*

Political Economy of the New East Asian Industrialism (Ithaca: Cornell University Press, 1987), pp.44~83.

David, Paul, "Understanding the Economics of QWERTY: The Necessity of History," in Parker, W. N. (eds), *Economic History and the Modern Economist* (Oxford: Blackwell, 1986), pp.30~49.

David, Paul, "Clio and the Economics of QWERTY," *American Economic Review*, Vol. 75, No. 2 (1985), pp.332~337.

Deyo, Frederic C., *Beneath the Miracle: Labour Subordination in the New Asian Industrialism* (Berkeley: University of California Press, 1989).

Deyo, Frederic C., "State and Labor: Modes of Political Exclusion in East Asian Development," in Deyo, Frederic C. (ed.), *The Political Economy of the New East Asian Industrialism* (Ithaca: Cornell University Press, 1987), pp.182~202.

Dicken, P., *Global Shift: Industrial Change in A Turbulent World* (London: Paul Chapman, 1992).

Dunning, J. H. and Narula, R., "The Investment Development Path Revisited: Some Emerging Issues," in Dunning, J. H. and Narula, R. (eds), *Foreign Direct Investment and Governments: Catalysts for Economic Restructuring* (London and New York: Routledge, 1996), pp.1~41.

Esping-Andersen, Gøsta, *Social Foundations of Postindustrial Economies* (Oxford: Oxford University Press, 1999).

Esping-Andersen, Gøsta (ed.), *Welfare States in Transition: National Adaptations in Global Economies* (London: Sage, 1996).

Esping-Andersen, Gøsta, *The Three Worlds of Welfare Capitalism* (Cambridge: Polity Press, 1990).

Esping-Andersen, Gøsta and Korpi, Walter, "From Poor Relief to Institutional Welfare States: The Development of Scandinavian Social Policy," in Erikson, Robert et al. (eds), *The Scandi-*

navian Model: Welfare States and Welfare Research (New York: M. E. Sharpe, 1983).

Eurostat, "Social Protection in the EU-Decreasing Share of Social Contributions in Funding of Social Protection," News Release (June 2001).

Evans, Peter, *Embedded Autonomy: States & Industrial Transformation* (Princeton, NJ: Princeton University Press, 1995).

Evans, Peter, "Class, State, and Dependence in East Asia: Lessons for Latin America," in Deyo, Frederic C. (ed.), *The Political Economy of the New East Asian Industrialism* (Ithaca: Cornell University Press, 1987), pp.203～226.

Ferguson, I. et al., *Rethinking Welfare: A Critical Perspective* (London: Sage, 2002).

Ferrera, M and M. Rhodes, "Recasting European Welfare State: An Introduction," in Ferrera, M and M. Rhodes (eds), *Recasting European Welfare State* (London: Frank Cass Publishers, 2000a).

Ferrera, M and M. Rhodes, "Building A Sustainable Welfare State," in Ferrera, M and M. Rhodes (eds), *Recasting European Welfare State* (London: Frank Cass Publishers, 2000b).

Flora, P. (ed.), *Growth to Limits, 2 Vols* (Berlin De Gruyter, 1986).

Friedman, Milton, *Capitalism and Freedom* (Chicago: University of Chicago Press, 1962).

Friedman, M. and Friedman, R., *Free to Choose* (Penguin, 1980).

Friedman, Thomas, *The Lexus and the Olive Tree* (New York: Anchor Books, 2000).

Fukuyama, Francis, *The End of History and the Last Man* (Penguin, 1992).

Fukuyama, Francis, "The End of History?" *The National Interest*, Vol. 16 (Summer 1989), pp.3～18.

Furniss, N., and Tilton, T., *The Case for the Welfare State: From*

Social Security to Social Equality (Indiana University Press, 1979).

Garrett, Geoffrey, Partisan Politics in the Global Economy (Cambridge: Cambridge University Press, 1998).

George, V. and Wilding, P., Ideology and Social Welfare (London: Routledge, 1985).

Goldthorpe, John (ed.), Order and Conflict in Contemporary Capitalism (Oxford: Clarendon Press, 1984).

Greener, I., "Understanding NHS Reform: The Policy-Transfer, Social Learning, and Path-Dependency Perspectives," Governance, Vol. 15 (2002), pp.614~9.

Gueron, Judith M., "Work and Welfare: Lessons on Employment Programs," Journal of Economic Perspectives, Vol. 4, No. 1 (1990), pp.79~98.

Haas, Ernst, The Uniting of Europe: Political, Social and Economic Forces, 1950-1957 (Stanford: Stanford University Press, 1958).

Hacker, Jacob, The Divided Welfare State: The Battle over Public and Private Social Benefits in the United States (Cambridge: Cambridge University Press, 2002).

Haggard, Stephen, The Political Economy of the Asian Financial Crisis (Washington, DC: Institute for International Economics, 2000).

Haggard, Stephen, "From the Heavy Industry Plan to Stabilization: Macroeconomic Policy 1976-1980," in Haggard, S., Cooper, R. N., Collins, S., Kim, C., and Ro, S. T. (eds.), Macroeconomic Policy and Adjustment in Korea: 1970-1990 (Harvard University Press, 1994), pp.49~74.

Haggard, Stephen, Pathways from the Periphery: The Politics of Growth in the Newly Industrializing Countries (Ithaca: Cornell University Press, 1990).

Hall, Peter, *Governing the Economy: The Politics of State Intervention in Britain and France* (New York: Oxford University Press, 1986).

Hansen, R., "Globalization, Embedded Realism, and Path Dependence," *Comparative Political Studies*, Vol. 35 (2002), pp.259~83.

Hathaway, Oona A., "Path Dependence in the Law: The Course and Pattern of Legal Change in a Common Law System," *The Iowa Law Review*, Vol. 86 (2001), No. 2 (Jan.).

Hayek, Friedrich von, *The Roads to Serfdom* (University of Chicago Press, 1994).

Hayek, Friedrich von, *Law, Legislation and Liberty, Vol 1: Rules and Order* (London: Routledge and Kegan Paul, 1973).

Hertz, Noreena, *The Silent Takeover: The Global Capitalism and the Death of Democracy* (London: HarperBusiness, 2003).

Hicks, A., *Social Democracy and Welfare Capitalism* (Ithaca, NY: Cornell University Press, 1999).

Hirst, P., and Thomson, G., *Globalization in Question: The International Economy and the Possibilities of Governance* (Cambridge: Polity Press, 1996).

Hobbes, Thomas, *Leviathan* (Penguin Books, 1982).

Horsman, M. and Marshall, A., *After the Nation State* (London: Harper Collins, 1994).

Huber, Evelyne and Stephens, John D., *Development and Crisis of the Welfare State: Parties and Policies in Global Markets* (Chicago: University of Chicago Press, 2001).

Huber, E. and Stephens, J. D., "Internationalization and the Social Democratic Model: Crisis and Future Prospects," *Comparative Political Studies*, Vol. 21 (1998), pp.353~397.

Jackson, Andrew, "Globalization and Progressive Social Policy," Paper Presented to the 10th Biennial Conference on Canadian Social Welfare Policy, Calgary (June 18, 2001).

Johnson, Chalmers, "Political Institutions and Economic Performance: The Government-Business Relations in Japan, South Korea, and Taiwan," in Deyo, Frederic C. (ed.), *The Political Economy of the New East Asian Industrialism* (Ithaca: Cornell University Press, 1987), pp.136~164.

Johnson, Chalmers, *MITI and the Japanese Miracle: The Growth of Industrial Policy, 1925-1975* (Stanford: Stanford University Press, 1982).

Jones, C., *Pattern of Social Policy: An Introduction to Comparative Analysis* (London: Trvistock Publications, 1985).

Jones, L. P. and SaKong, I., *Government, Business, and Entrepreneurship in Economic Development: The Korean Case* (Cambridge, MA: Harvard University Press, 1980).

Julius, D., *Global Companies and Public Policy* (London: RIIA, Pinter, 1990).

Jürgen Hoffmann · Reiner Hoffmann, "Globalisierung-Risiken und Chancen für gewerkschaftliche Politik in Europa," Rolf Simons · Klaus Westermann (Hrsg.), *Standortdebatte und Globalisierung der Wirtschaft* (Marburg: Schüren, 1997).

Kalinowski, Thomas, "Korea's Recovery since the 1997/98 Financial Crisis: The Last Stage of the Developmental State," *New Political Economy*, Vol. 13, No. 4 (2008), pp.447~62.

Kasza, Gregory J., "The Illusion of Welfare 'Regimes'," *Journal of Social Policy*, Vol. 31, No. 2 (2002), pp.271~287.

Kautto, Mikko, "Welfare State Development in the Nordic Countries between 1980 and 1995 and Development in Financing from a Comparative Perspective," Paper presented at the Turku Summer School, University of Turku (20 May 1999).

Kautto, Mikko et al., *Nordic Social Policy: Changing Welfare States*

(London and New York: Routledge, 1999).

Keane, J., "Introduction," in Offe, C. (ed.), *Contradictions of the Welfare State* (Cambridge: The MIT Press, 1984).

Keynes, John Maynard, *The General Theory of Employment, Interest, and Money* (Prometheus Books, 1997).

Kim, Eun Mee, "Contradiction and Limits of a Developmental State: With Illustrations from the South Korean Case," *Social Problem*, Vol. 40, No. 2. (1993), pp.228~249.

Kitschelt, Herbert, Lange, Peter, Marks, Gary and Stephens, John D. (eds), *Continuity and Change in Contemporary Capitalism* (Cambridge: Cambridge University Press, 1999).

Kjellberg, Anders, "Sweden: Restoring the Model?" in Ferner, Anthony and Richard Hyman (eds), *Changing Industrial Relations in Europe* (Oxford: Blackwell, 1998).

Klein, J., "Bringing Politics Back In: Health Security and Social Politics in America Review of: Theda Skocpol, Boomerang: Clinton's Health Security Effort and the Turn Against Government in U.S. Politics," *Radical History Review* (1997), pp.261~73.

Kleinman, Mark, *A European Welfare State?: European Union Social Policy in Context* (New York: Palgrave, 2002).

Koo, Hagen, "The Interplay of State, Social Class, and World System in East Asian Development: The Cases of South Korea and Taiwan," in Deyo, Frederic C. (ed.), *The Political Economy of the New East Asian Industrialism* (Ithaca: Cornell University Press, 1987), pp.165~181.

Korpi, Walter, *The Democratic Class Struggle* (London: Routledge and Kegan Paul, 1983).

Krasner, S. D., "Economic Interdependence and Independent Statehood." in Jacson, R. H., and A. James (eds), *States in A Changing World: A Contemporary Analysis* (Oxford: Clarendon, 1993).

Krueger, A. O., *Foreign Trade Regimes and Economic Development: Liberalization Attempts and Consequences* (New York: National Bureau of Economic Research, 1978).

Krugman, Paul, "History and Industry Location: The Case of the Manufacturing Belt," *American Economic Review*, Vol. 81 (May 1991), pp.80~3.

Kuhnle, Stein, "Productive Welfare in Korea: Moving towards a European Welfare State Type?" in Mishra, Ramesh, Kuhnle, Stein, and Gilbert, Neil (eds), *Modernizing the Korean Welfare State: Towards the Productive Welfare Model* (Transaction Publishing Company, 2004).

Kuhnle, Stein, "The Scandinavian Welfare State in the 1990s: Challenged but Viable," *West European Politics*, Vol. 23, No. 2 (2000a), pp.209~28.

Kuhnle, Stein, *Survival of the European Welfare State* (London: Routledge, 2000b).

Kvist, Jon, "Welfare Reform in the Nordic Countries in the 1990s: Using Fuzzy-Set Theory to Assess Conformity to Ideal Types," *Journal of European Social Policy*, Vol. 9, No. 3 (1999), pp.231~52.

Kwon, Huck-Ju, "Beyond European Welfare Regime: Comparative Perspectives on East Asian Welfare System," *Journal of Social Policy*, Vol. 26, No. 4 (1997), pp.467~484.

Lall, D., *The Poverty of Development Economics* (London: IEA, 1983).

Lane, Jan-Erik. "The Decline of the Swedish Model," *Governance*, Vol. 8, No. 4 (1995), pp.579~90.

Lee, C. H., "The Visible Hand and Economic Development," in Roumasset, J. A. and Barr, S. (eds.), *The Economics of Cooperation: East Asian Development and the Case for*

Pro-market Intervention (Boulder, Oxford: Westview Press, 1992), pp.157~73.

Lee, H., "Globalization and the Emerging Welfare State: The Experience of South Korea," *International Journal of Social Welfare*, Vol. 8 (1999), pp.23~37.

Lee, Hong Koo, *Waekookin jikjeoptooja-wa tooja jeongcheck* [Foreign Direct Investment and Investment Policy] (Seoul: KDI, 1994).

Lee, Ho-Geun, "The Continuity and Change in Work Arrangement in South Korea: The Development of the Non-Standard Work and Its Regulation Problem." Paper presented at the Meetings of the Korean Political Science Association (2001).

Lee, Yeonho, *The State, Society and Big Business in South Korea* (London: Routledge, 1997).

Leibfried, S., "Towards a European Welfare State?" in Jones, C. (ed.), *New Perspectives on the Welfare State in Europe* (London: Routledge, 1993).

Leibfried, S. and H. Obinger, "Welfare State Futures: An Introduction," in Leibfried, S. (ed.), *Welfare State Futures* (Cambridge: Cambridge University Press, 2001).

Lim, Haeran, "Democratization and the Transformation Process in East Asian Developmental States: Financial Reform in Korea and Taiwan," *Asian Perspective*, Vol. 33, No. 1 (2009), pp.75‑110.

Lindbeck, Assar, Molander, Per, Persson, Torsten et al., *Turning Sweden Around* (Cambridge, MA and London: MIT Press, 1994).

Lindbeck, Assar, *The Selected Essays of Assar Lindbeck, Vol. 2, The Welfare State* (Aldershot, U.K.: Edward Elgar, 1993).

Luttwak, Edward, *Turbo-Capitalism: Winners and Losers in the Global Economy* (HarperCollins, 1999).

March, J. and J. Olsen, *Rediscovering Institutions: The Organizational Basis of Politics* (New York: Free Press, 1989).

Marglin, S. and Schor, J. (eds), *The Golden Age of Capitalism* (Oxford: Clarendon Press, 1991).

Marshall, T. H., *Social Policy in the 20th Century* (London: Macmillan, 1975).

Martin, Andrew, *The Swedish Model: Demise and Reconfiguration* (Minda de Gunzburg Center for European Studies, Harvard University, 1994).

Mason, E. S., Kim, M., Perkins, D. H., Kim, K. S. and Cole, D. C., *The Economic and Social Modernization of the Republic of Korea* (Cambridge, MA and London: Harvard University Press, 1980).

McGrew, A., "A Global Society," in Hall, S., D. Held and A. McGrew (eds), *Modernity and Its Future* (Cambridge: The Open University, 1992).

Mises, Ludwig von, *Money, Method, and the Market Process: Essays by Ludwig von Mises* (Kluwer Academic Pub., 1996).

Mishra, Ramesh, "Social Analysis and the Welfare State: Retrospect and Prospect," in Øen, Else (ed.), *Comparing Welfare States and Their Future* (Aldershot: Gower, 1986).

Mishra, Ramesh, *Society and Social Policy* (London: Macmillan, 1981).

Mitrany, David, *A Working Peace System: An Argument for the Functional Development of International Organization* (Chicago Publication, 1966).

Moon, Chung-In and Kim, Yong-Cheol, "A Circle of Paradox: Development, Politics, and Democracy in South Korea," in Leftwich, Adrian (ed.), *Democracy and Development: Theory and Practice* (Cambridge: Blackwell Publishers, 1996).

Moon, Chung-In and Mo, Jongryn, *Economic Crisis and Structural Reforms in South Korea* (Washington DC: Economic Strategy Institute, 2000).

Morse, E. L., *Modernization and the Transformation of International Relations* (New York: Free Press, 1971).

Myles, John and J. Quadagno, "Political Theories of the Welfare State," *Social Service Review*, Vol. 76, No. 1 (2002), pp.34~57.

Myles, John and Pierson, Paul, "The Comparative Political Economy of Pension Reform," in Pierson, Paul (ed.), *The New Politics of the Welfare State* (Oxford: Oxford University Press, 2001), pp.305~67.

Möller, Tommy, "The Swedish Election 1998: A Protest Vote and the Birth of a New Political Landscape?" *Scandinavian Political Studies*, Vol. 22, No. 3 (1999), pp.261~76.

Naisbits, J., *Global Paradox: The Bigger the World Economy, the More Powerful Its Smaller Players* (London: Brealey, 1994).

New York Times (13 July 1999).

Noble, Allan, "Globalization and National Policy: Australia versus Sweden" (2004).
http://mc2.vicnet.au/home/anarcho/web/globalizationandnational ...(accessed on February 15, 2005).

North, Douglass C., *Institutions, Institutional Change and Economic Performance* (Cambridge: Cambridge University Press, 1990).

Nozick, Robert, *Anarchy, State and Utopia* (New York: Basic Books, 1974).

OECD, *OECD Economic Survey 2008* (Paris: OECD, 2008).

OECD, *Health Data* (Paris: OECD, 2006, 2008).
http://www.index.go.kr/egams/stts/jsp/potal/stts/PO_STTS_Idx Main.jsp?idx_cd=2763&bbs=INDX_001(검색일: 2009.07.21).

OECD, *Social Expenditure Database* (Paris: OECD, 2004).

OECD, *Employment Outlook* (Paris: OECD, 1996, 1997).

OECD, *Historical Statistics 1960-1995* (Paris: OECD, 1997).

Ohmae, Kenichi, *The Borderless World: Power and Strategy in the Interlinked Economy* (London, New York: Collins, 1990).

Ohmae, Kenichi, "The Rise of the Region State," *Foreign Affairs* (Spring 1993), pp.78~87.

Ohmae, Kenichi, *The End of the Nation State: The Rise of Regional Economies* (London: Harper Collins, 1995).

Ostrom, Elinor, *Governing the Commons: The Evolution of Institutions for Collective Action* (Cambridge: Cambridge University Press, 1991).

Ozawa, T., "Japan: The Macro-IDP, Meso-IDPs and the Technology Development Path (TDP)," in Dunning, J. H. and Narula, R. (eds), *Foreign Direct Investment and Governments: Catalysts for Economic Restructuring* (London and New York: Routledge, 1996), pp.142~173.

Page, Scott, "On the Emergence of Cities," *Journal of Urban Economics*, Vol. 45 (1998), pp.184~208.

Park, Yong Soo, "Revisiting the Welfare State Regime in Korea," *Asia Pacific Journal of Social Work and Development*, Vol. 17, No. 2 (2007), pp.7~17.

Park, Yong Soo, "The Western European Welfare State in A Time of Globalization and Its Future," Paper presented at 2005 Spring International Symposium of the Korean Society of Contemporary European Studies on the Fifth Enlargement of the EU and Korea's Future Task for Cooperation, Yonsei University, Seoul (May 28, 2005).

Pestoff, Victor, "Globalization, Business Interest Associations and Swedish Exceptionalism in the 21st Century," *mimeo* (2001).

Pierson, Christopher, *Beyond the Welfare State?* (Pennsylvania State

University Press, 1991).

Pierson, Paul, "Post-industrial Pressures on the Mature Welfare States," Pierson, P. (ed.), *The New Politics of the Welfare State* (Oxford: Oxford University Press, 2001).

Pierson, Paul, "Increasing Returns, Path Dependence and the Study of Politics," *American Political Science Review*, Vol. 94, No. 2 (2000), pp.251~67.

Pierson, Paul, "Path Dependence, Increasing Returns, and the Study of Politics," *Working Paper No. 7* (Center for European Studies, Harvard University, 1997).

Pierson, Paul, "The New Politics of the Western State," *World Politics*, Vol. 48 (Spring 1996), pp.143~79.

Pierson, Paul, *Dismantling the Welfare State? Reagan, Thatcher, and the Politics of Retrenchment* (Cambridge: Cambridge University Press, 1994).

Pirie, Iain, *The Korean Developmental State: From Dirigisme to Neo-liberalism* (London: Routledge, 2008).

Pirie, Iain, "The New Korean State," *New Political Economy*, Vol. 10, No. 1 (2005), pp.25~42.

Ploug, N. and Kvist, J., *Social Security in Europe: Development and Dismantlement?* (Hague and London: Kluwer Law International, 1996).

Polanyi, Karl, *The Great Transformation: The Political Economic Origins of Our Time* (Boston: Beacon Press, 1957).

Pontusson, Jonas, "At the End of the Third Road: Swedish Social Democracy in Crisis," *Politics and Society*, Vol. 20 (1992a), pp.305~32.

Pontusson, Jonas, *The Limits of Social Democracy: Investment Politics in Sweden* (Ithaca: Cornell University Press, 1992b).

Rainwater, L., Rein, M., and Schwartz, J. E., *Income Packaging in the Welfare State* (Oxford: Clarendon Press, 1986).

Reich, R. B., *The Work of Nations* (New York: Vintage, 1992).

Republic of Korea, *Trade Policy Review of the Republic of Korea: Report by the Republic of Korea* (Seoul: MOFAT, September 2008).

RFV (National Social Insurance Board in Sweden), *Social Insurance in Sweden 1999* (Stockholm: RFV, 1999).

RFV (National Social Insurance Board in Sweden), *Social Insurance Expenditure in Sweden 1997-2000* (Stockholm: RFV, 2000).

Rhee, Jong-Chan, *The State and Industry in South Korea: The Limits of the Authoritarian State* (London: Routledge, 1994).

Rimlinger, Gaston V., *Welfare Policy and Industrialization in Europe, America and Russia* (New York: Wiley, 1971).

Rimlinger, Gaston V., "Welfare Policy and Economic Development: A Comparative Historical Perspective," *Journal of Economic History*, Vol. 26, No. 4 (1966), pp.556~71.

Ro, C. H., "Preface," in Ro, C. H. (ed.), *Korea in the Era of Post-development and Globalization* (Seoul: The Korea Institute of Public Administration, 1996), pp.15~19.

Robison, O., "The Decline of the Nation State," Commentary given on Vermont Public Radio on March 21, 1997. Retrieved February 7. 2001. on the Internet at

http://www.salsem.ac.at/orcomments/1997/vpr-032197.html.

Rodrik, D., "Has Globalization Gone Too Far?" *Institute for International Economics* (1997a).

Rodrik, D., "Trade, Social Insurance, and the Limits to Globalization," *NBER Working Paper No. 5905* (Cambridge, Mass., 1997b).

Rodrik, D., "Why Do More Open Economies Have Bigger Governments?" *Journal of Political Economy*, Vol. 106 (1998), pp.997~1032.

Rosenau, James N., *Turbulence in World Politics: A Theory of Change and Continuity* (Princeton: Princeton University Press, 1990).

Ruigrok, W. and R. van Tulder, *The Logic of International Restructuring* (London: Routledge, 1995).

SaKong, I., *Korea in the World Economy* (Washington: Institute for International Economics, 1993).

Saunders, Peter, "Australia Is Not Sweden: National Cultures and the Welfare State," *Policy* (Spring 2001). http://www.cis.org.au/policy/Spring01/PolicySpring01_6.html (accessed on February 15, 2005).

Sawnk, D., *Global Capital, Political Institutions, and Policy Change in Developed Welfare States* (Cambridge: Cambridge University Press, 2002).

Scholte, Jan Aart, "Global Capitalism and the State," *International Affairs*, Vol. 73, No. 3 (July 1997), pp.427～52.

Settergren, Ole, *The Automatic Balance Mechanism of the Swedish Pension System* (Stockholm: National Insurance Board of Sweden, 2001).

Shin, Dong-Myeon, "Financial Crisis and Social Security: The Paradox of the Republic of Korea," *International Social Security Review*, Vol. 53, No. 3 (2000), pp.83～107.

"Social Security Programs Throughout the World: Europe, 2002-Sweden." http://www.ssa.gov/policy/docs/progdesc/ssptw/2002-2003/europe/... (accessed on Feb. 15, 2005).

Soskice, David, "Divergent Production Regimes: Coordinate and Uncoordinated Market Economies in the 1980s and 1990s," in Kitschelt, Herbert, Lange, Peter, Marks, Gary and Stephens, John D. (eds), *Continuity and Change in Contemporary Capitalism* (Cambridge: Cambridge University Press, 1999).

Stephens, John D., "Is Swedish Corporatism Dead? Thoughts on Its Supposed Demise in the Light of the Abortive 'Alliance for Growth' in 1998," Paper presented at the 12th International Conference of Europeanists, Chicago (March 30-April 1, 2000).

Stopford, J., Strange, S., Henley, J. S., *Rival States, Rival Firms: Competition for World Market Shares* (Cambridge: Cambridge University Press, 1991).

Strange, Susan, *Casino Capitalism* (Manchester University Press, 1997).

Strange, Susan, *The Retreat of the State: The Diffusion of Power in the World Economy* (Cambridge: Cambridge University Press, 1996).

Stubbs, Richard, "What Ever Happened to the East Asian Developmental State? The Unfolding Debate," *Pacific Review*, Vol. 22 No. 1 (2009), pp.1-22.

Tang, Kwong-leung, *Social Welfare Development in East Asia* (Houndmills, Basingstoke/New York: Palgrave, 2000).

Teece, D. J., Pisano, G., Shuen, A., "Dynamic Capabilities and Strategic Management," *Strategic Management Journal*, Vol. 18 (1997), pp.509~533.

Thakur, Subhash, Keen, Michael, Horváth, Balázs, and Cerra, Valerie, *Sweden's Welfare State: Can the Bumblebee Keep Flying?* (Washington, D.C.: IMF, 2003).

Thelen, Kathleen, "The Explanatory Power of Historical Institution-alism," in Mayntz, Renate (ed.), *Akteure-Mechanismen-Modelle: Zur Theoriefähigkeit makro-sozialer Analysen* (Frankfurt/Main: Campus, 2002), pp.91~107.

Therborn, Göran, "Karl Marx Returning: The Welfare State and Neo-Marxist, Corporatist and Statist Theories," *International Political Science Review*, Vol. 7, No. 2 (1986).

Titmuss, Richard, *Social Policy* (London: Allen and Unwin, 1974).

Titmuss, Richard, *Commitment to Welfare* (London: Allen and Unwin, 1968).

Torfing, J., "Path-dependent Danish Welfare Reforms: The Contribution of the New Institutionalisms to Understanding Evolutionary Change," *Scandinavian Political Studies*, Vol. 24 (2001), pp.277~310.

Torfing, J., "Towards a Schumpeterian Workfare Postnational Regime: Path-shaping and Path-dependency in Danish Welfare State Reform," *Economy and Society*, Vol. 28 (1999), pp.369~402.

UN, *World Development* (New York: UN, 1992).

Vartiainen, J., "Understanding Swedish Social Democracy: Victims of Success?" *Oxford Review of Economic Policy*, Vol. 14, No. 1 (1998), pp.19~39.

Vernon, Raymond, *Sovereignty at Bay: The Multinational Spread of U.S. Enterprises* (New York: Basic Books, Inc., 1971).

Wade, Robert, *Governing the Market: Economic Theory and the Role of Government in East Asian Industrialization* (Princeton, NJ: Princeton University Press, 1990).

Wallerstein, Michael, Golden, Miriam and Lange, Peter, "Unions, Employers' Associations and Wage-Setting Institutions in Northern and Central Europe, 1950-1992," *Industrial and Labor Relations Review*, Vol. 50, No. 3 (1997), pp.379~401.

Weiss, Lynda, *The Myth of the Powerless State: Governing the Economy in a Global Era* (Ithaca: Cornell University Press, 1998).

Williams, Fiona, *Social Policy: A Critical Introduction* (Oxford: Polity Press, 1982).

Wilensky, Harold L., "Leftism, Catholicism, and Democratic Corporatism: The Role of Political Parties in Recent Welfare State Development," in Flora, P. and A. J. Heidenheimer (eds),

The Development of Welfare State in Europe and America (Transaction Books, 1982).

Wilensky, Harold L. and Charles Lebeaux (eds), *Industrial Society and Social Welfare* (New York: Russell Sage, 1958).

Wilsford, D., "Path Dependency, or Why History Makes It Difficult, but Not Impossible, to Reform Health Care Services in a Big Way," *Journal of Public Policy*, Vol. 14 (1994), pp.251~83.

Woo, Jung-En, *Race to the Swift: State and Finance in Korean Industrialization* (NY: Columbia University Press, 1991).

Woo-Cumings, Meredith (ed.), *The Developmental State* (Ithaca, NY: Cornell University Press, 1999).

Wood, Stewart, "Labour Market Regimes under Threat? Sources of Continuity in Germany, Britain and Sweden," in Pierson, Paul (ed.), *The New Politics of the Welfare State* (Oxford: Oxford University Press, 2001), pp.368~409.

WTO Secretariat, *Trade Policy Review of the Republic of Korea: Report by the WTO Secretariat* (Geneva: WTO, September 2008).

Zaloom, Caitlin, "Information Technology and Global Finance: The View from the Pits" (Berkely: University of California, Ph.D. Dissertation in Anthropology (in progress).

Zysman, J., "The Myth of A 'Global' Economy: Enduring National Foundations and Emerging Regional Realities," *New Political Economy*, Vol. 1 (July 1996), pp.157~84.

http://stats.oecd.org/wbos/Index.aspx?datasetcode=SOCX_AGG(검색일: 2009. 01. 18).

http://www.index.go.kr/egams/stts/jsp/potal/stts/PO_STTS_IdxMain.jsp?idx_cd=2763&bbs=INDX_001(검색일: 2009. 07. 21).

http://stock.finance.daum.net/search/quote/s2050000.html?code=016360(검색일: 2006. 06. 12).

박용수

PhD, Politics & International Studies(PAIS), The University of Warwick(영국)
전) 부패방지위원회 행정사무관
　　외교통상부 통상전문관
현) 한국해양대학교 교수

김대중·노무현 정부의

복지정책에서 나타난

이론적 함의

초 판 인 쇄 | 2012년 3월 12일
초 판 발 행 | 2012년 3월 12일

지 은 이 | 박용수
펴 낸 이 | 채종준
펴 낸 곳 | 한국학술정보㈜
주　　소 | 경기도 파주시 문발동 파주출판문화정보산업단지 513-5
전　　화 | 031) 908-3181(대표)
팩　　스 | 031) 908-3189
홈 페 이 지 | http://ebook.kstudy.com
E-mail | 출판사업부 publish@kstudy.com
등　　록 | 제일산-115호(2000. 6. 19)

ISBN　　978-89-268-3146-5 93330 (Paper Book)
　　　　978-89-268-3147-2 98330 (e-Book)